BARBARA MARCINIAK ist ein international bekanntes Trance-Medium. Seit sie 1988 in Ägypten ihre erste Übermittlung plejadischer Botschaften erhielt, widmete sie ihre ganze Zeit der Durchführung von Seminaren, Workshops und Reisen zu Kraftorten auf der ganzen Welt.
Sie lebt in North Carolina, USA.

Dieses Buch ist eine Sammlung medial empfangener, höchst aktueller Texte. Urheber ist eine Gruppe von Wesenheiten aus dem Sternbild der Plejaden, das in der spirituellen Überlieferung vieler Völker als Heimat göttlicher Wesen gilt.
Die plejadischen Lehren sprechen jeden einzelnen als Beteiligten an den großartigen Entwürfen für die Zukunft an. Aus diesem Grund finden sich in diesem Buch auch zahlreiche Energieübungen, welche die übermittelten Informationen aktivieren und verankern sollen.

*Barbara Marciniak*

# Die plejadischen Schlüssel zum Wissen der Erde

Aus dem Amerikanischen von
Margarete Scheipner

Schirner Taschenbuch

Die amerikanische Originalausgabe erschien 1995 bei Bear & Company, Inc., Santa Fe, New Mexico, USA
unter dem Titel
*Earth – Pleiadian Keys to the Living Library*


Erschienen bei
Verlag Hermann Bauer KG, Freiburg im Breisgau 1996

ISBN 978-3-89767-404-2

3. Auflage 2007


Umschlaggestaltung: Murat Karaçay
Satz: Elke Truckses
Herstellung: AALEXX Druck GmbH, Großburgwedel

www.schirner.com

# *INHALTSVERZEICHNIS*

*Der Anmut der Erde und den Suchenden*
*ihrer Schlüssel gewidmet*

# *DANKSAGUNG*

Das Buch entstand im Zuge einer engen, vertrauensvollen Zusammenarbeit. Mit Liebe, Hochachtung und tiefer Verbundenheit danke ich sowohl meiner Schwester Karen Marciniak als auch Tera Thomas, den Mitschöpferinnen und Komplizinnen der *Plejadischen Schlüssel zum Wissen der Erde.*

Besonderer Dank gebührt Barbara und Gerry Clow für ihre verläßliche, verantwortungsvolle Begleitung und Unterstützung sowie allen Mitarbeitern des Verlags Bear & Company, die bewundernswert mit Energien umzugehen verstehen. Die Sorgfalt der Lektorin Gail Vivino gab dem Wort »Klarheit« eine neue Bedeutung und half mit, einen flüssigen, lesbaren Text zu erarbeiten. Der Findigkeit von Marilyn Hager verdankt dieses Buch seinen letzten formalen Schliff.

Liebender Dank geht an meine Eltern Ted und Bertha Marciniak und an meine gesamte Familie, die immer für mich dagewesen ist. Mein Dank geht auch an die Pioniere des Denkens, an euch abenteuerlustige Seelen voller Begeisterung für die Welt von Spirit (die geistigen Welten), und an die Erde selbst, die uns allen eine Heimat bietet.

Schließlich danke ich den Plejadiern, wer immer sie auch sein mögen, die uns in unserer menschlichen Entwicklung mit solcher Leichtigkeit und Treue zur Seite stehen. Ihre unerschütterliche Liebe ist ein Wunder für mich und gibt mir wiederum die Kraft und den Mut, durchzuhalten und weiterzumachen.

Ich möchte, daß dieses Werk als Katalysator für eine emotionale Reinigung auf Massenebene dient, tiefgreifende geistige Erkenntnisse hervorruft, Befreiung auslöst und die alten selbsterrichteten Kerker aufbricht. Möge die Erde unsere Heilung widerspiegeln. Ein Segen an alle, die diese Ziele und Vorstellungen teilen.

# *EINLEITUNG*

## *Barbara Marciniak:*

Ich interpretiere und leite Spirit weiter, weil ich bereit und fähig bin, das Unsichtbare zu erfassen und nach bestem Wissen und Gewissen zu übersetzen. Ich höre, fühle und erfahre das Daseinsgeflecht, die universelle Quelle. Ich bin innerlich damit verbunden und nehme das Flüstern, die Impulse und Offenbarungen der kosmischen Kräfte wahr, indem ich mich von dieser Quelle leiten und tragen lasse. Diese Kraft individualisiert sich für mich als die Plejadier. Natürlich ist die Erfahrung durch meine Glaubensvorstellungen gefärbt. Es ist ein Funktionsprinzip der Existenz, daß der Teilnehmer beziehungsweise Beobachter das, was geschieht, stets beeinflußt. Ich habe große Hochachtung für die Macht Spirits entwickelt und vertraue darauf, daß sich mir ein Lebenssinn enthüllt und sich Zweck und Ziel von Menschen, Orten und Ereignissen entfalten.

Der Prozeß, der zur Entstehung von *Plejadische Schlüssel zum Wissen der Erde* führte, hatte für mich im Grunde mit dem Thema Glaube und Vertrauen zu tun. Alle daran Beteiligten – Karen, Tera und ich – glauben an die Unsichtbaren und arbeiten mit ihnen, wer immer diese auch sein mögen. Jede von uns ist ein einzigartiges Individuum, das zugestimmt hat, mit einer neuen Lebensanleitung zu spielen. Während des Entstehungsprozesses der *Plejadischen Schlüssel zum Wissen der Erde* war jede von uns herausgefordert, in ihrem eigenen speziellen Bereich voll Vertrauen Begrenzungen zu überwinden. Erst später konnten wir darüber staunen, welche Wunder uns dabei gelangen.

Es ist keine leichte Aufgabe, die plejadischen Channelings auf Papier zu bringen. Wenn die »Ps« durch mich sprechen, lehren sie mit Humor, paradoxen Fakten, versteckten Anspielungen, Gleichnissen, Mitgefühl und durch die Präsentation verblüffender Aussagen und Ideen. Unsere Herausforderung bestand darin, mit einer riesigen Menge an Informationen und Techniken umzugehen und sie zum Grundbaustein der Lehren über die Lebendige Bibliothek zu machen – in Form eines konkreten Buches, wo doch nicht gerade viel von dem, was die »Ps« lehren, konkret ist.

Glücklicherweise war die Gliederung dieses Buches von Anfang an klar. Es sollte zwölf Kapitel enthalten und so angelegt sein, daß die Leser tiefer in die Geheimnisse der Zwölf eindringen. Die Plejadier behaupten, daß wir in die Zwölf eingebunden sind, und um mehr darüber zu lernen, wäre es möglich, genau diese Verbindung für unsere Entwicklung zu nutzen. Der Hauptteil der Information sollte aus dreizehn Sitzungen der Jahre 1991 und 1992 stammen. Fünf Channelings entstanden bei Auslandsreisen zu heiligen Plätzen in Mexiko und Ägypten sowie während zwei Baliaufenthalten. Acht Channelings stammen aus speziellen Sitzungen in den Vereinigten Staaten.

Manchmal, wenn ich innehielt und logisch über dieses Buch nachdachte, fühlte ich mich von dem enormen Material überfordert. Ich habe jedoch bereits so viele Dinge ohne Vorkenntnisse fertiggebracht, daß mich heute dieser Glaube an den Prozeß des Nichtwissens unterstützt! Es läßt sich so viel leichter leben. Dieses Vertrauen, das auch Karen und Tera besitzen, und meine feste Zusage, das Buch in die vorgesehene Form zu bringen, spornten mich an. Die »Ps« hielten natürlich das Steuer in der Hand. Sie leiteten und formten den gesamten Schaffensprozeß – würdevoll, zurückhaltend und immer gegenwärtig.

In einer frühen Gestaltungsphase orakelte ich, daß dieses Buch, das von der Lebendigen Bibliothek handeln sollte und noch keinen Titel besaß, tatsächlich schon irgendwo in der

Zukunft existieren würde. Schließlich hatte ich mich ja verpflichtet, es zu schreiben. Irgendwo war es also bereits fertig, es wartete in einem Regal auf seine Leser. Meine Idee war, dieses Buch in der Zukunft aufzuspüren und es in der Gegenwart für die Erschaffung des Originals zu verwenden. Dieser Gedanke schenkte uns Ruhe und Zuversicht. Der Griff in die Zukunft schien viel leichter zu sein, als den riesigen Papierstapel zu sichten, der eine bunte Mischung aus transkribiertem plejadischem Material barg.

Wir tauchten in das Material ein und bewegten uns monatelang in einer anderen Welt, in der unser hauptsächliches Ziel darin bestand, die *Plejadischen Schlüssel zum Wissen der Erde* zu erschaffen. Das Buch fügte sich in unseren Träumen zusammen, da wir Nacht für Nacht von seiner Fertigstellung träumten. Ich pflegte auf meine Liste der noch zu erledigenden Dinge »Plejadische Schlüssel, erschafft euch selbst!« zu schreiben, und das geschah auch!

Indem ich weiterhin mit diesem Material arbeite, bin ich herausgefordert, das Unsichtbare zu erforschen und die Ekken und Winkel meiner Überzeugungen zu durchforsten. Von den Plejadiern werde ich eingeladen, ein sich ständig erweiterndes Bild des Lebens zu erfahren. Sie stellen die Neutralität der Kraft und Verwobenheit des Daseins vor und definieren es als einen Ausdruck von Liebe, die bewußt und bedingungslos allen als ewiger Treibstoff zur Verfügung steht, um alles zu erschaffen, was man will. Aus dieser Kraft heraus stellten wir die *Plejadischen Schlüssel zum Wissen der Erde* zusammen.

Ich fühle mich hier oft wie eine Beobachterin, wenn mein galaktisches Selbst einen Blick hereinwirft und das Erdenleben mit viel weniger Anhaftung als ich wahrnimmt. Diese Sichtweise ist erweiternd, und in solchen Augenblicken »weiß« ich, daß ich hier bin, um die *große Veränderung* – wie es mein galaktisches Bewußtsein bezeichnet – zu erfahren und zu beeinflussen.

Jeder von uns erschafft für sich eine andere Welt, dessen bin ich mir lebhaft bewußt. Die Feinheit jedoch, mit der diese Erfahrung das Leben durchzieht, kann kaum erkannt, geschweige denn eigens umfassend gewürdigt werden. Ich habe mich in meinem Leben dafür entschieden, auf Entdeckungsreise nach den unerkannten und verborgenen Geheimnissen zu gehen, dem Bedeutung zuzusprechen und darin schließlich einen Lebenssinn zu finden.

Das Leben ist für mich eine Abfolge von einzelnen Kapiteln, und es fällt mir nicht schwer, mich als die Heldin meines eigenen Lebensromans zu sehen, die Abenteuer durchsteht und innere wie äußere Welten durchquert. Ich messe jedem Ausschnitt meines Lebens Bedeutung zu, und wie in einem Geschichtsbuch mit seinen Zeitaltern und Epochen erkenne ich jede Phase wegen ihrer scheinbar folgerichtigen Entfaltung im Rahmen einer langen Entwicklung an. Das ergibt eine einzigartige Ordnung und einen Sinn. Es ist für mich nie besonders schwierig gewesen zu akzeptieren, daß das Leben mit all seinen Begleiterscheinungen von großem Sinn erfüllt ist. Doch mir erschien alles bedeutungslos, was man uns lehrte, so besonders wichtig zu nehmen – es mußte doch gerade umgekehrt sein!

Meine persönliche Deutung des Materials läßt sich wie folgt zusammenfassen: Macht euch nichts vor – keiner von uns weiß etwas mit absoluter Sicherheit! Alles kann wahr sein, alles ist wahrscheinlich, denn was ihr denkt, das wird auch sein!

Liebe, Klarheit und Sinn für Humor sind kraftvolle Lebenselemente. Gemeinsam mit Ehrfurcht, Mitgefühl und Inspiration können sie den entscheidenden Unterschied ausmachen. Möge dieses Buch dazu dienen, eure Freiheit zu fördern. Seid gesegnet!

19. September 1994, Fische Vollmond

## *Karen Marciniak:*

Am 11. Januar 1994, als der Neumond im Steinbock stand, verpflichteten Barbara, Tera und ich uns vertraglich, dieses Buch zu schreiben. Ich schwankte zwischen Vorfreude und Verzweiflung. Ich dachte mir: Ich möchte wirklich zu diesem Buch beitragen. Doch wie werde ich es zeitlich schaffen, mich in dieses Projekt zu vertiefen und mein ohnehin schon geschäftiges Leben damit in Einklang zu bringen?

Vertrauen. Das gesamte Buch war ein Prozeß des Vertrauens. Wir vertrauten darauf, daß wir alles, was wir uns vorgenommen hatten, erreichen konnten, wenn unsere Energien nur harmonisch und in klarer Absicht zusammenarbeiten.

Als Barbara mich 1988 nach ihrer Rückkehr aus Ägypten und Griechenland anrief, sagte sie: »Rate mal, was passiert ist!« Ich antwortete: »Du hast zu channeln begonnen.« Sie fragte: »Woher weißt du das?« Wir hatten es immer gewußt. Wir haben zwar nicht sehr oft darüber gesprochen, aber zwischen uns gab es ein tiefes unausgesprochenes Wissen, daß wir eines Tages in irgendein spirituelles Abenteuer verwickelt sein würden. Auf einer bestimmten Ebene wußten wir, daß wir als Schwestern in diese Wirklichkeit gekommen waren, um ein neues Paradigma zu verankern, und daß wir dafür unsere gegenseitige Liebe und Unterstützung brauchten.

Ich war gespannt darauf, Barbaras neue Freunde, die sich Plejadier nannten, kennenzulernen. Sie sagten mir dann, daß die Zeit jetzt für mich gekommen sei, all die Vorstellungen, die ich angesammelt und mit denen ich gespielt hatte, zu integrieren, denn mein Leben würde sich grundlegend verändern, nichts würde so bleiben, wie es war. Interessant, dachte ich, denn ich saß dort in meinem bequemen Heim mit einem Mann, den ich liebte, einem Job, mit dem ich zufrieden war, und meiner zweijährigen Tochter, die in ihrem Zimmer friedlich schlief. Ich fühlte mich so sicher und geborgen; ich hatte keine Ahnung, von welchen Veränderungen sie sprachen!

Jetzt, sechs Jahre später, hat sich mein Leben entscheidend gewandelt, und nicht unbedingt so, wie ich es mir vorgestellt hätte. Wenn ich damals die Zukunft gesehen hätte, wäre ich sicherlich zu feige gewesen, das alles durchzuziehen. Also bin ich den »Ps« für ihre Liebe und Führung sehr dankbar – auch für die Zeiten, als ich daran zweifelte, daß es Liebe und Führung sei – und für ihre Beständigkeit, mich immer zur nächsten Stufe der Herausforderung voranzutreiben. Ich danke Barbara für ihre Liebe, Unterstützung und Loyalität, für ihre Hingabe an diese Arbeit und für ihre Kunst, die plejadischen Lehren zu leben und es leicht erscheinen zu lassen. Ein Dankeschön auch an Tera dafür, daß sie eine Freundin ist, der ich vertrauen und mit der ich wachsen kann. Besonderer Dank geht an meine Tochter Laurel, die schon in jungen Jahren verstehen konnte, daß sich ihre Tante Barbara – oder »Cioci«, wie sie sie nennt – jede zweite Woche bei uns zu Hause auf ihre »Ps« einstimmte, und die mir erlaubte, ohne Schuldgefühle wegen meiner zeitweiligen Abwesenheit mit Barbara und den Plejadiern unterwegs zu sein; ich danke ihr, daß sie die gegensätzliche Art, wie ihre Eltern jeweils die Wirklichkeit sehen, in ihrer Welt verschmolzen und ein einzigartiges Gleichgewicht gefunden hat.

Wenn ich in diesem Augenblick in mich gehe, kann ich wahrlich sagen, daß ich mich in einem friedlichen und harmonischen Zustand befinde. Mein Vertrauen in mich und das Wissen, daß ich jeden Aspekt meiner Wirklichkeit erschaffe, um mir die Lektionen beizubringen, die ich erfahren muß, haben mir große Freiheit gebracht.

Ich bin gespannt auf das nächste Stück Realität, in dem ich mich bei diesem Spiel wiederfinde, und ich freue mich darauf.

## *Tera Thomas:*

Ich kenne Barbara und Karen seit 1988, als Barbara zu channeln begann. Wir sind alle drei starke, eigenwillige Frauen und haben gelernt, wie wir unsere Kraft verschmelzen können, um mit Spirit zu arbeiten, uns gegenseitig zu unterstützen und etwas Größeres als die Summe von Einzelteilen zu erschaffen.

Als Barbara vorschlug, daß wir drei an den *Plejadischen Schlüsseln zum Wissen der Erde* arbeiten sollten, war ich aufgeregt. Mit den Plejadiern zu arbeiten unterscheidet sich von anderen gechannelten Informationen. Die Lehren haben – anders als bei einem Vortrag zu einem bestimmten Thema – keine spezielle Ordnung. Einige Aussagen sind verwirrend oder widersprüchlich, und das ist Absicht. Wir, die wir regelmäßig mit ihnen arbeiten, wissen, daß die Plejadier uns kaum etwas auf einem silbernen Tablett servieren, denn sie möchten, daß wir lernen, ihre Lehren in unserem Leben anzuwenden und uns selbst und dem Prozeß zu vertrauen. Die Plejadier setzen sich also nicht mit uns hin und diktieren ein Buch. Mit ihnen an einem Buch zu arbeiten ist so, als ginge man zu einem ihrer Workshops. Man muß in sich selbst Hineintauchen und die Information in die dritte Dimension und in sein Leben ziehen. Wenn Barbara, Karen und ich zusammenarbeiten, beginnen wir immer mit einer Zeremonie, um unsere Energie auszurichten und die Plejadier wissen zu lassen, daß wir soweit sind. Wir formulieren klar unsere Absicht, dann läuten wir die tibetischen Glocken zwölfmal, einmal für jedes Chakra. Danach sind wir bereit, »sinnlos« zu arbeiten und uns von Spirit leiten zu lassen.

Die Plejadier sprechen ständig von Mühelosigkeit. Wenn etwas nicht mühelos geschieht, bist du auf dem falschen Weg. Mit ihrem Material zu arbeiten *ist* mühelos; das heißt allerdings nicht, daß es nicht mit Arbeit verbunden wäre. Der mühelose

Teil besteht darin, daß sich alles fügt, wenn man vertraut, jeweils nur einen Schritt macht und nicht nach dem Wie oder Warum fragt. Trotzdem wird noch eine Menge Energie, Konzentration und dreidimensionales Zupacken verlangt. Es ist nicht so, daß du ein Ziel formulierst, dich zurücklehnst und zuschaust, wie alles geschieht; jemand muß die körperliche Arbeit erledigen, und Tatsache ist, daß Barbara, Karen und ich hart gearbeitet haben.

Ich habe durch die Arbeit an den *Plejadischen Schlüsseln zum Wissen der Erde* viel gelernt. Es ist interessant, wie klar die eigenen Themen werden, wenn man in Beziehung mit anderen agiert. Es ist so, als ob man vor einem Spiegel steht, der sagt: »Schau dir das an!«

Ich habe auch eine neue und tiefere Art von Teamarbeit kennengelernt und mehr Respekt und Liebe für Barbara, Karen und mich gewonnen. Wir waren imstande, unsere Energien so zu bündeln, daß wir als Einheit arbeiten konnten, und wir brachten alle unsere Stärken ins Spiel, ohne zu konkurrieren. Ich kann sehen, daß unsere Beziehung dieses Buch erschaffen hat. Es waren das tiefe Band zwischen Barbara, Karen und mir, die Liebe, die wir zwischen uns und den Plejadiern teilen, und die Verbindung unserer Energien auf der Grundlage eines tiefen Vertrauens in den Prozeß.

Ich empfinde tiefe Dankbarkeit für die während der Arbeit an den *Plejadischen Schlüsseln zum Wissen der Erde* empfangenen Lehren und für die Beziehungen, die ich mit den Plejadiern, dem nichtphysischen Bereich, mit Barbara und Karen, mit meiner Familie und meinen Freunden und ganz besonders mit mir selbst entwickelt habe.

# *KAPITEL 1*

## *Das Spiel, die Codes und die Meisterzahlen*

*Wir erschaffen bloß Bilder,*
*aus denen ihr euch entwickeln könnt.*

Wir grüßen euch, liebe Freunde, wir sind hier. Wir haben die Absicht, euch bei der Erschaffung einer neuen Vision zu unterstützen – einer Vision, die euch inspiriert, auf dem Planeten Erde zu leben und zu lieben. Wie ein kostbarer Edelstein, der in dunkle Schichten von Erdreich und Fels gebettet ist, strahlt die Erde ihre Schönheit in die Tiefe von Raum und Zeit aus. Als etwas Wertvolles, das erst erkannt und entdeckt werden muß, wartet sie geduldig auf Ehrung durch die, die zu ihr gehören. Sie erschafft und erhält euch, und ohne sie könntet ihr, wie ihr heute wißt, nicht sein. Wir bitten euch, als Suchende in diesem großen Spiel einen Bund mit der Erde zu schließen. Sagt ja zu eurer Transformation, zu eurer Reise durch Licht und Dunkelheit, und ehrt die bedeutsame Rolle, die die Erde für eure Befreiung spielt. Hört auf, euch nur vom Himmelsglanz gefangennehmen zu lassen, da sich die Fäden entwirren und euer Sternenerbe freilegen. Ihr befindet euch auf einem Stern, der ebenfalls Licht reflektiert und in

Welten aussendet, die Lösungen für ihre eigenen Schöpfungen suchen. Zur heutigen Zeit besteht eure Aufgabe darin, die Lebendige Bibliothek Erde zu aktivieren, die Erde und die menschliche Version des Lebens wieder in den Vordergrund der Schöpfung zu stellen. Das ist die Reise, auf der ihr euch befindet.

Es gibt viele Spielarten der Wirklichkeit, die gelebt werden – jede von ihnen hat ihre eigenen Zwecke und Ziele. Zeit, Raum und Welten haben keine Form, sie sind nur so real wie die Aufmerksamkeit, die ihr auf sie richtet. Es gibt viele Erden, unter denen man wählen kann: viele Zeitlinien aus vergessenen oder vielleicht absichtlich aus eurer Bewußtheit und Entwicklung ferngehaltenen Lebensentwürfen.

Wir bitten jeden von euch, sein Herz und seinen Geist zu öffnen, denn in eurem Körper und in der Erde selbst liegen die Antworten auf die großen Geheimnisse, die ihr sucht. Auch wenn wir scheinbar draußen existieren – als ein Kollektiv plejadischer Energien, das euch aus der Zukunft besucht –, so leben wir doch auch in euch. Wir sind eure Ahnen, die sowohl in als auch außerhalb von euch existieren. *Wir sind ihr* auf den goldenen Spiralen der Zeit. Wir umkreisen die Epochen des Daseins und rufen euch zu, all das neu zu betrachten, was ihr für heilig hieltet. Wir bitten euch, den Zweck eures Lebens und die euch beherrschenden Kräfte neu zu bewerten und zu definieren und die in eurem Sein gespeicherten Bewußtseinscodes zu aktivieren. Die Zeit ist gekommen, euer Wissen als Schöpfer, die durch Gedanken erschaffen, wieder einzufordern, euch den Zweck der Lebendigen Bibliothek Erde ins Gedächtnis zu rufen, wieder Schönheit durch Wertschätzung des Lebens hervorzubringen und euch zu erinnern, wer ihr seid. Reist nun mit uns durch die Mysterien eurer Welt.

Stellt euch vor, ihr befindet euch auf einem Ausflug durch das Bild der Zwölf und entfaltet das Konzept der Zwölf in eurem Geist. Das Material dieses Buches ist so zusammengestellt, daß es euch durch genau das System decodiert, das euch strukturiert und definiert: die Zwölf. Stellt euch vor, wie ihr die Ziffern von eins bis zwölf erfahrt: in den zwölf Monaten eines Kalenders, zwölf Symbolen des Tierkreises oder zwölf Stundeneinteilungen einer Uhr; und dann fügt diesen Symbolen euren persönlichen Weg der Zwölf hinzu. Stellt euch vor, daß ihr zwölf DNS-Stränge habt und daß diese euch mit den zwölf Chakras verbinden und sie aktivieren; eure Chakras sind Energietore, durch die ihr zu eurem spirituellen Erbe gelangt. Hier liegt ein Schlüssel: Die Herausforderung besteht darin, euch durch eure Vorstellungskraft kennenzulernen, Zugang zu euren inneren Netzwerken und Schalttafeln der Wirklichkeit zu erlangen, die für eure Augen unsichtbar sind. Indem ihr eurer Vorstellungskraft folgt, werdet ihr vielleicht viele neue Dinge in Betracht ziehen, um eure gegenwärtige Welt durch eine größere Perspektive zu bereichern.

Wir sind wegen des Spiels, den Codes und den Schlüssel- oder Meisterzahlen da. Es ist Teil unseres Karmas, jetzt mit der Erde zu arbeiten, denn wir müssen nun die Suppe auslöffeln, die wir uns eingebrockt haben. Unsere Urahnen erschufen Ereignisse, die unsere jetzige Entwicklung auf den Plejaden behindern, und als Plejadier suchen wir nach den Lösungen für dieses große Dilemma – eine mißliche Lage, die ihr mit uns teilt.

Unsere Zivilisation, die von euch aus gesehen in der Zukunft liegt, ist in Gefahr, und so erhielten wir den Impuls, uns auf die Reise zu begeben und eine Lösung für das zu finden, was uns bedrängt. Wir sind in eurer Zukunft, und um herauszufinden, was los ist, gingen wir weiter in unsere Zukunft, um unsere Lehrer aufzusuchen, die Hüter der Existenz, die man auch als die Hüter der Zeit bezeichnen kann. Da sie uns lehrten, wie man durch die verschiedenen Zeitsektoren schlüpft, lockte es uns, in der Zeit zurückzureisen, um danach zu forschen, wo Ereignisse gespeichert und weggesperrt worden waren.

Wir untersuchten, wo sich Stürme zusammenbrauten, die unsere Vergangenheit beeinflußten, wie wir sie aus der Zukunft unserer Zukunft sahen und wie wir sie aus dem jetzt, aus eurem Augenblick der Wirklichkeit, betrachten.

Unsere Vorfahren kamen aus einem Universum, das Vollendung erfahren hatte und auf allen Ebenen verstand, daß es Urschöpfer war – als Reise Urschöpfers in der Zeit. Sie kamen aus einem Universum, das seine Essenz entdeckt hatte: Schöpfungskraft. Durch das Entdecken dieser Essenz fanden sie heraus, daß sie selbst die Schöpfer waren. Sie kamen in die Plejaden, weil dieses Sternensystem euch eines Tages in einer sehr entscheidenden Zeit helfen könnte, einer Zeit, da ihr bereit sein würdet, euch wieder mit Urschöpfer zu verbinden. Unsere Vorfahren gehörten zu den Ursprünglichen Planern der Erde – Inszenatoren, die Welten und Zivilisationen mit Licht und Information durch Schöpfungskraft und Liebe aussäten. Unsere Vorfahren sind auch eure Vorfahren. Sie gaben den Ursprünglichen Planern ihre DNS, und diese DNS wurde Teil der menschlichen DNS.

Der Plan bestand darin, auf eurem Planeten Erde einen intergalaktischen Umschlagplatz für Informationen zu erschaffen. Es war ein außergewöhnlicher Plan mit einem wunderschönen Ort, denn die Erde befindet sich am Rand eines galaktischen Systems und ist von anderen Galaxien aus leicht zu erreichen. Sie liegt in der Nähe vieler Toröffnungen, den Straßen, auf denen Energien durch eure Raumzone reisen. Es herrschte geschäftiges Treiben, um Vertreter aller Galaxien auf die Erde zu bringen, damit sie hier auf dem Planeten ihr Ebenbild bekamen. Einige der Verantwortlichen, genannt Schöpfergötter, waren meisterhafte Gentechniker. Sie konnten Moleküle erzeugen, zusammensuchen und verbinden und sie mit Identität, Frequenz und elektrischer Ladung codieren, um Leben hervorzubringen. Viele mit Bewußtsein ausgestattete Zivilisationen stellten bereitwillig ihre DNS zur Verfügung, um ein Ebenbild ihrer genetischen Linie und Codierung hier auf diesem Planeten erschaffen zu lassen. Die Gentechniker entwarfen vielfältige menschliche und tierische Spezies, indem sie mit der Vielzahl an DNS spielten, die die mit Bewußtsein ausgestatteten Zivilisationen hereingebracht hatten, um diesen Umschlagplatz für Informationen, dieses Lichtzentrum zu ermöglichen. Der Entwurf für die Erde war großartig. Da diese Schöpfergötter nicht in der Zeit existierten, wie ihr sie kennt, waren einige hunderttausend oder gar eine Million Jahre für sie nichts.

Es hat noch andere euch ähnlich sehende menschliche Spezies gegeben, deren DNS einmal intakt war und die sehr hochentwickelte Zivilisationen auf eurem Planeten errichteten. Sie existierten vor sehr langer Zeit, vor über 500 000 Jahren. Wir sprechen hier nicht von den Zivilisationen, die ihr Lemuria oder Atlantis nennt und deren Angehörige wir als die modernen Menschen bezeichnen. Wir beziehen uns auf uralte Kulturen, wie die unter den Eiskappen eures südlichsten Kontinents, der Antarktis, oder unter den Sandschichten der Wüste Gobi in der Mongolei.

Energien, die ihr als Götter bezeichnet habt, erschufen alles auf diesem Planeten, und sie statteten alle ihre Schöpfungen mit großer Intelligenz aus. Alles auf Erden hat Bewußtsein, bis hinunter zu den Molekülen in euren Fingerspitzen, und alles ist auf Zusammenarbeit angelegt. Bewußtsein kommuniziert ständig durch Schwingungen elektromagnetischer Frequenzen. Diese Frequenzen verbinden sich und tragen gemeinsam zur Zusammenarbeit bei, damit jede dem Ganzen dient. Die Schwierigkeit mit der Erde besteht zur Zeit darin, daß die Menschen glauben, sie seien von all der Energie getrennt, die hier ist, um zusammenzuarbeiten. Euer derzeitiger Glaube an voneinander getrennte Teile hält euch davon ab, die Ganzheit der Existenz zu sehen und Zugang zu ihr zu haben.

Es ist unsere Absicht, euch zu einem größeren Verständnis der plejadischen Experimente, die die Erde beeinflußt haben, zu verhelfen. In Zeiten von Chaos und Verwirrung, Zeiten der Unterdrückung der menschlichen Spezies, kamen verschiedene Fraktionen unseres Heimatsystems an unterschiedliche Orte eures Planeten und erzeugten sehr subtile Öffnungen. Sie arbeiteten mit kleinen Bewußtseinsgruppen, um eine Spur von Energie auf der Erde zu hinterlassen, denn viele im Kosmos wußten, daß euer Planet sich auf unermeßliches Unheil und große Unterdrückung zubewegte.

Die Erde befindet sich zur Zeit in der Klemme, darüber besteht kein Zweifel. Und doch liegt in diesem Zustand der Verwirrung eine große Chance. Man hat euch allen auf die Schulter getippt, damit ihr einem Ruf folgt. Viele wurden angetippt, doch nur wenige sind bereit, sich in das Unbekannte vorzuwagen und als Rebellen für etwas einzutreten, was die Masse vielleicht nicht unterstützen wird. Wir loben eure Absichten und ehren jeden, der für sich gewählt hat, ins Unbekannte vorzustoßen. Wir achten euch für eure Bereitschaft, eure weiblichen und männlichen Seinsaspekte anzusehen, denn diese habt ihr im Grunde noch gar nicht verstanden. Wir freuen uns, daß ihr bereit seid, sowohl Neues zu erkunden, als auch an dem, was ihr bereits besitzt, zu arbeiten und es zu bereichern. Es ist Zeit, daß jeder von euch auf seine eigene Art beachtet wird, damit die durchfließenden Energien verstärkt und der Masse verfügbar gemacht werden. Dazu zieht ihr ganz einfach Lichtstrahlen in euren Körper und auf die Erde. Wir haben immer etwas für Spaß übrig, und durch diesen spielerischen Zugang entdecken wir, was vielleicht jeden von euch abhält, einen Schritt weiterzugehen.

Es gibt Bewußtseinsfamilien, die sich aufgrund von Entwicklung, Absicht und einem bestimmten Plan zusammenschließen. Die Lichtfamilie, zu der ihr gehört, kommt aus einer solchen Bewußtseinslinie. Wer *ist* Licht? Wem gehört Licht? Was ist jenseits von Licht? Spürt einen Augenblick da hinein, und erkennt, daß ihr in eurem menschlichen Geist die Vorgänge im Kosmos immer in einen Mythos, eine kleine Geschichte oder ein Märchen kleidet. Ihr erkennt stets nur einen winzigen Teil von dem, was vorgeht, daher bitten wir euch, kolossale Veränderungen eurer Lebensentwürfe in Betracht zu ziehen und euch größere Versionen der Existenz vorzustellen.

Die Lichtfamilie ist eine Ansammlung von Wesenheiten, die darauf codiert sind, Information auf diesen Planeten zu bringen. Die Codierung befindet sich in jedem einzelnen. Wenn ihr einmal die gegenwärtige Interpretation der Wirklichkeit hinterfragen und durchschauen könnt, werdet ihr angeleitet, Gedankenformen zu erschaffen, die die Codierungen in anderen auslösen. Wir sind eine Energiegruppe, die die menschlichen Bewußtseinscodes an einem bestimmten Punkt der planetaren Entwicklung aktiviert. Dieser Prozeß wird sich mit euch entwickeln, und es wird viele Unterweisungen durch zahllose Lehrer geben, die sich zu eurer Unterstützung zur Verfügung stellen.

Die Lichtfamilie ist riesig. Ihre Mitglieder kommen überall dort zusammen, wo Information verbreitet werden muß; sie sind wie Sondereinsatztruppen, die in Notfällen gerufen werden. Die Mitglieder der Lichtfamilie können Realitätsverschiebungen integrieren und überleben, ohne den Körper und die Vitalkräfte, die sie besitzen, zu zerstören.

Als Mitglieder der Lichtfamilie verfügt ihr von Natur aus über die Fähigkeit, die Wirklichkeit zu verändern. Ihr müßt nur das entsprechende Glaubenssystem erschaffen, denn euer Geist ist so strukturiert, daß er sich weiterentwickelt und eure Erfahrungen aufgrund eurer Befehle formt, ganz gleich welches Paradigma ihr auch als Ausgangspunkt gewählt habt.

Die Lichtfamilie dient als stabilisierender Faktor für Dimensionsverschiebungen, und ihre Mitglieder werden als Frequenzträger verwendet, um viele aufzuwecken. Einige von euch werden sich vor den Möglichkeiten fürchten, und das ist in Ordnung. Jeder von euch wird das neue Wissen und die Veränderungen gemäß seinen Fähigkeiten aufnehmen. Ihr seid mit dieser Möglichkeit codiert, und die Entscheidung darüber, ob ihr die Veränderungen mitmacht oder nicht, unterliegt eurem freien Willen. Es ist eure Entscheidung, ob ihr glaubt, es tun zu können oder nicht. Der Initiationsprozeß, der in den letzten paar tausend Jahren in vielen Mysterienschulen stattgefunden hat, ist dafür ein Beispiel: Mitglieder der Lichtfamilie haben die Gesetze der dreidimensionalen Wirklichkeit überwunden – sind sozusagen in eine andere Dimension vorgedrungen –, indem sie die Codierungen in sich entdeckten.

Viele von euch haben das Gefühl, dies schon einmal vollbracht zu haben. Das stimmt. Das ist eure multidimensionale Erinnerung an die Zeit, da ihr in andere Systeme gingt und das gleiche tatet. Der Prozeß ist euch vertraut, denn er ist für Mitglieder der Lichtfamilie typisch. Ihr informiert Systeme. Ihr geht hinein und konstruiert Realitäten neu, und darin seid ihr Experten.

Ihr habt eure Erinnerung an diesen Vorgang verloren, weil ihr unter den gleichen Gesetzen wie alle anderen hierher kamt: als Mensch mit total gelöschten Erinnerungen. Ihr wußtet bereits vor eurer Ankunft hier, daß der Verlust der Erinnerungen Teil des Prozesses ist, und ihr wähltet ganz speziell die Zeit und die Eltern aus, die euch die beste energetische und genetische Verbindung bieten würden, um euren Zweck zu verwirklichen.

Als ihr auf der Erdenebene inkarniertet, erhieltet ihr bestimmte zusammenpassende und gepaarte rezessive Gene mit

Lichtcodes, die euch mit der höchsten Möglichkeit ausstatteten, übersinnliche und intuitive Fähigkeiten zu entwickeln. Außerdem trugen diese Gene auch noch Erinnerungen, die euch von anderen unterschieden, auch wenn ihr das nicht konkret benennen konntet. Mit diesen Kräften und Talenten ausgestattet, ist es eure Aufgabe, euer Leben zu gestalten und zuzulassen, daß euch ein innerer Impuls zu etwas anderem als die meisten Menschen führt. Da nun innerhalb der Menschen eine umfassende Umwandlung stattfindet, die auch von denen unterstützt wird, die euch von außen bei diesem genetischen Aufschwung beistehen, müßt ihr handeln und das in euch Erwachende integrieren.

Stellt euch einmal folgendes Szenario vor: Ihr seid ein Mitglied der Lichtfamilie und seht vollkommen anders aus als jetzt. Schaltet auf eure kosmische Identität um. Ihr befindet euch in einem Klassenzimmer, ein Lehrer faßt die wichtigsten Punkte eures Auftrags zusammen, nämlich auf die Erde zurückzukehren und Teil des Systems zu werden, um es zu verändern. Ihr seid Spitzenleute in eurem Job; ihr glaubt, tadellose Systemsprenger zu sein. So reagiert ihr mit einem Schmunzeln, wenn euer Lehrer erklärt: »Ihr werdet es kaum glauben, aber wenn ihr auf der Erde seid, werdet ihr uns brauchen. Wir müssen kommen und euch unterrichten, denn ihr werdet euch an nichts mehr erinnern.« Und unter euch Systemsprengern bricht Gelächter aus, denn ihr wißt in eurer heiteren Gelassenheit sehr wohl, daß ihr euch nach dem Eintauchen nicht mehr an dieses Klassenzimmer erinnern werdet. Euer Lehrer sagt: »Paßt auf. Wir werden euch Bilder zeigen. Seht ihr, hier kommen wir durch ein Medium, und da sitzt ihr in eurer menschlichen Verkleidung und tut so, als ob ihr nicht wüßtet, was los ist. Das ist Teil eures Auftrags.« Versteht ihr, daß ihr über all dies informiert wurdet?

In jenem Klassenzimmer seid ihr codiert worden, auf uns Plejadier und auf viele andere anzusprechen. Da ihr euch nun für eure größere Identität öffnet, seid aufnahmefähig und bereit, eure Grenzen zu überschreiten, denn danach streben wir. Wir beabsichtigen, neue Bilder in euren Geist einzupflanzen, die euch weiterbringen. Es spielt keine Rolle, wie wir das machen. Es spielt keine Rolle, ob es wahr ist. Was zählt, ist, daß wir neue Bilder für euch erschaffen. Eines Tages werdet ihr die Schiene selbst finden und verstehen, worauf wir die ganze Zeit aus waren. Ihr werdet verstehen, daß wir manchmal auch Dinge konstruiert haben, damit wir etwas in euch auslösen, das euch als menschliche Wesen wachsen läßt. Wir sind sehr schlaue Lehrer.

Es ist Zeit, daß ihr euch entscheidet, Freude, Kreativität und Liebe für euch zu erschaffen. Nur dann werdet ihr anderen von Nutzen sein, denn wenn ihr euch nicht selbst entwikkelt, bringt ihr anderen auch nichts. Indem ihr ein lebendiges Beispiel werdet und eurem Herzen folgt, zeigt ihr anderen den Weg, sich mutig an das zu halten, was ihr Herz erfüllt. Wir sind nicht hier, weil wir gerade nichts Besseres zu tun haben. Wir sind hier, um den Transformationsprozeß zu unterstützen, der jetzt zu brodeln beginnt und Dampf um euren ganzen Planeten herum erzeugt. In den letzten paar Jahren sind sehr viele erwacht und erinnern sich an einen großartigen und bedeutenden Sinn des Lebens.

Wenn ihr das wüßtet, was euer höheres Selbst zur Zeit weiß, dann wärt ihr hinsichtlich dieses Auftrags sehr ungeduldig. Er beinhaltet, daß ihr euch als Mensch inkarniert, daß ihr glaubt, menschlich zu sein, euch dann zu etwas entwickelt, was mehr als menschlich ist, um zu erkennen, daß ihr von Anfang an mehr als menschlich wart! Auch wenn dies umständlich erscheint, so ist es doch notwendig, daß ihr die Entwicklung eures Bewußtseins als menschliches Wesen durchlauft. Für die Transformation ist es erforderlich, daß die Masse aufwacht, was euch dann anspornt, euch als Lebensform weiterzuentwickeln. Ein Schlüssel in diesem Prozeß ist die freie Entscheidung. Ihr werdet es Schritt für Schritt tun, und andere werden euch dabei zusehen und den Mut haben zu folgen.

Einige im Universum betrachten die Menschen als etwas sehr Kostbares, auch wenn ihr selbst in Wirklichkeit keine Ahnung von dem Wert habt, der im menschlichen Körper gespeichert ist. Euer menschlicher Körper ist das Wertvollste, das ihr je besitzen und kennenlernen werdet. *Ihr seid kostbar.* Um die Erde sind Schlachten ausgetragen worden, und folglich seid ihr von kontrollierenden und einschränkenden Kräften absichtlich abgelenkt worden, den Reichtum der in euch gespeicherten Daten zu entdecken. Man lehrt euch absichtlich, daß ihr unbedeutend und wertlos seid, damit nicht andere Intelligenzformen kommen und euch anzapfen. Diejenigen, die euch kontrollieren, können die Formeln nicht aus euch herausbekommen, und so verstecken sie euch und halten euch isoliert und in Quarantäne. Auf diese Weise können die anderen, die das brauchen, was ihr habt, nicht an euch herankommen. Man lehrt euch das Spiel der Entmachtung, für das ihr als Spezies die Regeln liefert.

Ihr seid jetzt im Begriff, euren eigenen Wert zu erkennen, einen Wert, den wir mit euch teilen, den wir euch lehren und zu dessen kontinuierlicher Entdeckung wir euch ermutigen wollen. Euer Wert, den ihr für euch entdeckt, wird immer mehr wachsen, da ihr über diese Formeln in euch staunt, die wir als Codes für andere Zivilisationen bezeichnen. Die Erde ist ein Mikrokosmos des Makrokosmos, eine kleinere Version dessen, was im Ganzen geschieht – mit der Ausnahme, daß sie ein Auslöser ist, das, was wir als Kern bezeichnen. Ihr wißt, daß ein Kern ein Same ist. Wir sind zurück auf die Erde gekommen, um den hier ausgesäten Mitgliedern der Lichtfamilie in dieser wichtigen Zeit, da die Ereignisse verändert werden können, beizustehen. In der dreidimensionalen Wirklichkeit wird die Zeit grob mißverstanden, denn sie ist viel flexibler, als ihr glaubt; sie läßt simultane Bewegung in verschiedenen Realitäten zu, da sie sich ziehen, verzerren, biegen und herumdrehen läßt. Ihr seid auf die Erde geboren worden, um die Geschichte zu verändern; ihr habt euch von der Zukunft in die Vergangenheit hineingeschoben. Somit formt ihr die Vergangenheit neu. Ihr seid ein Same der Veränderung.

Wir wollen euch einige Gedanken nahebringen, die euch aus eurer derzeitigen Definition eurer selbst hinauskatapultieren werden. Viele Dinge, die wir anschneiden, sind für euch Rätsel. Warum machen wir das? Warum möchten wir euch verwirren? Nun, wenn wir eure gegenwärtige Sicht der Wirklichkeit durcheinanderbringen können, können wir euch vielleicht dazu veranlassen, andere Wirklichkeiten wahrzunehmen: Es ist unsere Absicht, euch in die Klarheit hineinzuverwirren! Ihr seid so sehr in das Weltbild verstrickt, das euer Massenbewußtsein immer wieder erzeugt, daß es viel Mühe und Entschlossenheit erfordert, aus eurem gegenwärtigen Glaubenssystem herauszutreten. Eure derzeitige Weltsicht beruht auf der sogenannten linearen Zeit und auf einem begrenzten Wissen über historische Ereignisse.

Man hat euch eine bestimmte Version der Wirklichkeit aufgetischt, und durch eure überbewerteten Bildungssysteme lobt und belohnt ihr euch für die Fähigkeit, Daten als Tatsachen zu wiederholen – ohne jemals den Inhalt und die Lehrmethode zu hinterfragen. Man hat euch viele Geschichten erzählt, und wir haben vor, euch noch einige mehr zu präsentieren. Lernt, euren Körper ganzheitlich zu nutzen, um auch die Zwischentöne unserer Worte zu verstehen. Wir erinnern euch gern daran, daß wir Geschichtenerzähler sind und daß gleichzeitig in euch, eurem uralten Sein, die Werkzeuge der Wahrheit verborgen liegen. Es ist an euch herauszufinden, wie und wann ihr sie gebraucht. Wörter sind mehr, als sie scheinen. Eure Sprache ist codiert, und Klang erzeugt reflektierte Bilder, die Bewußtsein anregen und strukturieren. Gesprochene Worte schwingen anders als geschriebene. Wir spielen gern mit beiden Formen der Sprache. Wenn wir sprechen, trägt unsere Intonation eine eigene Signatur, und wir verwenden feine Abweichungen mit Betonung bestimmter Laute. Wir wählen sorgfältig aus, was wir auszudrücken beabsichtigen, und wir verwenden jedes Wort auf bestimmte Weise. Wir wissen, daß ihr eine Sache hört, aber daß die von uns erzeugten Laute eine völlig andere Bedeutung zu eurem Körper tragen. Wenn ihr in unsere Schwingung kommt, erhaltet ihr eine Menge Anweisungen, und viele Wissensschichten werden angeregt. Es gibt die gehörten Wörter, von denen ihr *glaubt,* daß ihr sie versteht, und dann gibt es den Zwischenraum zwischen all den Wörtern, der wiederum eine Lektion in und von sich selbst ist. Und dann gibt es unsere Klänge, die in euren Zellen widerhallen und euch eine plejadische Geschichte erzählen, Inneres und äußeres Wirken kommen zusammen, um eure Entwicklung zu beschleunigen.

Am Anfang war das Wort, und das Wort war Klang. Dem entsprang die Schöpfung. Klänge beeinflussen euch alle und verändern euren Planeten. Und doch erkennt ihr die dahinterliegende Feinheit nicht. Unsere auf Papier gedruckten Wörter sind auch so angeordnet und codiert, daß sie euch viele Schichten der Wirklichkeit eröffnen. Habt ihr nicht auch schon mal eine dieser Buchseiten gelesen und eine Bedeutung gefühlt, nur um dieselben Wörter später wiederzulesen und einen neuen Sinn zu entdecken? Manchmal fühlt ihr vielleicht, daß das, was ihr gerade lest, früher gar nicht da war, und womöglich war das wirklich der Fall.

Die Wörter »wir sind hier« können in eine andere Sprache transportiert werden, die grundsätzlich schärfer faßt, was wir sind. Das Wort »erinnern« hat damit zu tun – sich auf die Quelle dessen zu beziehen, was euch erschaffen hat. Ebenso tun dies die Wörter »wir sind hier«. Die Wörter identifizieren die Quelle eures Schöpfers, und wenn wir kommen und zu euch sprechen, verkündet der Klang unserer Wörter, daß wir von der Quelle eures Schöpfers in den Piejaden kommen. Eure Zellen hören das und rufen in eurem Körper die Erinnerung seines eigenen Jetzt wach.

Wir haben angedeutet, daß vor ungefähr einer halben Million Jahre tumultartige Ereignisse in diesem Existenzbereich stattfanden, die eure gegenwärtige Erde beeinflussen. Die Erde verlor in großem Maße ihre Souveränität, und eine andere Herrschaftsmacht kam herein und erhob Besitzansprüche auf dieses vorzügliche Stück Grund und Boden, das ihr euer Zuhause nennt. Diese neuernannten gottähnlichen Verwalter waren nicht immer die freundlichsten und wohlwollendsten Wesen. Die Erde wurde vor Milliarden Jahren zu einem bestimmten Zweck errichtet. Sie sollte ein intergalaktischer Umschlagplatz für Informationen sein, Teil eines riesigen Bibliothekssystems, wo Daten aus vielen, vielen Galaxien gespeichert waren – um genau zu sein: eine Lebendige Bibliothek.

Die Schöpfergötter – diejenigen, die glaubten, die Kräfte der Schöpfung zu sein – trafen sich, vereinten ihr Wissen und erschufen Lebensformen. Sie entlehnten Stränge der DNS und Kombinationen genetischen Materials aus vielen verschiedenen Welten. Sie speicherten dieses Material im Bibliothekssystem der Erde, das mit einem System von zwölf kosmischen Bibliotheken verbunden war. Das gibt euch einen Eindruck von dem gewaltigen Ausmaß des Plans für die Erde.

Die Ursprünglichen Planer der Erde waren Mitglieder der Lichtfamilie – Wesen, die für den Bewußtseinsaspekt Licht arbeiteten und mit ihm verbunden waren. Licht ist Information. Mitglieder der Lichtfamilie erschufen das von ihnen geplante Informationszentrum; sie entwarfen einen Ort, zu dem die Galaxien ihre Informationen beitrugen und wo sie sich beteiligen und ihr spezielles Wissen einbringen konnten.

Um das Projekt der Lebendigen Bibliothek Erde wurde schließlich gekämpft. Es kam zu Gefechten, und die Erde wurde ein Ort des Konflikts und der Dualität. Bestimmte Schöpfergötter, die das Recht hatten zu tun, was sie wollten – denn die Erde ist eine Zone des freien Willens –, kamen herein und rissen sie an sich. Diese Schöpfergötter überfielen die Erde vor ungefähr einer halben Million Jahre. Das entspricht dem Zeitpunkt, den man euch heute als den Beginn der Zivilisation nennt. In Wahrheit war es nur der Anfang der letzten Phase in der Zivilisation der modernen Menschheit. Spielarten menschlichen Lebens haben über Millionen Jahre existiert.

Als diese Gefechte stattfanden, kämpfte eine bestimmte Gruppe von Wesenheiten im Weltraum, und das Gebiet Erde fiel an sie. Diese neuen Besitzer wollten, daß die einheimische Spezies unentwickelt und uninformiert blieb, damit sie leichter zu steuern und zu kontrollieren war. Die ursprüngliche Spezies der menschlichen Schöpfung erlebte daraufhin viele Zerstörungen, und ihre DNS wurde zerteilt.

Stellt euch die Erde als das Fürstentum eines großen, weit entfernten Imperiums vor. Vielleicht sagten die Eltern in einer Herrscherfamilie, wenn ihre Kinder lästig waren: »Geht hinunter auf die Erde, und spielt ein wenig.« Als sie dies vorschlugen, erkannten die Götter nicht, daß sie sich durch das, was sie in Gang setzten, die Zukunft verbauten. Als die Kinder der Götter anfingen, sich am Gold und an der Genetik zu schaffen zu machen – und auch am Blut, durch Herumspielen mit der Macht der Frauen –, hatten sie keine Ahnung, was sie da erschufen.

Jetzt erkennen die Götter, daß wir uns auf den Plejaden in einem Dilemma befinden. Auf der Erde wurde eine Tyrannei zugelassen, und diese Tyrannei ist auf uns zurückgefallen. Wußtet ihr, daß *wir* Urheber der Tyrannei sind, daß *wir* euch von eurem Erbe einer voll funktionierenden, zwölfstrangigen DNS abtrennten? Seid nicht naiv, was die Plejadier betrifft, uns eingeschlossen. Warum, glaubt ihr, machen wir diese Heilungsarbeit an eurem Planeten? Bedenkt, daß wir euch vielleicht für die nächste Phase unserer Entwicklung brauchen. Wenn wir wachsen möchten, müssen wir eine Vergangenheit heilen, mit der wir verbunden sind.

Unsere Vorfahren haben euren Planeten wüst zugerichtet, euch aber auch durch viele, viele Veränderungen hindurchbegleitet. Beide Einflüsse kamen von den Plejaden zu euch. Berichte zeugen davon, daß die plejadischen Energien auf der Erde sehr geliebt und geachtet waren und daß die meisten Kulturen auf dem Planeten keine negativen Gefühle für die Plejaden hegten. Wir aber sind die ersten, die zugeben, daß in weit zurückliegender Vergangenheit plejadische Energien die genetische Linie der menschlichen Wesen manipulierten und mit den Reptilien in Verbindung standen. Wir sind zurückgekommen, um das zu heilen. Es ist der Grund unseres Besuchs. Im Zuge unserer Suche nach den Ursachen unserer Schwierigkeiten auf den Plejaden wurden wir in die Zukunft geführt, um uns zu zeigen, daß unser System ohne euch nicht weiterkommen wird. Mit anderen Worten, wir können uns als Schöpfer nicht weiterentwickeln, bis wir nicht alle unsere Fähigkeiten und Rechte an alle unsere Schöpfungen weitergeben. Wir können unsere Schöpfungen nicht überwachen und steuern. Das ist unser Dilemma. Deshalb warten wir, daß ihr eure eigene Schöpferkraft entdeckt. Wenn das geschieht, setzt ihr einen Code von Formeln frei. Vielleicht werdet ihr die Formeln auch dann noch nicht verstehen, wenn ihr schon sehr hoch entwickelt seid – lange, lange Zeit nicht.

Andere können zu euren Formeln Zugang gewinnen, und als Austausch werdet ihr Ekstasen erfahren, Bewußtseinsveränderungen oder vielleicht Reisen in andere Welten. Ihr bemerkt es womöglich gar nicht, daß ihr diese Formeln aussendet. Diejenigen, die sie brauchen, werden sie verwenden, um Leben zu reproduzieren oder zerfallende Systeme wieder aufzubauen. Wenn diese Informationscodes oder Formeln ins Dasein gelangen, werden wir frei sein, denn die Bewußtseinscodes enthalten die Gesänge eurer eigenen Freiheit, die als Frequenz gesungen und von euren Körperzellen ausgesendet werden.

Je mehr man sich der Macht, der Manipulation und des Überschreitens von Realitäten bedient, desto tiefer kann man fallen. In gewisser Weise ist die Erde zu einem magnetischen Wirbel geworden, der gefallene Energien anzieht. Diese Energien haben sich im gesamten Bereich eures Sonnensystems ausgedehnt, nicht nur auf der Erde. Glaubt nicht, daß überall alles in Ordnung ist und nur die Erde als Schandfleck gilt. In Wahrheit steht euer gesamtes Sonnensystem zur Zeit einige Schwierigkeiten durch. Es gibt andere Sonnensysteme, Versionen eures Sonnensystems, die dieses überlagern. Wenn bestimmte Gedankenformen auftreten, ziehen und locken sie gleichartige an. Was geschieht, wenn ihr in eine negative Energie geratet und euch davon nicht befreien könnt? Es kommt immer mehr negative Energie in eure Nähe. Sehr lange Zeit hat die Erde negative Energien an sich herangezogen. Wesen, die mit diesen negativen Energien verbunden sind, stürzten aus sehr vergeistigten Höhen herab, wo sie vielleicht falsche oder nicht angemessene Entscheidungen trafen und die Macht verloren, aufbauende Realitäten zu erzeugen. Und doch war all dies Teil des Plans. Das Schwinden der Macht und die stattfindende Einflußnahme stimulieren unentwickelte Lebensformen dahingehend, nach etwas Besserem zu streben. Es liegt also ein großer Gewinn in diesem Prozeß, und es gibt nichts, wovor man sich fürchten muß. Absolut nichts. Es gibt absolut nichts, wovor man in den kommenden Zeiten Angst haben muß. Wir möchten, daß ihr euch vollkommen bewußt seid, daß man euch für das, was ihr seid, achtet, und wenn ihr beginnt, euch selbst zu achten, werdet ihr unfaßbare Möglichkeiten in euer Leben ziehen.

Einer der aufregendsten Aspekte des gegenwärtigen Daseins auf der Erde ist die stattfindende Neuordnung der DNS. Kosmische codierte Lichtstrahlen kommen als Photonen auf die Erde und regen eine Veränderung und Neuordnung im menschlichen Körper an. Die zersplitterten Daten, die die Geschichte und Bewußtheit der Lebendigen Bibliothek enthalten, organisieren sich jetzt neu. Durch die Galaktische Flutwelle des Lichts, wie sie sich 1993 in der großen Uranus-Neptun-Konjunktion ausdrückte, strömten kosmische Strahlen auf den Planeten ein und erzeugten in der Massenbevölkerung einen potentiellen dritten DNS-Strang. Es bilden sich neue Helices oder DNS-Stränge, indem die codierten Lichtfäden den Impuls erhalten, sich neu zu bündeln. Die zersplitterten Daten werden in eurem Körper durch elektromagnetische Energien von Urschöpfer zusammengezogen. Wir sind hier, um diesen Prozeß in euch zu beobachten, euch beizustehen und uns auch selbst zu entwickeln.

Mit fortschreitender Neubündelung und Neuordnung werdet ihr ein entwickelteres Nervensystem erschaffen, wodurch neue Daten leichter in euer Bewußtsein einfließen können. Ihr werdet viele brachliegende Gehirnzellen erwecken, und ihr werdet beginnen, eure volle physische Kapazität zu nutzen und nicht nur den kleinen Prozentsatz, mit dem ihr bisher funktioniert habt. Ihr habt zugestimmt, Licht zu tragen und es wieder auf diesen Planeten zu bringen. Da ihr beginnt, euren Körper mit Licht zu füllen, muß sich euer Erinnerungsvermögen öffnen. Ihr müßt euch mit eurer DNS in eine multidimensionale Version von euch entwickeln, die viele Realitätsschichten umfaßt. Stellt euch vor, daß ihr zwölf verschiedene DNS-Stränge besitzt, die spiralförmig ineinander verwoben sind. Die Doppelhelix hat zwei Stränge. Stellt euch zwölf Stränge vor, die ineinandergreifen. Ihr könnt sie euch als sechs Paare vorstellen, auch wenn sie nicht unbedingt so kombiniert sind. Spielt mit eurer Vorstellungskraft. Stellt euch außerhalb eures Körpers Energiestraßen vor, die aus euren zwölf Chakras herausführen. Ihr lebt in einem Geflecht unsichtbarer Energie. Durch die zwölf DNS-Stränge seid ihr mit diesem Geflecht über die zwölf Chakras verbunden, die energetische Eingänge in euren Körper sind und euch mit der lebensnotwendigen Vitalkraft verbinden. Durch Öffnung und Aktivierung dieser Energietore könnt ihr euch selbst kennenlernen.

Ihr strebt doch danach, eure gesamte Gehirnkapazität zu nutzen, mehr als nur die jetzigen acht bis zehn Prozent. Eure gesamte universelle Geschichte ist in codierten Lichtfäden enthalten, die in eurem Körper von Wesen durcheinandergebracht wurden, die euch dumm halten wollten, damit sie euch besser lenken und kontrollieren konnten.

Lernt, das Material eurer eigenen Geschichte zu verwenden, um euch selbst Klarheit zu verschaffen. Bewegt euch mit Freude und ohne zu verurteilen durchs Leben, anstatt euch ständig wiederholende Seifenopern zu kreieren, in denen ihr immer dieselben Rollen spielt. Da sich alle zwölf DNS-Stränge zu formen beginnen, werden die noch nicht geklärten und nicht friedvoll abgeschlossenen persönlichen Themen Chaos in eurem Körper verursachen. Gefühle und Erinnerungen werden hochsteigen und euch sowohl eine Möglichkeit bieten, das Geflecht eures Seins zu erfahren, als auch anhand tief in euch eingewobener Ereignisse und Glaubenshaltungen enthüllen, wer ihr seid.

Wir erinnern euch daran, was ihr im Innern wißt. Wir sind auf diesen Planeten gekommen, um eure Erinnerungsbanken aufzuschließen – um die menschliche Rasse durch Licht zu inspirieren, damit ihr euch zu erinnern beginnt, wer ihr seid, und eure eigene Wirklichkeit erschafft. Ihr werdet die Frequenz auf dem Planeten verändern und den rechtmäßigen Besitz über euch und dieses Territorium fordern. Ihr werdet die Sache meistern, indem ihr auf noch unerkannte Fähigkeiten vertraut. Wir lieben jeden einzelnen von euch, denn ihr habt uns geholfen – ihr habt uns dabei unterstützt, etwas mitzuteilen. Euer Planet ist ein ganz zauberhafter Ort, und es gibt welche, die ihn von ferne betrachten und viele Dinge erkennen. Ihr seht euren Planeten nicht aus der Ferne. Ihr erfahrt ihn am eigenen Leibe. Erst vor einigen Jahren wurden euch zum erstenmal Weltraumbilder der Erde gezeigt und euch ein visueller Eindruck von euch als Ganzes geboten. Würde euch jemand vom Weltraum aus studieren, so würdet ihr alle gleich aussehen, falls dieser jemand nicht die von euch ausgesendeten Schwingungen lesen könnte.

Wir sprechen hier etwas Spezielles an. In diesen letzten Jahren hattet ihr den Impuls, tiefer in die Selbsterfahrung und die Bedeutung der Identität einzutauchen sowie euch eine kosmische Betrachtungsweise des Lebens zu eigen zu machen. Vielleicht schien es am Anfang, daß ihr nach etwas greifen würdet, was weit jenseits der von der Zivilisation unterstützten Parameter lag. Indem ihr euch in kleinen Gruppen überall zusammenfandet und eure tiefsten Sehnsüchte, euer Wissen und die Geheimnisse eures Lebens offenbartet, erkanntet ihr allmählich, daß ihr euch vielleicht doch nicht so weit außerhalb der Parameter der Zivilisation befandet. Womöglich kam die Zivilisation in Bewegung, indem *ihr* die Grenzen erweitert habt. Eure Entschlossenheit, eure grundsätzliche Lebenseinstellung neu zu bewerten, zu überdenken und neu zu ordnen, hat das Gesicht der Zivilisation verändert. Ihr Menschen habt keine andere Wahl, als nach diesem neuen Territorium zu greifen, das sowohl erschlossen als auch unerschlossen als Entdeckung vor euch liegt.

In den letzten 500 000 Jahren wurden unterschiedliche Zivilisationen von verschiedenen Sternensystemen als Teil des ursprünglichen Bibliotheksprogramms ausgesät. Jede trat in anderen Zeitperioden auf und durchdrang ein kontrolliertes Kraftfeld, das die Erde isolierte und als Bibliothek unzugänglich machte. Diese Zivilisationen standen 500, 5000 oder 10 000 Jahre in Blüte, dann wurden sie von den Kräften, in deren Besitz der Planet war, vertrieben oder zerstört. Diese Zivilisationen konnten hier nicht Fuß fassen, sie hinterließen aber Spuren im Rahmen des Meisterplans.

Wenn genug Menschen die von diesen Zivilisationen gesäten Hinweise lesen können, werden die Schlüssel der Erde für eine harmonische kosmische Existenz verstanden. Die Ägypter, Inka, Balinesen, Griechen, Tibeter, Sumerer, die amerikanischen Ureinwohner, Maya, Aborigines und viele, viele andere Naturvölker haben Schlüssel zum Verständnis beigetragen, die alle auf den Himmel hindeuten. Wären die heutigen Menschen in der Lage, die von diesen Kulturen hinterlassenen Spuren und Hinweise zu lesen, könnten sie die Erde befreien und wieder in Besitz nehmen. Jede Kultur hielt auf irgendeine Weise die Bibliothek offen und konnte ihre Zivilisation mit lebenspendenden Sternenverbindungen durchströmen. Jede war auf kreative Weise einzigartig und hinterließ einen geheimnisvollen psychischen Fußabdruck als Puzzleteilchen in eurem Zellgedächtnis.

Woher kamen diese Zivilisationen? Glaubt ihr etwa, daß sie wie Pilze einfach aus dem Boden schossen? Sie wurden aus Gedanken erschaffen. Sie wurden durch Impulse ins Sein gebracht. Alle Kulturen, die hohe Ideale erreichten, wurden von den »Spielleitern« geplant. In jeder Welt und in jedem Bereich wurde unter Freiheit etwas völlig anderes verstanden. Vor einer halben Million Jahre kam die Vorstellung, daß Menschen versklavt und respektlos behandelt werden konnten, auf die Erde und war in manchen Gegenden der Welt sehr ausgeprägt.

Menschen, oder Versionen von menschlichen Wesen, wurden als Minensklaven oder als Schwingungsträger bestimmter Emotionsmuster verwendet.

Mit der Zeit wurde eine Zivilisationsform höherer Ideale

hier auf die Erde übertragen, um entsprechende Bedürfnisse der Menschen zu erfüllen. Die umfassendste auf den Planeten gebrachte Lehre war das Ideal, daß alle Menschen gleich geschaffen sind und daß das Leben in jeder Form geachtet werden soll. Dieser Gedanke konnte nicht bis auf jede Daseinsstufe durchsickern, auch wenn er sicherlich in zahlreichen Gesellschaften konkret verankert wurde. Natürlich gab es dann diejenigen, die Steine, Bäume, Pflanzen, Tiere und Menschen achten konnten. Für viele jedoch bestand die Hauptsache darin, sich selbst zu achten; sie waren hier, um intelligent zu handeln und die Großartigkeit des Planeten zu entdecken.

Auf irgendeine Art und Weise mußten die Spielleiter unterschiedliche Wege finden, um die Erde zurückzugewinnen und den Wert des Lebens neu zu lehren. Also entwarfen sie mit der Zeit ganze Zivilisationen und stellten sie sich bis ins kleinste Detail genau vor. Dann säten und pflanzten sie diese Zivilisationen auf die Erde, indem sie die Bewohner von den Sternen brachten. Dies geschah, nachdem diese Wesen so fein angepaßt waren, daß sie der genetischen Linie des Menschen entsprachen.

Erweitert euer Konzept des Daseins, und stellt euch dies vor: Vorrangig inszenieren Spielleiter Wirklichkeiten und fügen diese dann als Lebensformen auf verschiedenen Planeten ein. Die Spielleiter treffen sich, so wie ihr euch zum Karten- oder Tennisspielen trefft, nur daß ihr Spiel darin besteht, Zivilisationen zu erschaffen. Sie verändern und wandeln Welten um, indem sie innerhalb von Zivilisationen Spielarten in die von ihnen inszenierten Wirklichkeiten eintreten lassen. Diese Zivilisationen handeln völlig impulsiv, doch alle Impulse werden ihnen durch Blaupausen eingegeben. Alle Blaupausen werden im voraus formuliert, so wie ihr auch als Lichtfamilie eurem Auftrag gemäß einen Plan ausführt, den ihr selbst erstellt habt. Die Spielleiter sind brillant. Sie denken sich nicht nur das Spiel aus und erschaffen den gesamten Grundplan, in dem die

Zivilisation zur Blüte kommen kann – bis hin zu den besten Handwerkern und den ärmsten Bettlern –, sie säen auch *sich selbst* in die Zivilisation hinein. Sie wissen, daß ihre Zivilisation komplett ist, wenn ihre eigene Identität mit ihr verschmilzt, so daß sie *in* der Zivilisation sind und sie gleichzeitig *erschaffen*.

Die Maya, die einmal in Mexiko und Mittelamerika lebten, waren darin Meister. Sie konnten geschickt Wirklichkeiten vermengen und sich von System zu System bewegen. Ihr Zuhause waren die Plejaden, und doch wohnten sie sicherlich nicht dort; sie hatten ihre eigene Welt. Heute führen die Maya überall Aufträge aus, vermengen viele Welten und nehmen Maya mit sich, als ob ihre Zivilisation nie untergegangen, sondern nur von einer Welt in die andere gewechselt wäre.

Das Wort »Maya« bezieht sich auf die Illusion der Wirklichkeit. Die Maya waren derart fortgeschrittene Hüter der Zeit, daß sie buchstäblich Wirklichkeiten zu erschaffen vermochten, welche zukünftige Sucher ihre wahre Identität finden lassen oder sie von ihrer Entdeckung ablenken konnten. Vieles in der Geschichte über die Maya ist Teil ihres Tricks, Teil der Illusion. Bis ihr nicht in andere Wirklichkeiten vordringen und in diesen Bereichen reisen könnt, werdet ihr dies nicht verstehen. Auf ihre Art waren die Maya genauso geschickt wie die Ägypter. Die Ägypter konnten viele Gedankenformen der Wirklichkeit hervorzaubern und die Welten auf andere Art und Weise bereisen. Die Maya konnten die Zeit inszenieren und Zeitsperren erschaffen. Verschiedene Kulturen haben verschiedene Zwecke, die alle miteinander verbunden sind. Warum waren all diese Zivilisationen hier auf der Erde? Warum hatte jede Zivilisation ihre Blütezeit? Dies sind Fragen, die ihr genauer untersuchen könnt. Dann fragt euch selbst: »Was ist meine Rolle in diesem Prozeß?« Diese Zivilisationen trieben an verschiedenen Schnittstellen ihrer Blütezeit Handel miteinander; sie teilten Ideale. Einige existierten über Tausende von Jahren.

Seht ihr, wie reich überlagert Zivilisationen sind? Ein Beispiel, um es euch zu verdeutlichen: Ein Film wird gedreht, und er ist erfolgreich wie »Rocky«. Dann kommen »Rocky 2«, »Rocky 3« und »Rocky 4«. Wenn euch nun jemand diese Filme hintereinander zeigte, würdet ihr glauben, daß sie nahtlos ineinander übergehen. Doch tatsächlich liegt jeweils eine Zeitspanne dazwischen. Das muß auch so sein, denn sie mußten ja geschrieben und gedreht werden. Ebenso ist es mit Zivilisationen. Sie werden ausgesät, und dann liegt Zeit dazwischen, während sich die Spielleiter die nächste Folge ausdenken – Teil 2, Teil 3 oder Teil 500 – und in ein ähnliches Gebiet senden. Wir weisen darauf hin, daß auf eurem gesamten Planeten Zivilisationen schichtweise übereinanderliegen, die alle miteinander verbunden sind. Dieses Konzept liefert euch einige neue Ideen, in die es sich hineinzufühlen gilt.

Wir als Plejadier sind ein Experiment der Spielleiter. Die Spielleiter sind formlos, und doch können sie sich überlagern und sich in viele verschiedene Formen einfügen. Die Filme »2001« und »2010« zeigten die Idee eines Spielleiters und wie bestimmte Lebensformen hinter den Kulissen beeinflußt werden. Das ist eine gute Analogie; nehmt sie aber nicht für bare Münze.

Die Spielleiter sind unbegrenzte, formlose Verschieber von Formen. Sie können jede gewünschte Form annehmen, denn sie bewegen sich zwischen und jenseits von Klang und Geometrie. Die Spielleiter erschaffen in ihrem Geist alle Blaupausen für Zivilisationen, und sie öffnen Torwege, um ganz konkret Kulturen auf die Erdenebene einzuschleusen. Dann lassen sie zu, daß diese Kulturen sich entwickeln, wachsen und den Samen für andere Zeiten aussäen und sie beeinflussen. Es gibt zur Zeit auf der Erde heilige Stätten und Kulturen, die ihr als verloren betrachtet, und ihr glaubt, nie wieder in Kontakt mit ihnen zu treten. Während des großen Erwachens und Bewußtseinswandels werden diese Kulturen lebendig und dann sogleich in Aktion treten, denn ihre Blaupausen werden aktiviert und wieder auf diese sich öffnende multidimensionale Ebene gezogen.

Die Spielleiter denken sich also Blaupausen für Zivilisationen aus. Nun der heikle Teil: Wenn die Spielleiter eine bestimmte Blaupause für eine Zivilisation erschaffen, hat sie viele Versionen und wird in vielen Welten und in vielen Wirklichkeiten ausgedrückt. Ein Teil der Aufgabe der Spielleiter besteht darin, mit all diesen Realitäten gleichzeitig zu spielen und von jeder einzelnen Spielart dieser Blaupause zu lernen. Es ist wie die Anfertigung eines Umhangs. Der Schneider näht ein Modell und hat die Idee, hundert andere Variationen des Umhangs anzufertigen, um alle Bedürfnisse zu befriedigen und einer notwendigen Essenz des Umhangs selbst zu entsprechen. So arbeiten die Spielleiter. Wenn sie also eine Blaupause erschaffen – sowie eine Sprache und eine Methode, um die Blaupause auf den Planeten zu übertragen –, wird die Blaupause nicht einfach nur in einem Bereich verankert. Sie wird in vielen Bereichen verankert.

Manchmal leben diese Zivilisationen viel länger oder kürzer als eure Archäologen glauben. So mag es scheinen, daß sie über Äonen existieren; tatsächlich überdauern einige dieser Ausdrucksformen, die man Zivilisationen nennt, lediglich einen Nachmittag. Dieser Gedanke ist für euch an eurem jetzigen Punkt der Ausdehnung vielleicht zu abgehoben oder zu fremd. Wir werden euch jedoch eines Tages an diese Grenzen stoßen, so daß ihr erkennen könnt, daß die Wirklichkeit tatsächlich ziemlich flexibel ist.

Wir *möchten* eure Grenzen der Identität erweitern. Wir möchten das, was ihr für eure Realität haltet, durcheinanderbringen, denn dann werdet ihr fähig sein zu fühlen, wie die Informationen von eurem höheren Selbst durchkommen. Wir kommen nicht auf die Erde und sprechen zu euch, weil wir euch eine ganz neue Blaupause für das Dasein geben und sagen wollen: »Hier einen Nagel hinein, dort noch ein Brett hin; baut es so, und dann funktioniert es.« Wir sind nicht hier, um eure Welt neu zu definieren. Wir sind hier, um euch zu helfen, die Blaupause, in der ihr gelebt habt, zu zerlegen. Wir wollen euch Hinweise auf sehr allgemeine Gesetze geben, um die herum ihr neue Strukturen bauen könnt. Der dahinterliegende umfassende Gedanke besteht darin, daß ihr alles, was ihr denkt, erschaffen könnt. Das ist der Kern unseres Zwecks. Indem wir euch für die Erfahrung dieses großartigen Konzepts befreien, ist es unsere Absicht, daß ihr schließlich eure volle Gehirnkapazität erschließt.

Mit dieser enormen Möglichkeit, euer ganzes Sein zu entfalten, werdet ihr letztlich die großen Bewußtseinscodes in euch freisetzen. Diese Codes sind wertvolle Daten, nach denen ein Gutteil der Existenz strebt. Auf eurem Planeten habt ihr Schatzsucher, die nach Gold und alten Objekten stöbern. Man könnte uns als Schatzsucher der Zeitkorridore bezeichnen, die das Spiel spielen.

Die Codes und die Meisterzahlen, nach denen wir streben, sind geometrische Formeln und Intelligenzkombinationen, die im Menschen gespeichert sind. Der Mensch ist natürlich ein integraler Bestandteil des Entwurfs für die Lebendige Bibliothek. Jede Schöpfung in der Lebendigen Bibliothek hat ihren Zweck und speichert unzählige Daten. Im menschlichen Körper gibt es Formeln, die andere Intelligenzformen in eurem gesamten Universum nachbilden können. Spürt einmal da hinein. Innerhalb des entwickelten zwölfstrangigen Menschen gibt es Formeln, die Leben für andere Intelligenzformen in diesem Universum erschaffen können.

Als andere Intelligenzformen die Erde entwarfen, konnten sie den Grund für deren Erschaffung begreifen. Sie verstanden, daß ihre eigenen Zivilisationen vielleicht eines Tages zerstört werden würden, und sie wollten diese nicht ganz verlieren. Also wurden im gesamten Dasein Bibliotheken gebaut, und jede nahm spezielle Daten auf. Alle Intelligenzformen, die Bibliotheken erschufen, achteten ihre eigene Identität und ihre Zivilisationen. Sie verstanden, wie ihre Zivilisationen aufgebaut waren. Sie schätzten das Leben.

Die Meisterzahlen werden erreicht, wenn eine kritische Masse von Individuen spezielle Schwingungscodes aussenden kann. Durch die Meisterzahlen können verschiedene Zeitsperren auf eine bestimmte Zivilisation gelegt werden, und so entsteht Immunität gegenüber jeglicher zerstörerischer Energie. Doch die zerstörerische Energie ist notwendig, damit der gesamte Prozeß überhaupt erst in Gang kommen kann. Dadurch wird das Ganze ein Spiel.

In diesem Universum sind Dualität und Polaritäten notwendig, damit der freie Wille in seinem höchsten Potential aktiviert wird. Die Teile einer Dualität dienen als Anregung, sich gegenseitig selbst zu spiegeln, so daß sich Polaritäten schließlich vereinigen. Die Wirklichkeit hat viele Schichten und erschafft ständig neue Versionen von sich, daher ist sie von einem Augenblick zum anderen nicht gleich. Der Puls eures Universums erfährt einen massiven Wandel. Zur Zeit gibt es eine Bewegung, um die Erde zu heilen und sie wieder auf eine bestimmte Schwingungsfrequenz zu bringen und einzustimmen. Mit der Rückkehr bestimmter Wesenheiten, die das Land überziehen und ihr Sternenbewußtsein mitbringen, wird die Erde schließlich als eine ganz andere Kolonie neu gegründet. Es wird Begeisterung, Harmonie, Zusammenarbeit und Einheit geben, was allen größere Möglichkeiten eröffnet.

Das gleiche geschieht auf universeller Ebene. Die Erde ist eine der entscheidenden Bibliotheken dieser Galaxie und dieses Universums, deshalb ist das Geschehen so dramatisch. Während die Erde ihre Umwandlung erfährt, wird die vernetzte psychische Energie ihrer Bewohner die Nachricht ihres Transformationsprozesses hinaussenden.

Das wird Wellen schlagen und die Art verändern, wie alle

Welten im Zeichen der Polarität an diesem Universum teilnehmen.

Es ist unsere Absicht, euch eine größere Perspektive eures plejadischen und stellaren Erbes zu vermitteln und euch zu inspirieren, verantwortungsbewußtere, mutigere, waghalsigere und humorvollere Menschen zu sein. Eure plejadische Abstammung ist viel größer, komplexer und umfassender, als ihr jetzt erkennen könnt. Wir möchten, daß ihr euch an eure Herkunft erinnert und eine uralte Wahrheit entdeckt.

Wir werden die Bedeutung des Spiels, der Codes und der Meisterzahlen weiter ausführen. Die gesamte Existenz kann als Spiel betrachtet werden. In Wahrheit ist sie ein Spiel, das zu Ende gehen kann, wenn es nicht richtig gespielt wird. Zu einem Abschluß kommt es nur auf bestimmten Ebenen, auf anderen gibt es kein Ende. Das Abschließen auf bestimmten Ebenen ist jedoch ehrfurchtgebietend. Innerhalb des plejadischen Systems stehen wir vor der Krise eines Abschlusses. Diese Krise hat mit unserem Karma zu tun, das auf uns zurückgefallen ist. Damit wir in unserer Entwicklung weiterwachsen und neue Energie-, Sinn- und Lebensformen suchen können, müssen wir sicherstellen, daß alle von uns geschaffenen und in Gang gesetzten Lebensformen genauso frei sind, wie wir es sein möchten. Der Schmerz des plejadischen Experiments hat damit zu tun, einen Weg zu finden, die Muttergöttin zu beschwichtigen, denn wir sind alle mit der Muttergöttin verbunden.

Irgendwie lassen sich dieser Tage die reptilischen Energien nicht mehr verbergen. Es spielt sich allerhand ab: Kometen, Meteore und Asteroiden tauchen aus dem Weltraum auf, Planeten bewegen sich willkürlich, alle möglichen Phänomene lassen die Menschen fragen, was mit dieser Welt geschieht, während das globale Verständnis der Wirklichkeit brüchig wird. Wir möchten, daß ihr versteht, daß alles seine göttliche Ordnung hat. Die Zeiten verändern sich, aber ihr müßt darüber nicht in Panik geraten. Es ist Zeit für euch, die Heiterkeit in eurem Sein zu spüren. Die Zeit, auf die ihr gewartet habt, euer Zweck, steht kurz vor der Vollendung. Wir erinnern euch, daß ihr die Lichtfamilie seid, und Millionen von euch führen ihre Aufträge zur Zeit auf der Erde aus. Als Mitglieder der Lichtfamilie besitzt ihr die Fähigkeit, die Lichtfrequenz in den Körper zu ziehen und sie auf der Erdenebene zu verbreiten. Auf diese Weise kann sich die Erde selbst, als lebensfähiges lebendiges Geschöpf, in ihren eigenen Übergang bewegen und einer alten Ordnung den Rücken kehren. Einige von euch sind entsetzt, daß die Erde stirbt. Ihr möchtet eine große Abwehrmauer errichten – gegen den Tod der Erde und die Zerstörung der Umwelt. Tatsächlich geben aber diese scheinbar schrecklichen, schwierigen und abscheulichen Ereignisse den notwendigen Impuls, damit die sechs Milliarden Menschen der Erde sich verändern und in Bewegung setzen.

Ihr seid Energieüberträger. Ebenso wie wir Energie von einem Realitätssystem in eures übertragen und wie unsere Lehrer und andere sie auf uns übertragen, müßt ihr euer Wissen nehmen und es sehr sanft übertragen – spielerisch, ohne Angst für die Erdenbewohner. Andere werden sehen, daß ihr stabil, geerdet und liebevoll seid und daß ihr im Namen des Friedens arbeitet. Stellt das klar. Haltet immer am Gedanken des Friedens fest, wenn ihr nach etwas noch Unbekanntem strebt und euch mit Energien anfreundet, deren Aussehen andere ängstigen könnte. Ihr leistet äußerst bedeutende Arbeit.

Als Mitglieder der Lichtfamilie bringt ihr das Zeitalter der vereinten Gedankenübertragung, das Lichtzeitalter, herein. Indem ihr diese Lichtwellen aufnehmen und halten könnt, werdet ihr verstehen, daß sich die Umwandlung dieses Planeten auf eure Geisteskraft gründet. Diese Revolution des Geistes greift in allen Kulturen sehr schnell. Wir überwinden kulturelle Grenzen; ihr werdet galaktische Grenzen überwinden. Es ist unsere Absicht, daß diejenigen, die uns kennen und denen unsere Energien vertraut sind, leichtfüßig auf dem Planeten wandeln und das Schlüsselwissen leben können, das wir mit euch teilen. Wir geben euch Schlüssel direkt in die Hand, und wir führen euch auch an der Nase herum; wir führen euch immer an der Nase herum. Ihr tut gut daran, uns auf die Finger zu schauen. Wenn ihr das nicht tut, seid ihr töricht. Lernt, allen Dingen gegenüber skeptisch zu sein, und lernt auch, daß wir manchmal guten Grund für unser Handeln haben, auch wenn das vielleicht für euch gerade nicht offenkundig ist.

Wir sagen euch in aller Ehrlichkeit und Aufrichtigkeit, daß eure höchsten Interessen, eure Ganzheit, eure Sicherheit und Ausbildung unsere ersten Anliegen sind. Wir möchten euch nicht verlieren. Ihr seid für uns ein Schlüssel. Könnt ihr euch das vorstellen? Könnt ihr das im tiefsten Kern eures Seins fühlen? Wenn ihr begreifen könnt, was wir euch in diesem Moment mitteilen, wird das für die kommenden Jahre einen großen Unterschied bedeuten. Wenn ihr begreifen könnt, daß wir euch brauchen, daß wir euch wollen, daß ihr wertvoll seid, und wenn ihr euer Ego beiseite schieben, euer Herz öffnen und durch diese unbekannten Territorien gehen könnt, dann werden eure Tage von Glanz erfüllt sein.

Während sich für euch die Geschichte dessen, was ihr seid, entfaltet und ihr mehr erfahrt, werden wir euch helfen zu verstehen, wie diese Geschichte sich auf einer kosmischen Ebene einfügt und wer ihr darin seid. Wir werden euch viele Hinweise geben und euch daran erinnern, daß es immer unsere Absicht ist, euch mit einer Energie zu unterrichten, die euch dahin bringt, eure eigenen Lehrer zu werden, eure eigene Quelle des Wissens. Wenn wir euch erfolgreich als intelligentes Wesen ansprechen können, dann qualifiziert ihr euch, bestimmte Codes und Meisterzahlen in eurem Sein auszulösen, die das gesamte Existenzspektrum auf dieser euch bekannten Ebene verändern werden. Ihr werdet buchstäblich wieder eine Bibliothek öffnen. Und durch das Finden eurer eigenen Antworten – indem wir euch mit den Hinweisen helfen und ihr sie zusammenfügt – werdet ihr zur Einsicht gelangen, daß ihr nur euch selbst braucht. Nicht, daß ihr allein oder ohne uns arbeiten sollt. Unter allen Spezies herrscht Harmonie und Zusammenarbeit – es ist ein Teilen des Lichts und des Wissens, daß alle eins sind. Wir erschaffen bloß Vorstellungen, aus denen ihr euch entwickeln könnt. Nehmt unsere Geschichte nicht für bare Münze. Hört euch auch alle Geschichten der anderen an, und zieht dann eure eigenen Schlüsse. Kommt selbst drauf. Jeder Lehrer auf der Erdenebene hat für euch zur Zeit einen Hinweis. Auch wir bieten euch einen Hinweis an – wir haben nur einfach unsere eigene flippige Art, das zu tun. Wir haben unsere eigene Persönlichkeit, unser eigenes Programm, und wir wissen, wie wir euch anregen können, um euch in Gang zu bringen und zu erheben. Wir wissen, wie wir euch befreien können, und das haben wir auch vor. Es ist unser Ziel, den Wert der menschlichen Existenz wieder in den Vordergrund der Schöpfung zu rücken.

## *Energieübung*

*Mach einen tiefen Atemzug, und erlaub dir, dich zu entspannen und nach innen zu gehen. Nimm dir vor, die Energien, die dich jetzt durchfluten, maximal zu nutzen. Dehn dein Bewußtsein bis zum zwölften Chakra aus, wo immer das für dich auch ist. Hör von deinem zwölften Chakra den Klang der Absicht, der durch deinen Körper schwingt Stell dir Wellen und Impulse aus Licht vor, die sich weit aus dem Weltraum auf dich zubewegen. Während diese Lichtwellen sich dir nähern, lausche dem Widerhall in der Gesamtheit all dessen, was existiert. Stell dir ein ganz feines, spinnennetzartiges Geflecht vor, aus dem dein Kosmos besteht.*

*Indem du nun Energie durch dieses Netz ziehst, beginnt es zu summen und zu singen und alle seine Teile zu informieren.*
*Laß diese Lichtwellen auf deinen Planeten kommen, und fühl, daß du ein Magnet für erweitertes Bewußtsein bist. Erklär dich von diesem Augenblick an bereit, mühelos und freudvoll Zugang zu den Bewußtseinsfrequenzen zu erlangen, die wir als Plejadier dir zur Verfügung stellen. Fühl den Überfluß an Schöpfungskraft, der sich durch dein Sein ausdrückt, und verwende gelassen und mutig dieses schöpferische Licht, da es sich durch dich bewegt und den Planeten mit neuen Möglichkeiten beschenkt.*
*Während diese Wellen aus Licht durch dein zwölftes Chakra hereinkommen, stell dir vor, wie gigantische Lichtwellen auf die Erde auftreffen, die Tausende Kilometer lang und breit und von winzigen geometrischen Formen durchdrungen sind. Auch du besitzt das Potential, die Lebendige Bibliothek wieder zu aktivieren, indem du die Gaben deines Geistes, deiner Impulse und Absichten verwendest. Fühl, wie die Erde mit Lichtwellen überflutet wird. Stell dir einige Augenblicke lang vor, daß jedes Lebensteilchen weiß, daß es nie zerstört wird – daß Zerstörung eine Illusion des Spiels von Urschöpfer ist. Du bist wahrlich ein Spielleiter. Finde diese Schatztruhe, die du weggepackt hast. Sie enthält deine wertvollste Wahrheit, die du sogar vor dir selbst versteckst. Da du es nun wagst, diese Truhe zu öffnen, siehst du dich – eine Version von dir, die Urschöpfer ist, die wieder Friede und Freiheit auf dieser Welt erschafft. Laß es dein Ziel sein, daß die Gesamtheit eurer Intelligenz frei untereinander weitergegeben wird und daß die Begabungen, Talente und Fähigkeiten, die jeder von euch hat, auf den Rest der Welt ausgestrahlt werden, damit Heilung stattfindet. Beabsichtige, daß dein Körper Liebe ausstrahlt. Erzeug mit dieser Liebe eine Spirale, und wisse, daß du mit einem großen Zweck verbunden bist. Du bist nicht allein, und doch mußt du allein gehen und handeln, damit du dich selbst entdeckst. Hüll dich in diese Spirale aus Liebe ein, und sei bereit, dich zu erinnern, wer du bist.*

# KAPITEL 2

## Die Lebendige Bibliothek neu erträumen

*Sobald sich der Gedanke der Lebendigen Bibliothek in euch tiefer verankert, werdet ihr allmählich den Wert der Gefühle verstehen und erkennen, wie ihr als Schlüssel zu dem großen hier gespeicherten Wissen dient.*

Wir arbeiten mit uralten Wesen, die euer Universum steuern, den Hütern der Zeit. Könnt ihr euch das vorstellen? So wie ihr ein Auto lenkt, damit es auf der Straße bleibt, so halten die Hüter der Zeit euer Universum auf Kurs.

Die Hüter der Zeit sind die ursprünglichen Initiatoren, die Erfinder der Lebendigen Bibliotheken. Sie sind Schöpfungen der Spielleiter. Man muß – und wir verwenden hier eure menschliche Bezeichnung – »sehr hoch entwickelt« sein, um mit den Hütern der Zeit in Kontakt zu treten. Viele wissen, daß es sie gibt, aber wie findet man sie, und wie kommuniziert man mit ihnen? Es gibt auf eurem Planeten Hinweise auf sehr hoch entwickelte Wesen. Doch wie kommt ihr an sie heran, und wie bringt ihr sie dazu, mit euch zu arbeiten? Wie stellt ihr es an, daß sie euch ihre Geheimnisse anvertrauen? Es ist einfach: Ihr müßt lernen, auf ihrer Frequenz zu schwingen.

Wie die Yogis und Schamanen eurer Welt besitzen die Hüter der Zeit widersprüchliche Persönlichkeiten. Sie sind rätselhaft. Obwohl sie bekannt und geachtet sind, weiß doch niemand, wo sie leben, wie man sie kontaktiert oder wie sie aussehen. Es ist unser Glück, daß wir mit den Hütern der Zeit arbeiten können. Sie sind unsere Lehrer, und wir gehören zu euren Lehrern.

Die Hüter der Zeit haben uns die Lebendigen Bibliotheken entdecken lassen. Sie haben uns auch dazu gebracht herauszufinden, wie diese Bibliotheken zu aktivieren sind, denn die Hüter der Zeit möchten ihr Universum nicht verlieren. Die Hüter der Zeit werden euer Universum bis zu jenem Punkt des Daseins getrennt halten, da das gesamte Universum versteht, daß es eins ist. Wenn das geschieht, wird das Universum sozusagen in sich zusammenfallen, eins mit Urschöpfer werden und verstehen, was es ist.

Die Hüter der Zeit setzen alles daran, dieses Universum nicht zu verlieren, denn wenn es sich vor seiner Vollendung zerstört, wird es seinen Zweck nicht erfüllen. Um dies zu verhindern, sondern sie das Universum ab, indem sie die *Zeit* erschaffen. Die Zeit trennt alles und erlaubt dem Universum, sich zu erkunden. Sie erlaubt ihm zu entdecken, daß alles zusammenarbeitet, und letztlich zu dem Verständnis zu gelangen, daß es ganz ist, daß alles eins ist.

Die Hüter der Zeit beobachten, daß ihr Universum überfallen wird. Sie sehen, daß es auf Zerstörung und Trennung zusteuert – eine Trennung, die sie sogar unterstützen. Sie halten euer Universum abgesondert, damit es – wie jede andere Welt – von sich aus die Bedeutung jeder anderen Welt entdeckt. Die Trennung, mit der sich die Hüter der Zeit beschäftigen, ist die Trennung der bestehenden Lebensformen von ihrer Essenz. Durch diese Methode erzeugen reptilische und andere Energien Tyrannei. Weit in eurer Zukunft gibt es einen

Punkt, an dem die Hüter der Zeit sehr besorgt über diese Entwicklung sind. Wir verwenden die bestmöglichen Ausdrücke, um euch davon eine Vorstellung zu geben.

Wir haben gelernt, daß ein wirklich guter Lehrer oft zur List greifen muß. Und so wird durch Tricks die gegenwärtige Glaubensstruktur durcheinandergebracht, damit eine andere wahrgenommen werden kann. Wir selbst sind Schüler, die genau wie ihr all dies entdecken, und wir haben unsere eigenen Lehrer, die uns überlisten, bestimmte Dinge zu tun, unter anderem auch, mit eurem Planeten zu arbeiten. Wir sind auf der Suche nach unserem eigenen Weiterkommen, denn wir sind Abenteurer, und es ist eine eigene Geschichte, wie wir auf die Erde gestoßen sind. Unsere Suche beinhaltete das Auffinden der Lebendigen Bibliotheken, und euer Planet war nun einmal ein Schlüssel dazu. Wir sagten: »Das ist doch spannend: Unsere Vorfahren haben sich seit Äonen immer wieder heimlich und leise an diesem Ort zu schaffen gemacht; hier liegt nun der gesuchte Schlüssel direkt vor unserer Nase, und wir haben ihn nicht gesehen.« Es ist interessant, wie die Dinge in den Wirklichkeiten versteckt sind. Wir wenden ähnliche Strategien an, um euch zu verleiten, in andere Realitäten zu gehen und andere Teile von euch kennenzulernen, damit ihr euer Leben und das Universum selbst verändern könnt.

Wir kommen aus der Zukunft, und wir durchkämmen die Zeitkorridore. Das ist unser Auftrag. Aus der möglichen Zukunft, aus der wir als Plejadier kommen, wollen wir die Vergangenheit ändern. Unsere Absicht besteht darin, die wahrscheinliche Zukunft, mit der wir arbeiten, zu verändern, denn diese wahrscheinliche Zukunft hat sich in einer Richtung der neuen Bewegung eures Universums als tyrannisch erwiesen. Dies hier ist eine Zone des freien Willens und ein Universum des freien Willens, und das heißt, daß alles erlaubt ist. In diesem besonderen Experiment sind alle Dinge Urschöpfer. Wir erinnern euch daran, daß in dieser Welt der Dualität Licht durch Schatten definiert wird. Macht einmal einen Spaziergang an einem sonnigen Tag, und seht, was die Schatten tun. Beginnt, eure Welt auch auf symbolischer Ebene wahrzunehmen, und erkennt, daß sie ständig zu euch spricht.

Die Erde ist ein absolut magischer Ort im Dasein, denn sie wurde, ebenso wie der menschliche Körper, mit der Geschichte des Universums gefüllt. Der Mensch wurde wegen der Lebendigen Bibliothek so angelegt.

Wenn das Universum harmonisch ohne Tyrannei funktioniert, können die Zivilisationen Informationen frei untereinander austauschen. Dadurch kann ausgedehnter Handel stattfinden, und einzelne Energien können kommen und große Ideen weitergeben und sie erkunden. Die Lebendige Bibliothek ist wie ein riesiges Fest gegenseitigen Schenkens. Eine Gruppe harmonisch zusammenarbeitender Zivilisationen gab großzügig all ihr Wissen und ihre Energien, um die Bibliothek zu gründen. Sie erschufen Orte in eurem Universum, wo Informationen gespeichert wurden. Diese Informationen sollten zur Verfügung stehen, um die Entwicklung des Universums zum notwendigen Zeitpunkt zu erleichtern. Dieser Zeitpunkt ist jetzt gekommen.

Es gibt Zivilisationen im Weltraum, die sterben, weil sie keinen Zugang zur Lebendigen Bibliothek haben, ebenso wie Massen von Menschen sterben, weil ihr euren Körper nicht versteht und keinen Zugang zu ihm habt. Ihr seid wesentliche Schlüssel. Euer Mut und das Vertrauen, das ihr in euch selbst setzt, werden die weiteren Erfahrungen der gesamten Existenz bestimmen. Indem die Erde sich in Gleichgewicht und gleichlaufender Einheit bewegt, wird sie sich geometrisch auf die anderen elf Bibliotheken dieses Systems ausrichten. Wenn dies geschieht, werden die zwölf Bibliotheken ihre eigene Lichtkonfiguration erschaffen, die euer Universum neu formen und eine Verbindung signalisieren wird – das wird eine Art Sieg für die gesamte Schöpfung bedeuten.

Ihr seid mit den elf anderen Bibliotheken verbunden, und eure Aufgabe besteht darin, alle zwölf zu vereinigen und so die Drehung der zwölf zu erzeugen. Ebenso wie ihr zwölf Chakras zum Drehen bringt, um die Information in euch zu öffnen und zu verbinden, werdet ihr die zwölf Bibliotheken zurück ins Dasein drehen. Die Drehung dieser zwölf Systeme – zwölf Chakras und zwölf kosmische Bibliotheken – wird Energien anziehen, die sich vermischen und durch viele Informationszentren bewegen werden. Dadurch werden neue Versionen und Bedeutungen von Ereignissen freigesetzt, die vorher vielleicht unwesentlich und unwichtig erschienen. Indem ihr das größere Bild zusammensetzt, werdet ihr die Handlungen der sogenannten Götter – und wie sie eure Welt verwenden – verstehen lernen.

Als Mitglieder der Lichtfamilie seid ihr eine ziemlich neutrale Quelle, eine Anhäufung flexibler Energie, die sich leicht in eine Vielzahl von Formen verwandelt. Eure Flexibilität erlaubt es anderen, euch einzusetzen, mit euch zu verschmelzen, ihr zu werden und in Wirklichkeitssysteme zu gelangen, die sie ohne euch nicht erfahren könnten. Wir möchten, daß ihr mehr über euch versteht und erkennt, wie wertvoll die Lichtfamilie ist. Ihr geht in Bewußtseinssysteme hinein und verändert sie, wenn diese Systeme in ihrer eigenen Entwicklung steckengeblieben sind. Es ist für Systeme oft schwierig, aus sich selbst heraus eine Veränderung zu erzeugen.

Wir möchten, daß ihr souveräner werdet und niemanden anbetet. Die Prinzipien, die ihr zu beachten habt, beziehen sich auf euren physischen Körper, die Erde und alle ihre Bewohner. Ehrt euren Körper, als ob man euch ein makelloses Juwel gegeben hätte, und handelt so, als gehörte euch die wertvollste Schöpfung im Universum. Vor allem ehrt die Erde. Dies ist Teil des Auftrags, und hier liegt euer Wert.

Wir glauben, daß das Bild der Lebendigen Bibliothek sehr passend ist, denn ihr könnt euch grundsätzlich etwas unter einer Bibliothek vorstellen. Die Analogie muß leicht verständlich sein, denn wir sprechen über sehr komplexe Dinge. Wir machen die Sache verdaulicher, wie Babynahrung, damit ihr das Konzept leichter erfassen könnt. Ein andermal werden wir euch eine andere Geschichte erzählen, denn so wie ihr euch verändert, verändern wir die Geschichten. In der Zukunft werdet ihr nach etwas greifen können, was für euch jetzt nicht vorstellbar ist. Neben den zwölf DNS-Strängen und den zwölf Chakras gibt es die Zwölf noch auf vielen parallelen Ebenen.

Die Geschichte der Zwölf drückt sich grundlegend auf dem gesamten Planeten aus. Sie ist sehr tief in der Massenpsyche des menschlichen Bewußtseins eingebettet und wurde immer wieder als Methode – wie ihr es nennt – zur Strukturierung und Übertragung von Information von einem System in ein anderes verwendet. Die Geschichte der Zwölf erdet den Gedanken eines sinnvollen Daseins in eurer Welt.

Die früheste Verwendung der uralten Lehre der Zwölf war das Konzept des Tierkreises, eines engen Gürtels von achtzehn Grad auf jeder Seite der Ekliptik, der scheinbaren Sonnenbahn um die Erde. Der Zodiak wurde in zwölf Zeichen mit zwölf Häusern unterteilt, und die Verflechtung und Verbindung zwölf signifikanter Teile vermittelte Wissen über die Schöpfung. Man glaubte, daß der Tierkreis ein lebendiges Gedächtnis habe, und er spielte in der sumerischen, hinduistischen, chinesischen, ägyptischen, chaldäischen, griechischen und römischen Kultur eine wesentliche Rolle.

Die menschliche Entwicklung ist sehr stark mit universellen Zyklen verbunden, die die zwölf Zodiakenergien austeilen, wodurch neue Ausdrucksformen ins Dasein kamen. Heute verwendet ihr Uhren und Kalender, die euch an die Aufteilung der Energie erinnern, denn diese messen die Zeit ebenfalls durch die Verwendung der Zwölf.

Auch in der Bibel und anderen uralten Texten werden

viele auf der Zwölf beruhende Zusammenhänge erwähnt: zwölf Tore, zwölf Stämme, zwölf Engel, zwölf Söhne, zwölf Apostel oder Schüler, sogar zwölf Ritter der Tafelrunde und heute auch der zwölfte Planet. Wir verwenden die Vorstellung von zwölf Chakras, zwölf DNS-Strängen und zwölf Bibliotheken, weil ihr darauf eingestimmt seid, durch dieses Symbol auf eine größere Sichtweise der Realität anzusprechen und euch an sie zu erinnern.

Eure zwölf Chakras sind Energieansammlungen oder Energietaschen, in denen Ereignisse auftreten können. Sie enthalten Erinnerungen und Identität, und jedes Chakra entspricht einem DNS-Strang. Die sieben Hauptchakras befinden sich im Körper, beginnend am unteren Ende der Wirbelsäule und dann hinaufsteigend. Es gibt noch fünf Chakras außerhalb eures Körpers, was insgesamt zwölf Wirbelpunkten entspricht – oder zwölf Sonnen, wie wir sie gern nennen. Sauerstoff, Licht und bewußte Absicht werden diese Zentren aktivieren, und wenn sie einmal eingeschaltet sind, besteht eure Herausforderung darin, alle durchfließenden Daten auf die DNS-Stränge zu übersetzen.

Die ersten sieben Chakras können eure Körpererinnerungen freisetzen – sowohl Körpererfahrungen aus diesem Leben als auch aus anderen Inkarnationen. Das erste Chakra speichert eure Kernidentität; es hat damit zu tun, wer ihr seid und wie ihr überlebt. Es öffnet euch für die Reise nach innen und zu den Grundfesten eurer tiefsten Glaubenssätze. Das zweite Chakra ist mit Schöpferkraft und Sexualität verbunden; es öffnet die Speicher eurer Überzeugungen und Erfahrungen auf diesem Gebiet. Diese beiden ersten Chakras entsprechen eurem traditionellen Wissen von zwei DNS-Strängen. Die Themen, die mit Identität, Überleben, Sexualität und Kreativität zu tun haben, sind jahrtausendelang eine Herausforderung für euch gewesen.

Das dritte Chakra ist mit dem Solarplexus verbunden.

Wenn es offen ist, hilft es euch, quasi aus dem Bauch heraus euren Weg durchs Leben zu gehen und intuitiv zu sein. Weil Frauen menstruieren und gebären, ist dieser Bereich bei ihnen oft aktiver und wird mit großem Respekt betrachtet. Hier liegen euer Wille, eure Macht und eure Gefühle. Das vierte Chakra gehört zum Herzen, und wenn es offen ist, verbindet es euch mit dem gesamten Leben. Aus diesem Zentrum fließt Mitgefühl, und es erlaubt euch, eure Wahrnehmungen zu verstehen. Dieses Mitgefühl trägt euch jenseits von Beurteilungen, die ja eine Falle sind, um euch zu entzweien. Das fünfte Chakra befindet sich in eurem Kehlkopf und öffnet die große Gabe des stimmlichen Ausdrucks. Durch dieses Chakra sprecht ihr eure Wahrheit. Das sechste Chakra aktiviert euer Drittes Auge und regt eure Fähigkeit an, über die dreidimensionalen Grenzen hinauszusehen. Das siebte Chakra befindet sich auf eurem Scheitel. Wenn es offen ist, verbindet es spirituelle Energien mit eurem Schädelbereich und läßt sie dort einströmen. Wenn sie einmal angeregt sind, spielen die Zirbeldrüse, die Hirnanhangdrüse und der Hypothalamus jeweils eine aktive Rolle für eure Ausrichtung und Verbindung.

Das achte Chakra befindet sich in nächster Nähe eures physischen Körpers – das kann einige Zentimeter bis ungefähr einen Meter über eurem Kopf sein. Es steht mit den unsichtbaren Reichen außerhalb eures Körpers in Verbindung. Das neunte Chakra liegt außerhalb der Erdatmosphäre – es ist vielleicht so weit entfernt wie der Mond – und verbindet euch als Verwalter und Wächter der Erde. Das zehnte Chakra reicht in euer Sonnensystem hinein und bietet euch Zugang zu allem, was dort ist. Das elfte ist ein galaktisches Chakra und liefert Informationen über eure lokalen Sterneneinflüsse. Das zwölfte Chakra reicht über eure Galaxie hinaus und ermöglicht euch den Zugriff auf den Rest des Universums, wie ihr es euch vorstellt. Im allgemeinen habt ihr zur Zeit keinen Zugang zu Informationen außerhalb eures Universums, weil euer Körper noch nicht ausreichend entwickelt ist, um damit umgehen zu können.

Eines Tages entwickelt ihr euch vielleicht dorthin. Diesmal habt ihr jedoch zugestimmt, euch bewußt hier auf der Erde zu entwickeln – eine Sendestation zu werden, die einen Ton oder eine Frequenz ausschickt, mit der jeder etwas anfangen kann.

Diese zwölf Energiezentren müssen von innen erreicht werden, wo ihr ihre entsprechenden Daten fühlen und die Erfahrungen im Rahmen eures Verstandes übersetzen könnt. Dies seid ihr, die ihr euch in eure multidimensionale Identität entwickelt, euch erinnert, wer eure Version von euch ist – draußen in der Galaxie und jenseits davon.

Viele von euch haben gelernt, daß ihr euch durch Reinkarnation entwickelt und daß ihr eine Seele besitzt, die viele Facetten hat. Dies ist nur ein kleiner Ausschnitt des Bildes. Ihr bezieht eure Reinkarnationen auf eure menschliche Form. Eure Selbste sind jedoch nicht alle menschlich. Sie existieren in einer Vielzahl von Formen, Größen und Gestalten und zeigen, daß alles Teil von einem größeren Ganzen ist.

Da ihr Menschen seid, war es in den letzten paar tausend Jahren die sicherste Praxis zu glauben, daß ihr euch in einem Reinkarnationszyklus entwickelt, in dem die Verkörperungen eurer Seele immer menschlich waren. Der menschliche Anteil ist nur eine Schöpfung oder ein Aspekt eurer Identität. An vielen Orten existiert ihr in einer Form, die teils Mensch und teils Tier ist. Ein Teil des jetzigen Dramas hat damit zu tun, daß andere Versionen eures Selbst nach ihrer eigenen Entwicklung streben, da die Dimensionen auf diesem Planeten verschmelzen. Ein Zusammentreffen eurer multidimensionalen Selbste steht bevor, und eure Initiation und Aufgabe besteht darin, sie alle zu vereinigen.

Man kann sich die Schöpfergötter als Kombinationen aller Wesen auf eurem Planeten vorstellen. Sie sind in der Insekten-

und in der Säugetierfamilie sowie in allen anderen Bewußtseinsfamilien hier auf eurer Erdenebene vertreten.

Viele dieser Wesen, die euch erschaffen haben, sehen wie Kombinationen von Mensch und Tier aus.

Als sich dieser Planet formte, wurde all der Reichtum von intelligenten Spezies konzentriert und innerhalb der Lebendigen Bibliothek in jeden Stein, jede Pflanze, jedes Tier und jedes lebende Wesen gebracht. Da alle Dinge lebendig sind und Bewußtsein haben, findet sich die Lebendige Bibliothek sogar in Sandkörnern und Kohleteilchen.

Die menschliche Spezies, die Verwalter der Erde, kann man sich als den Bibliotheksausweis vorstellen. Sobald der Gedanke der Lebendigen Bibliothek tiefer in euch eindringt, werdet ihr allmählich den Wert der Gefühle verstehen und erkennen, wie ihr alle als Schlüssel zu dem großen hier gespeicherten Wissen dient. Diese Entdeckung werdet ihr Schritt für Schritt machen. Energien, die euch kennenlernen möchten, verschmelzen mit anderen Formen der Bibliothek, und so ist es leicht möglich, daß euch andere Energien aus den Augen der Tierfamilie beobachten und Informationen sammeln. Der Schlüssel zur Lebendigen Bibliothek seid ihr Menschen, denn ihr könnt euch zu der gesamten Bibliothek Zugang verschaffen. Und auch andere können durch Bäume oder sonstige Pflanzen hereinkommen, um zu verschmelzen, hinauszublicken und eure Wirklichkeit zu verstehen. Wenn ihr in Frieden und Hingabe lebt und nicht herumlauft und Lebensformen verletzt, weil sie zufällig eine falsch gesetzte Grenze überschreiten, erlaubt ihr euch, Zivilisationen kennenzulernen, die vielleicht viel großartiger sind, als ihr es euch vorzustellen vermögt.

In den letzten 500 000 Jahren bestand der Zweck bestimmter Sternenenergien darin, mit verschiedenen empfindungsfähigen Zivilisationen auf der Erde in Beziehung zu treten und in ihnen einen deutlichen Bewußtseinswandel auszulösen. Diese Zivilisationen lebten abgeschieden – versteckt in sehr kleinen geographischen Gebieten, wo sie ungestört blieben. Als die Besitzer des Planeten von verschiedenen Experimenten, bei denen Liebe im Mittelpunkt stand, Wind bekamen, wurden die Zivilisationen zerstreut oder zerstört.

Diejenigen, die glauben, euren Planeten zu besitzen und zu steuern, liebäugeln mit Macht, und sie halten an dieser Macht fest, indem sie die Frequenz von Angst und Chaos erzeugen. Das ist einfach ihre Art, zu handeln und zu lernen. Wir erinnern euch immer wieder daran, daß alle Dinge Urschöpfer sind, daher sind alle Kräfte, auf die ihr trefft, Urschöpfer, der sich kennenlernt, um sich selbst zu verstehen. Urschöpfer strebt nach Harmonie und danach, den Zweck zu erkennen, der gegensätzliche Kräfte derselben Energie verbindet. Es wäre gut, dies im Kopf zu behalten. Wenn ihr bewußt in der Vorstellung bleiben könnt, daß alles eins ist, gesteuert und ausgewählt von den verschiedenen Aspekten des Selbst, und daß alle Dinge ein Ergebnis des Gedankens sind, der sich verstehen und entwickeln will, dann verlaßt ihr den Zuschauerrang und kommt als Mitspieler ins Feld. Wir möchten, daß alle Menschen als wertvolle Spieler draußen auf dem Feld sind und am Spiel des Lebens teilnehmen.

Damit die Erde einem viel größeren Zweck im Plan des Universums dienen kann, wird es für sie notwendig, sich als eine Lebendige Bibliothek zu aktivieren. Diese Aktivierung beginnt bei euch selbst, vor eurer eigenen Tür. Dann verbreitet ihr diese Frequenz über den gesamten Planeten. In weniger als zwanzig Jahren wird es einige bedeutende Veränderungen geben. Die Lebendige Bibliothek enthält nicht nur historische Aufzeichnungen; sie ist eine vollständige Wissensbibliothek, aus der alles erschaffen werden kann. In den Lebensformen der Erde sind Formeln und Grundmuster gespeichert, aus denen alle möglichen Realitäten entwickelt werden können. Andere Bibliotheken in verschiedenen Sektoren des Universums speichern ihr Wissen in Lichtformen oder Molekülansammlungen, die ihr nicht einmal erkennen würdet Für jedes der zwölf Zentren entwarfen die Schöpfergötter eine einzigartige Speichermethode des Wissens. Die Absicht besteht darin, die Bibliotheken, die alle auf ihre Weise lebendig sind, in ihrer Ganzheit zu schützen. Aus einer Zukunftsperspektive betrachtet, sind die Bibliotheken verloren, und jetzt besteht die Notwendigkeit, sie wiederzuentdecken und zu öffnen. Idealerweise erzeugt jede dieser zwölf Bibliotheken eine elektromagnetische Verbindung, die einen unermeßlichen Erkenntniswandel auslöst. Gemeinsam bieten die zwölf die Chance einer ganz neuen Harmonie für die gesamte Existenz, wie ihr sie wahrnehmt.

Dazu ein Bild zum besseren Verständnis: Wären alle zwölf Bibliotheken, von denen ihr ein Teil seid, voll aktiviert, würden sie im Weltraum ein gigantisches Werkzeug bilden, das sich selbst durch bewußte Energiestrahlen zusammenhält. Dieses Werkzeug könnte die Richtung der Zeitkorridore wechseln und das zukünftige Universum vollkommen verändern, indem es einfach dessen Gegenwart von Beginn an ausradiert, ohne irgend etwas zu zerstören.

Es gibt Teile von euch, die aus der Sicht von sehr vielen verschiedenen Welten und Standpunkten zu diesem Auftrag gehören. Einige der Kontakte, die ihr jetzt habt, stammen aus einem anderen Teil von euch, einem Teil, der diese Version des *Ich selbst* kennenlernen muß, um all die multidimensionalen Experimente verstehen zu können, die entworfen wurden, um für die Zukunft einen Sinn für Einheit zu erzeugen.

Wenn diese energetische und geometrische Beziehung einmal in Gang kommt, sind die Lebendigen Bibliotheken so ausgelegt, daß sie Formen von Wellenpartikeln durch den Weltraum senden und damit eine neue Methode erschaffen, durch die euer Universum zu sich selbst kommen kann. Wenn diese universellen Bahnen als Gitterlinien verbunden sind, werden Informationen und Energie plötzlich ein Existenzsystem öffnen, das vorher noch nie da war. In eurer Wirklichkeit baut ihr Superinformationswege, über die die Geschehnisse auf der Erde als Energiewandel überallhin ausstrahlen. Schließlich werdet ihr diesen Wandel in eurem Körper wahrnehmen, da er zur Hauptstraße Richtung Leben wird.

Es gibt jede Menge Zivilisationen, die in die Lebendige Bibliothek zurückkehren wollen, damit sie den Kurs des Universums verändern können. Wir kommen aus einer Zukunft – und es gibt viele davon –, in der die Erde und viele andere Welten in dieser Zone des freien Willens von einer tyrannischen Kraft überrannt werden. Viele sind nun ganz aufgeregt und warten voller Vorfreude darauf, euch vorgestellt zu werden, damit sie mit euch arbeiten dürfen. Sie verstehen, daß ihre Energien für eure Vorstellungen vollkommen fremd sind. Doch sie verstehen auch, daß ihr sie von einem zukünftigen Standpunkt aus kennt, daß ihr sie seid und daß ihr von ihnen in der Zeit zurückgeschickt wurdet.

Wir agieren als Torwächter und lassen bestimmte Energien mit großer Sorgfalt herein, denn wir haben die Absicht, eine ferne Zukunft zu verändern, indem wir eine weit zurückliegende Vergangenheit verändern. Ihr befindet euch gleichzeitig an all diesen Orten und spielt eure Rolle. Wir haben zugestimmt, in den vielen verschiedenen Wirklichkeiten, in denen ihr euch befindet, euch zu inspirieren und eure Energie anzuheben. Versionen von euch befinden sich auch in einigen der elf anderen Bibliotheken in diesem Universum, und ihr agiert dort ebenfalls als Systemsprenger. Denkt daran, daß ihr als ein Mitglied der Lichtfamilie die Schwingung und die Absicht der Veränderung überall in euch tragt – ihr verändert das System, in dem ihr euch befindet. Spürt dem nach, und seid offen für das hereinströmende Wissen über eure Größe und die Großartigkeit des Plans.

Viele Mitglieder der Lichtfamilie werden Bibliotheksausweise oder Reiseleiter für diejenigen werden, die eurer Frequenz und eurer Liebe entsprechen. Ihr werdet eine Verschmelzung durch Liebe hervorbringen, die neue Besitzer und eine neue Richtung für diesen Ort erschaffen wird, den ihr Erde nennt. Denkt daran, daß Urschöpfer in allen Dingen ist, daher besteht ein Teil des wahren Zwecks der Lebendigen Bibliothek Erde darin, Bewußtsein zu vermischen und zu verschmelzen, damit ihr das großartige hier gespeicherte Wissen erfahren und aufnehmen könnt. Der Schlüssel ist, euch selbst und die Erde zu lieben und wertzuschätzen.

Wenn sich eine Welt wie eure im Prozeß der spirituellen Entwicklung befindet, besteht für alle, die je mit der Bibliothek zu tun hatten, die Möglichkeit eines kosmischen Sprungs. Daher kommen viele Wesen von nah und fern, um teilzunehmen, und sie bringen ihre eigenen Programme ein und erschaffen Pläne innerhalb von Plänen. Es wird viel Heilung stattfinden müssen, denn viele Spezies, die ihr als dunkel oder negativ bezeichnen würdet, werden jetzt auch auf die Erde gezogen. Sie sind hier, um euch aufzuwecken und euch mit ihrer eigenen »Schlechtigkeit« anzuregen, euch an etwas zu erinnern. Denkt daran, daß dies eine Welt der Polaritäten ist und daß Licht durch Schatten definiert wird. Diese Energien sind nicht hier, um ausgebombt, getötet oder zerstört zu werden, auch wenn euch eure Regierungen vielleicht sagen, daß diese Besucher böse seien.

Sie sind hier, um zu heilen, um die Schwingungen von Licht und Liebe aufzunehmen und in ihrer eigenen Spezies einen höheren Seinszustand zu erreichen, denn sie haben vergessen, was auch die auf der Erde vergessen haben: daß ihr alle eins seid. Jene, die in Angst leben, werden ihre unklaren und ungeheilten Teile als äußere Wesen anziehen. Mißbrauch von Leben und Macht zieht als Spiegel bestimmte Erfahrungen heran. Ihr werdet verstehen lernen, daß *ihr* es seid, wovor ihr euch fürchtet.

Gegen Ende dieses Jahrtausends werdet ihr allmählich erkennen, daß Gentechnik keine so große Sache ist. Ihr als Erdenbewohner würdet absolut schockiert sein zu erfahren, was durch Genverschmelzung jetzt schon möglich ist – wenn eure sogenannten Nachrichtenquellen Reportagen über die Vorgänge in einigen Labors auf dem Planeten bringen würden. Auf der Erdenebene wurden an vielen Orten Kreaturen erschaffen und Lebensformen freigesetzt.

Wenn heute die sich entwickelnden Menschen mit nur einer Doppelhelix die Macht besitzen, Leben zu erschaffen, dann stellt euch einmal das Wissen über Genetik von Wesenheiten vor, die seit Hunderttausenden von Jahren existieren. Da werden Welten und Spezies erschaffen und geboren. Diese sogenannten Götter teilen sich wie Energiewellen von Urschöpfer ab und rücken in diese Zone des freien Willens vor. Sie nehmen die Energie Urschöpfers als Daseinsgeflecht und experimentieren, damit sie etwas über Macht und Energie lernen. Sie haben den freien Willen zu tun, was sie wollen, und wenn sie sich verirren, vergessen und Dinge der Dunkelheit erschaffen, dann ist es alles Teil desselben Spiels. Es ist dieselbe Energie. Es ist alles verbunden, und es muß alles geheilt werden.

Wenn ihr die Erde transformiert und euch in das Goldene Zeitalter bewegt, wird das den Rest des Universums verändern. Ihr werdet ein- oder zweitausend Jahre brauchen, um die Veränderung zu erkennen, die dann das gesamte Universum überzieht. Die Veränderung könnte auf einmal geschehen; es ist nur so, daß ihr sie nicht auf einmal sehen werdet. Ihr werdet ein- oder zweitausend Jahre brauchen, um die Veränderung, die doch sofort eingetreten ist, von eurem Standpunkt aus zu erfassen.

Diejenigen, die sich jetzt als die Besitzer oder Götter eures Planeten betrachten, werden versuchen, euch von den liebevollen, eure Entwicklung fördernden Gefühlen der Zusammenarbeit fernzuhalten. Sie werden alles in ihrer Macht Stehende tun, um Unruhen, Chaos, Krieg und Angst zu erzeugen, die euch daran hindern, an die Lebendige Bibliothek heranzukommen.

Diejenigen, die euren Planeten übernahmen, gewannen ihn in einem Krieg. Sie wußten, daß die Erde etwas Wertvolles darstellte; sie waren jedoch weit von den Erinnerungen über den wahren Wert der Erde entfernt. Sie bauten auf eurem Planeten Gold ab, holten sich Wasser, vergewaltigten eure Psyche, beraubten euch eurer Essenz und dachten, sie würden aus der Fülle schöpfen. Sobald sie diesen Planeten gewonnen hatten, übersahen sie aber den wahren Reichtum, denn sie konnten ihn nicht erkennen. Diese Besitzer oder Götter wissen jedoch, daß die Menschen durch Liebe Zugang zu etwas erlangen, und deshalb ist die Liebesfrequenz auf eurem Planeten so rar gewesen. Die Besitzer wollten nicht, daß jemand den Reichtum vor ihnen entdeckte. Sie selbst werden ihn aber erst entdecken, wenn sie in der Liebesfrequenz arbeiten. Dies müssen sie lernen, und ihr werdet es ihnen beibringen.

Obwohl diese Energien nicht in der Lage waren, die Bibliothek zu aktivieren und sich das Gewünschte zu holen, haben sie doch eine andere Verwendung herausgefunden. All diese Jahre waren sie darauf aus, die Bevölkerungszahl ansteigen zu lassen und die Erde möglichst dicht zu besiedeln, damit regelmäßig eine emotionale Frequenz von Chaos und Angst ausgesendet wird. Sie haben ihre Arbeit gut gemacht. Es ist Zeit, daß diese Geschichte ans Tageslicht kommt, damit alle Menschen aufhören, den Unsinn von Religionen und Göttern zu glauben, die sie begrenzen, sie als Sünder bezeichnen und ihnen erzählen, sie lebten falsch. *Falsch ist nur, daß nicht alles Leben wertgeschätzt wird.* Das Leben von Gras, Menschen, Tieren, Blumen – alles ist wertvoll. Das ist die universelle Wahrheit. Ihr habt ein Recht auf eure Sexualität, darauf, das zu sagen, was ihr fühlt, eurer eigenen Wahrheit zu folgen, und ihr braucht nicht irgend jemandes unsinnigen Regeln zu gehorchen. Ihr müßt euch verändern und über eure gegenwärtigen Ideen hinauswachsen, die euch nur eine einzige Version der Existenz bieten. Versteht, daß man euch als Menschen viele verschiedene Geschichten erzählt hat, damit ihr langsam den universellen Geist begreifen lerntet, das große Bewußtseinsgeflecht, von dem ihr ein Teil seid. Eure Religionen dienen einem Zweck; sie sind jedoch von Irrtümern durchzogen.

Religionen wurden geschaffen, um euch Menschen einen Weg aufzuzeigen, eure Identität zu verstehen – was eine wertvolle Lektion ist. Die durch die unterschiedlichen Religionen verbreitete Information vermittelt euch jedoch nur eine begrenzte Perspektive eures Seins und hält euch in Ohnmacht. Jede Religion ist nur eine Sichtweise der Existenz. Die Inhalte, Gestalten und Mythen, die eine Religion ausmachen, werden auf unterschiedliche Weise eingesetzt, um das Verhalten der Menschen zu beeinflussen. Bedenkt: Wenn eine Gruppe von Menschen ihre Energie und Absicht bündelt, erzeugen ihre kollektiven Gedankenformen eine energetische Masse, die sich ins Dasein hinausbewegt.

Was vor ein paar hundert Jahren von einem religiösen Standpunkt aus angebracht war, ist heute nicht mehr wichtig. Die Zeiten ändern sich. Ebenso wie ihr in die Schule geht, um zu lernen, so steigt die Seele auch von Leben zu Leben auf. Manchmal muß sie viele Leben in einer Klasse verbringen, bis sie die Information in Form von verschiedenen Lektionen gelernt hat. Dann bewegt sich die Seele auf die nächste Stufe. Der Ort, auf den sich die menschliche Rasse zubewegt, beinhaltet das Verständnis, daß ihr den Wesen ebenbürtig sein könnt, die ihr vor Jahrtausenden und Jahrhunderten Götter nanntet. Vor fünf- oder zehntausend Jahren hättet ihr ihnen nicht gleich sein können, denn damals verstandet ihr die Fähigkeiten dieser Götter nicht. Sie kamen in technologisch hochentwickelten Fahrzeugen, und eure Kultur hatte keine Wörter, um diese Technologie zu beschreiben. Vor zwanzig- oder dreißigtausend Jahren gab es auf eurem Planeten allerdings einige sehr interessante technologische Fortschritte. Diese Dinge sind jedoch mißverstanden, überdeckt oder versteckt worden.

Es gibt einige Ecken auf eurem Planeten, wo kleine Kulturgruppen einen Teil der Lebendigen Bibliothek offen halten, indem sie sich und die Erde mit Liebe erfüllen. Die Erde erwidert dann ihre Liebe und macht das Leben schöpferisch und kraftvoll. Wenn die Lebendige Bibliothek aktiviert ist und Information, Teamgeist und Liebe zurück in die menschlichen Verwalter leitet, werden die Dinge nicht mehr so mühsam sein. Tatsächlich ist es so, daß ihr, wenn die Lebendige Bibliothek vollkommen aktiviert ist, manifestieren, aufbauen und alles, was ihr wollt, herausfinden könnt. Zur Zeit sind das menschliche Nervensystem und die DNS-Struktur noch nicht ausreichend entwickelt, um den Austausch von Information und Frequenz auszuhalten, der bei einer vollkommenen Aktivierung der Lebendigen Bibliothek stattfinden würde. Die Veränderung eurer gewohnten Wahrnehmung der Natur wäre zu drastisch.

Wenn die Lebendige Bibliothek voll geöffnet ist, wird Intelligenz aus allen Teilen des Daseins sprechen, und wir meinen wirklich *sprechen*. Ihr werdet eine Stunde damit verbringen, mit einer bestimmten Blume zu kommunizieren. In dieser Zeit werdet ihr ganz verzaubert von dem Wissen sein, das ihr bloß drei Schritte vor eurer Haustür entdeckt.

Es wird in allen Lebensformen eine allmähliche Anpassung stattfinden, damit sich jede gleichzeitig entwickelt und öffnet. Eine Entsprechung und ein Kennenlernen von Schwingung und Bewußtsein entstehen auf diese Weise. Denkt daran, daß alles lebendig ist. Tiere sind brillant und viel schlauer als Menschen. Viele gehen jetzt in diese Welt des Lichts, und deshalb gibt es auch so viele sogenannte aussterbende Arten. Die Tiere sind sehr klug. Es gibt viele Unterschiede zwischen den Tieren und euch. Einer der größten besteht darin, daß die Tiere wissen, daß für sie nicht Schluß ist, wenn sie sterben. Sie wissen, daß sie weiterbestehen. Sie kaufen keine Grabstätten und sorgen sich nicht darum, wo sie sterben und begraben werden. Sie vertrauen, daß man sich um sie kümmern wird. Sie besitzen eine innere Weisheit und Vertrauen. Sie schließen keine Versicherungsverträge ab, und sie sehen nicht fern. Viele Tiere sind sehr auf Lebensqualität eingestimmt; sie wissen, daß die von ihnen gewünschte Lebensqualität in eurer globalen Sphäre nicht mehr erreicht werden kann, und deshalb gehen sie.

Die Tiere wurden euch als Begleiter auf diesem Planeten zur Seite gestellt. Es ist euch überlassen gewesen, ob ihr sie eßt oder nicht. Die Tiere haben nichts dagegen, als Nahrung verspeist zu werden, wenn das eure und ihre Lebensqualität bereichert. Gegenwärtig werden die Tiere jedoch nicht in Hinblick auf ihre Lebensqualität respektiert und geachtet. Sie werden behandelt, als ob sie nicht lebendig wären, nicht fühlen könnten, sondern Sklaven der menschlichen Spezies wären.

Die Tiere wurden als eure Gefährten entworfen und erschaffen, um euch zu lehren, um euch etwas zu zeigen und den Weg mit euch gemeinsam zu gehen. Tiere sind eine biogenetische Schöpfung aus Genen, die von vielen verschiedenen Sonnensystemen und Planeten gesammelt wurden. Durch sie können Vertreter dieser Systeme eine genetische Verbindung mit der Erde unterhalten und daher in diese Welt hineinblicken und ihr Nachrichten zusenden. Diese Facette der Schöpfung wurde nie richtig verstanden.

Tiere haben einen gewissen intuitiven Sinn, der sie ihre Rollen untereinander verstehen läßt. Sie kommen aus den unterschiedlichsten außerirdischen Gemeinschaften und sehen wie ihre Vorfahren aus, die gefühlsbegabte Wesen auf anderen Planeten sind. Wenn ihr wüßtet, wie viele Millionen und Milliarden Planeten existieren, wäre dieser Gedanke nicht so erschreckend für euch. Die Schöpfer eures Planeten baten um verschiedene Samen von verschiedenen Orten.

Diese Samen wurden biogenetisch bearbeitet, um Gefährten für euch zu erschaffen und die Erde zu besäen.

Einige der Tiere hier werden als Botschafter verwendet. Eure Katzen sind direkte Informationsüberträger zu einer Bewußtseinsspezies, die die Katzen benutzt, um euch zu beobachten. In alten Zeiten war es in vielen Kulturen auf der Erde üblich, dem Herrscherwesen einen Löwen oder eine andere Großkatze zur Seite zu stellen. Diese Tiere hatten dort ihren festen Platz. Betrachtet einmal die alten Statuen überall auf dem Planeten – was seht ihr? Löwen. Die Katzenfamilie repräsentiert die biogenetische Schöpfung einer Spezies, die wie ihr aussieht, bloß daß sie das Gesicht einer Katze hat. Die Katzen- oder Löwenmenschen sind in Schüben auf euren Planeten gekommen und haben in Südamerika, Mexiko, Ägypten und in einigen Inselkulturen gearbeitet. Statuen wurden ihnen zu Ehren errichtet. Wenn sie die menschliche Rasse unterrichteten oder wenn sie ihre Spezies mischten und die Herrscher hier erschufen, was besonders im alten Ägypten der Fall war, dann ließen sie Katzen zurück, um Informationen zu übermitteln, so daß die Herrscher in direktem Kontakt mit der Sternenspezies standen. Viele Herrscher trafen auf diese Weise ihre Entscheidungen. So wurden sie geführt. Die Katzen gaben ihnen telepathisch Informationen. Sie waren wie Sender oder kosmische Funkgeräte. In neueren Zeiten besaßen die Hexen Katzen. Glaubt ihr, die Hexen waren dumm? Die Katzen stellten Verbindungen zu anderen Bereichen her.

Wenn eine nicht sehr erhebende Energie hereinkommt, können Katzen sie abfangen und die Schwingung verändern.

Zur Zeit haben viele von euch kleine Katzen zu Hause, die euch viel an Information übermitteln. Jetzt arbeitet ihr aber nicht allgemein mit dieser Art Information. Die Katzen sind für euch Wächter und Helfer, großartige Gefährten des Trostes. Wenn ihr auf Katzen allergisch seid, deutet das auf mehrere Dinge hin. Wir haben mit vielen Menschen bezüglich ihrer Allergien gearbeitet. Eines der wichtigsten Dinge, auf die eine Katzenallergie hinweist, ist, daß ihr Schwierigkeiten habt, euch für Nähe und Liebe zu öffnen. Ihr könnt die Liebe nicht in euer Leben hineinlassen. Ein Kätzchen schenkt euch Treue und Liebe, und wenn es in eure Nähe kommt, seid ihr vielleicht unfähig, diese tiefe Verbindung zu einem anderen Wesen zu akzeptieren. Das ist eine symbolische Erklärung für eine Tierallergie.

Jede Spezies dient euch zu einem bestimmten Zweck. Küchenschaben, die sich in eurem Leben breitmachen, können mit Themen zu tun haben, die ihr euch nicht anschaut, die aber an die Oberfläche drängen. Angesichts von Kakerlaken sagt ihr ja wohl nicht: »O ihr lieben, süßen Küchenschaben, wie schön, daß ich euch heute morgen in meiner Spüle finde.« Oft zerquetscht ihr sie oder nehmt Insektenspray zur Hand. Doch sie werden immer widerstandsfähiger, nicht wahr? Sie sind eine ziemlich ausdauernde Spezies und haben so manchen Energiewandel überlebt, indem sie gelernt haben, Giftstoffe immer wieder umzuwandeln. Sie sind hier, um euch daran zu erinnern, auch die unschönen Seiten zu sehen – das, was in euch steckt und heraus muß. Was gibt es Lästiges in euch? Und wie könnt ihr als Spezies ausdauernder werden?

Es ist ziemlich leicht, mit der Natur in Harmonie zu leben. Ihr braucht nur genau das zu telepathieren, was ihr erfahren möchtet. Sprecht in Gedanken und laut zur Erde und zur Natur. Wenn ihr euch von Geschöpfen der Natur heimgesucht fühlt, sagt einfach: »Wie klug, mir auf diese Art etwas beizubringen. Ich verstehe, ihr kleinen Geschöpfe, daß ihr mir was zeigen wollt. Jetzt werde ich mal all meinen Grips zusammennehmen und in mich gehen.« Ihr bringt gern Vorhänge und Gitter an und vernichtet das, was euch irritiert, damit ihr euch nicht mit euch selbst konfrontieren müßt. Wenn ihr dem, was ihr seid, ins Auge blickt, werdet ihr euch verändern müssen, und Veränderung könnte zu viele Dinge mit sich bringen. Oft haltet ihr lieber an dem fest, was euch unglücklich macht, statt dem Unbekannten allein entgegenzutreten. Bitte erkennt, daß ihr nie allein seid.

Die Geschöpfe sind eure Gefährten. Es gibt nichts, was euch da draußen auflauert, um euch zu schnappen. Ihr seid darauf trainiert, daß da draußen etwas auf euch lauert, also sendet ihr diese Schwingung aus. Weil ihr eure Wirklichkeit erschafft, tut ihr dann euer Bestes, um die Wirklichkeit in eine Richtung zu zwingen, die euch verletzt. Es ist aber nicht leicht, sich selbst zu schaden. Ihr müßt recht viel Mühe aufwenden, um Krankheit und Schaden zu erzeugen.

Der Wissenschaft ist wohlbekannt, daß viele Dinge gefördert werden, die nicht zu eurem Besten sind. Wirtschaftsund Geldinteressen sind jedoch immer beteiligt, um aus eurer Angst Kapital zu schlagen. Was, glaubt ihr, ist notwendig, um diesen Prozeß zu stoppen?

Die Tiere spiegeln euch jetzt den Schmerz wider, in dem ihr euch psychisch und spirituell befindet. Die Tiere übernehmen diesen Schmerz, und sie werden auch Krankheiten übernehmen. Ihr seid nicht mit dem Wissen verbunden, wie Tiere, die für euch Nahrung sind, aufgezogen werden, und zur Zeit herrscht in vielen Tierfamilien ungeheures Unbehagen. Unbehagen wird zu Krankheit. Diese Tiere sind hier, um euch zu lehren. Sie werden euch das widerspiegeln, was ihr von euch selbst sehen müßt. Eure Haustiere werden oft aus großer Loyalität und Liebe Dinge übernehmen und euch zeigen, die ihr nicht sehen könnt.

Wenn ihr euch einem Tier nähert, weiß das Tier, ob ihr in

friedlicher Absicht kommt oder ob ihr es schlagen wollt. Wenn ihr zulaßt, daß Formen des Tierlebens gleichberechtigt an eurer Seite stehen, werdet ihr auch bereit sein, im Rat der höheren Existenzebenen euren Platz einzunehmen. Ihr werdet verstehen können, wie sich die Gotteskraft in all ihren verschiedenen Schöpfungen in der gesamten Existenz versteckt. In allen lebendigen Dingen gibt es Intelligenz. Es ist ein ziemlicher Irrtum, daß die Menschheit glaubt, die am höchsten entwickelte Spezies zu sein, oder sich als solche bezeichnet. Das ist vollkommen falsch. Es kann keinen Vergleich geben, denn es gibt nur eine Lebenskraft, ein Bewußtsein in allen Dingen. Steine und Berge haben manchmal ein größeres Verständnis ihres Zwecks, als es die menschliche Spezies bislang erreichte.

Pflanzen, die in einer giftfreien, liebevollen Umgebung gewachsen sind, die genährt wurden und mit denen gesprochen wurde, senden eine Antwort auf diese Behandlung aus. Die Pflanzen und Bäume draußen möchten das gleiche. Ebenso die Pflanzen auf dem nächsten Feld. Sie möchten die gleiche Liebe und neigen sich oder wachsen in die Richtung, aus der die Liebe kommt. Das Pflanzenreich ist ebenso großzügig wie das Tierreich. Beide geben freimütig. Die Pflanzen und Tiere, die ihr energetisiert, teilen diese Energie mit allem, was sie kennen. Sie sondern hormonähnliche Substanzen ab, so daß alles, was eine Pflanze weiß oder erfährt, zu allen anderen Pflanzen gesendet wird.

Es gibt Pflanzen, die euch, wenn ihr sie euch zuführt, mit anderen Formen des Selbst und des Bewußtseins verbinden. Die Idee der Bewußtseinsveränderung durch Pflanzen hat aber in der westlichen Welt einen schlechten Ruf und wird mit gefährlichen Drogen assoziiert. Bei vielen heiligen Zeremonien und Ritualen beherrscht man jedoch die Kunst, bestimmte Teile von Pflanzen der Lebendigen Bibliothek einzunehmen, um diese besser zu verstehen. Öffnet also bitte euer Denken für die Vorstellung, daß die Erde Dinge wachsen läßt, die euch erlauben, sie genauer zu verstehen. Es gibt diejenigen, die nicht wollen, daß ihr mehr Informationen sammelt und frei werdet, also sagen sie euch, daß etwas schlecht sei. Sie machen etwas Schönes zu etwas, vor dem ihr euch fürchtet. Doch besteht der Zweck des Menschseins darin, euer Bewußtsein absichtlich, willentlich und durch die Geschenke des Planeten mittels Ritualen und Hochachtung zu verändern – und die Großartigkeit des Lebendigseins zu entdecken.

Viele Substanzen, die eurer westlichen Welt nützlich sein könnten, kommen im Pflanzenreich vor. Es ist recht aufschlußreich, daß es ein Vorhaben zur Zerstörung von Teilen der Welt gibt, wo die Menschen die Lebendige Bibliothek durch die Heilkraft der Pflanzen nutzen. Pflanzen bieten euch die Möglichkeit, euren Planeten und euch selbst zu verstehen. Es gibt diejenigen, die die Regenwälder niederbrennen und absichtlich Teile der Lebendigen Bibliothek zerstören. Manchmal enthalten Fühler von Käfern oder Rinden und Wurzeln von Bäumen Schlüssel, die den menschlichen Körper ins Gleichgewicht bringen, ihn heilen und in einen Zustand des höheren Bewußtseins führen. Alle Dinge haben einen Zweck, und wenn die Menschen sie erkunden, erhalten sie Gaben und Geschenke. So wartet die Erde darauf, daß die Menschen dieses lebendige Wunder entdecken. Jetzt ist die Zeit gekommen, daß auf dem Planeten eine Bewegung entsteht – eine mutige wachsende Schar, die dem Ruf nach dem Zweck der Erde folgt und sich erheben wird. Ihr werdet neue Pfade und Wege dafür öffnen, was durch harmonische Zusammenarbeit mit der Erde möglich ist.

Ihr alle wißt durch Absicht, Plan und Blaupause, daß euer Zweck darin besteht, euch zu entwickeln und im menschlichen Körper eine konkrete Umwandlung zu erzeugen. Ihr sollt die Energieplätze auf dem Planeten aufsuchen, die von außen den sich entwickelnden inneren Prozeß beschleunigen werden. Der Schlüssel ist Liebe, die als eine Kraft existiert, die ihr noch nicht verstehen konntet. Daher wird sich die Art, wie ihr Liebe jetzt begreift, verändern. Indem ihr die Liebe innen entdeckt, werdet ihr außerhalb von euch einen Spiegel erschaffen, der euch eure inneren Glaubenssätze zurückwirft, denn eure Gedanken nehmen in eurem Leben Form an. Wenn ihr die Liebe als lebendige Existenzkraft erkundet, wird das den Planeten beeinflussen, und er wird auch diese Schwingung annehmen, ganz gleich was in den Schlagzeilen der Zeitungen steht.

Denkt daran, daß Liebe eine Frequenz ist und daß Licht eine Frequenz ist. Beide existieren als elektromagnetische Aussendungen von Energie. Der gesamte Planet ist eine Lebendige Bibliothek, die durch Anpassung der genetischen Struktur des Menschen aktiviert werden kann. Das ist deshalb so, weil ihr als Menschen die Schlüssel zur Lebendigen Bibliothek seid und durch Gefühle Informationen lesen könnt. Diejenigen, die euren Planeten besitzen und sich gern als herrschende Götter sehen, lernen jetzt über die Liebe. Es gab keine einzige Zivilisation auf eurem Planeten, die die Liebesfrequenz über eine längere Epoche hinweg aufrechthielt. Jede hatte ihre Blütezeit und wurde dann, aus eurer Perspektive, überfallen und zerstört.

Über historische Zeiträume hinweg wurde die Liebesfrequenz von unterschiedlichen Zivilisationen aufrechtgehalten. Einige Zeit hielten sie die amerikanischen Ureinwohner, und die Lebendige Bibliothek war zu einem gewissen Grad in zahlreichen eingeborenen und indianischen Kulturen geöffnet. Als die Zeit ihrer Verwaltung vollendet war, wurde die Frequenz an andere Orte verlagert. Vom plejadischen System aus gab es viele Experimente, die hierhergesendet wurden, um den Planeten in Liebesfrequenz zu tauchen und sie am Leuchten zu halten. Die Plejadier vermochten die Torwege zu öffnen und die Liebesfrequenz zu halten, damit sie zur notwendigen Zeit aktiviert werden konnte – einer Zeit, die, wie ihr alle wißt, jetzt gekommen ist.

Unsere Aufgabe, die vielen unmöglich erscheint, besteht darin, euch zu befreien. Im Idealfall setzt ihr euch selbst als eure eigene Autorität ein. Ihr werdet lernen, euch als gleichwertig mit der gesamten Schöpfung zu sehen und nicht irgendein anderes Geschöpf anzubeten. Ihr werdet sagen: »Schaut mich an. Wer bin ich in Beziehung zu all diesen Dingen? Ich bin aus eigenem Recht ein wunderbares Wesen.

Ich bin aus eigenem Recht eine Quelle. Ich kann die Antworten finden. Ich kann die Zukunft sehen. Ich kann in die Vergangenheit sehen. Ich bin souverän.«

Manchmal seid ihr vielleicht sauer auf uns und sagt: »Ach, diese Plejadier sind zuviel für mich. Sie sind zu lästig. Wann lassen sie mich endlich in Ruhe? Sie drücken alle meine Knöpfe.« Wenn ihr aber auf den Unterton hört und zurück zur Mitte eures Zwecks kommt, werdet ihr erkennen, daß wir alles tun, um euch zu euch selbst zu bringen. Wenn wir eure Fragen nicht beantworten, dann nicht deshalb, weil wir Informationen zurückhalten. Wir wenden euch euch selbst zu. Wir beabsichtigen, jeden von euch zu Souveränität und Selbstermächtigung zu führen, zu einem Ort der ruhigen Anerkennung innerhalb eures eigenen Seins. An diesem Ort könnt ihr nach Belieben Leben erschaffen, ganz gleich was um euch herum geschieht. Dies ist unser Zweck. In den kommenden Zeiten werden diese Qualitäten eure wertvollsten Eigenschaften sein.

Wir haben uns als Verwalter unserer Energie qualifizieren müssen. Wir wurden nicht mit einem goldenen Löffel im Mund geboren. Wir entwickelten uns und lernten. Wir lernen von euch, und in gewisser Weise haben wir so viel darüber, wer ihr seid, gelernt, daß wir uns selbst in unserer Realität umgestalten. Wir gingen mit Humor und Freude an die Sache, denn beide sind absolut notwendig. Hätten wir unsere Arbeit zu ernst genommen, wären wir schon am Ende, ebenso wie auch ihr. Wir hätten alle das Wesentliche verpaßt.

Es findet ein gegenseitiger Austausch statt. Auf den Plejaden ändert all eure Anstrengung die Sachlage gewaltig. Wir möchten, daß ihr das begreift. Dies ist ein Austausch, kein einseitiges Ereignis. Es hat kein Ende. Die offensichtlichen Veränderungen in eurem Leben haben anderswo entsprechende Auswirkungen, und zwar als Ergebnis eurer klaren Absicht und Investition an Energie. Es ist unsere Absicht und unser tiefster Wunsch, daß ihr alle diese Auswirkungen noch zu Lebzeiten seht und fühlt – eure multidimensionalen Selbste als die Erden- und Plejadenwelt umspannend kennenlernt.

Wir sind die Vermittler – wir öffnen die Tore, machen miteinander bekannt und weisen den Weg. Eine gigantische Intelligenzkraft wartet, die sagt: »Wir möchten die Menschen kennenlernen. Wir möchten mit ihnen arbeiten. Wir möchten uns an diesem Projekt beteiligen.« Und wir haben gesagt: »Wartet! Ihr könnt nicht in ihr Leben hineinstürmen, denn sie sind zerbrechlich. Ihr müßt Geduld haben, bis sie an den Punkt kommen, an dem es leicht für euch beide ist, einander kennenzulernen.«

Versteht, daß die Lebendige Bibliothek und die Geschichte der Zwölf in gewisser Weise ein Konzept sind, das jetzt über euer Begreifen hinausgeht. Es wird ein Prozeß sein, durch den ihr euch als Menschen in den nächsten zwanzig Jahren selbst aktivieren könnt. Eure Vorstellungskraft und eure Fähigkeit, phantastische Konzepte ins Sein zu träumen, werden die Bibliothek erschaffen. Wir möchten euch beistehen, die Lebendige Bibliothek neu zu erträumen, sie zu einem neuen Ort einer neuen Form der Lebendigkeit zu machen. Es gibt einige Orte, an denen die Lebendige Bibliothek bereits aktiviert ist. Nicht nur das Land selbst muß lebendig sein; es ist notwendig, daß das menschliche Bewußtsein die Lebendigkeit übersetzt und mit ihr arbeitet. Das macht die Lebendige Bibliothek aus, denn durch *euch* erreicht man sie. Eine Lebendige Bibliothek ohne Menschen ist nicht vollständig. Ihr seid der wesentliche Bestandteil der Lebendigen Bibliothek.

Wir möchten, daß ihr, wenn ihr draußen in der Natur seid, mit den Grashalmen, Sandkörnern, Blüten, Schmetterlingen, Ameisen, Vögeln, Bienen, Blättern, Tautropfen sprecht – und eure Anwesenheit bekräftigt. Sagt: »Ich bin hier. Es ist meine Absicht, daß ihr das in euch als lebendige Form gespeicherte Wissen für mich freisetzt. Ich bin jetzt hier, um es zu empfangen, zu übersetzen, zu verstehen und es dann auf den Rest des Planeten zu übertragen. Es ist mein Wunsch, die Lebendige Bibliothek auf diesem Planeten zu aktivieren.« Wir möchten, daß dies eure lebendige Meditation und Absicht ist. Laßt zu, daß die Natur, die Lebendige Bibliothek, die in der Liebesfrequenz lebt, in euren Körper schlüpft.

Wenn ihr die Lebendige Bibliothek neu erträumt, stellt euch den Wert der Erde vor. Indem ihr dieses Bild der Bibliothek haltet, werden alle Menschen, die euch unterstützen und euch als Mitglieder der Lichtfamilie kennen, fühlen, was ihr gewinnt, denn ihr seid alle verbunden. Durch eure Bereitschaft zu sagen: »Ja, ich gehöre zur Lichtfamilie« werdet ihr erkannt. Mit eurem gegenwärtigen Wissen regt ihr alle überall an, und die aus der Lichtfamilie können dann die Hand ausstrecken und andere berühren. Das ist ein großer Traum.

Wir möchten, daß ihr durch diese Zeit der sich öffnenden Welten und sich verschiebenden Wirklichkeiten gleitet. In eurem Körper gibt es Energiemuster, die im Zellgedächtnis gespeichert sind, und wir müssen sanft vorgehen, um eine Bühne zu schaffen, auf der ihr wachsen könnt.

## Energieübung

*Öffne deine Vorstellungskraft und reise nach innen. Mach einige tiefe Atemzüge, und entspann dich. Stell dir vor, daß du mit anderen Menschen in einem Kreis stehst und ihr euch an den Händen haltet. Von oben kommt strahlendes fuchsiafarbenes, goldenes und weißes Licht herunter und bildet eine Lichtsäule. Nun stell dir die Erde als Lebendige Bibliothek mit unvergleichlicher Vitalität vor. Alles strahlt vor lauter Licht, und du hast die Erde noch nie so lebendig gesehen. Bleib bei diesem Bild: Ihr steht noch in einem Kreis, haltet euch an den Händen, und nun laß zu, daß ein Teil von dir sich abtrennt. Tritt als einzelner in den Kreis und in die Lichtsäule hinein. Klink dich in die Lichtsäule ein, und folge unserer Absicht, damit wir dich zu einem anderen Zuhause, den Plejaden, führen können. Laß dich von deiner Vorstellungskraft und deinem Vertrauen hinauftragen. Spür Leichtigkeit und Freude, ein tiefes Empfinden von Verbundenheit und Sehnsucht.*

*Finde dich nun in deiner Vorstellung von den Plejaden wieder. Beobachte, fühle, und erkenne an. Gib der Quelle, die dich erschuf, etwas, was die Dinge ändern würde. Das größte Geschenk ist dein Mitgefühl, also deine Fähigkeit zu verstehen, warum Dinge so gemacht wurden, wie sie eben sind. Dieses Mitgefühl öffnet deine Fähigkeit, die Ergebnisse von Weltaltern zu sehen und zu fühlen. Korridore stehen dir offen, um die Wahrheit zu entschlüsseln, die in jeder Zelle deines Seins pulsiert. Gib diesem Ort, der ein Zuhause ist, was du kannst und willst, und finde darin Freude und einen Zweck. Nimm dir vor, daß eine Veränderung stattfindet und eine Prophezeiung erfüllt wird. Hab die Absicht, daß die Schöpfungen zu ihrem Schöpfer zurückkehren, um den Schöpfer zu befreien.*

*Wende deine Aufmerksamkeit deiner Atmung zu, atme ganz leicht, und sende eine Schwingung des spielerischen Höhergetragenwerdens, des Loslassens und Verstehens an diesen Ort, der dein und unser Zuhause ist. Fühl für einige Augenblicke, was zu dir zurückkommt.*

*Und nun stell dir vor, daß du dich in einer riesigen Handfläche befindest. Du bist in einem Kreis mit den Menschen in deiner Gruppe verbunden.*

*Eine riesige Hand reicht aus den Plejaden heraus und legt dich sanft auf die Erde in den eigenen Garten zurück, so als ob du das zarteste und wertvollste Geschöpf seist. Sieh dich selbst, wie du läufst, herumspringst und spielst wie ein Kind. Deine und die Vitalität der Erde sind nun größer als zu Beginn. Setz ein Lächeln auf, und laß das Gefühl und die Tränen des Erkennens ihre Arbeit tun – dein Herz für alle Bereiche in allen Welten zu öffnen. Was du in diesem besonderen Augenblick des Mitgefühls erreicht hast, ist eine wahre Großtat.*

# *KAPITEL 3*

## *Die Erde spricht*

*Die Imagination ist die mächtigste Kraft, die der Menschheit zur Verfügung steht.*

Bedenkt einmal folgendes: Die Erde ist lebendig und enthält das von euch gesuchte Wissen, und euer Bewußtsein beeinflußt, was die Erde freigibt. Wie kommt ihr an dieses Wissen heran? Wie könnt ihr es entschlüsseln und in Besitz nehmen? Die Information ist in Steinen und Knochen gespeichert.

Die Zeiten haben sich geändert. Früher war es so, daß jeder, der sich entwickelte und die Mysterien studierte, einen Lehrer hatte, und das Wissen wurde in einer langen Tradition vom Lehrer an den Schüler weitergegeben. Heute ist das nicht mehr nötig, denn das, wonach ihr sucht, wird aus den inneren Speichern eures Körpers freigesetzt. Lichtöffnungen und genetische Mutationen verursachen in der menschlichen Form noch nie dagewesene Veränderungen. Ihr werdet zu euren eigenen Lehrern, indem ihr euer Inneres durch *klare Absicht* aktiviert und den Impulsen und dem Wissen folgt, die den Prozeß begleiten.

Alle Menschen, die in unbekannte Gebiete und mystische

Bereiche eindringen und sie erforschen, haben einzigartige Erfahrungen und Deutungen der Wirklichkeit. Wenn jemand aus Tibet kommt, heißt das nicht, daß er heiliger ist als jemand aus der New Yorker Bronx. Spirituell entwickelte Personen können von überall herstammen. Ihr lehrt und lernt aus einer einzigartigen Haltung heraus, die so angelegt ist, daß eure Glaubensvorstellungen und euer Charakter sich entwickeln, während sich euer individuelles Bewußtsein durch die gerade ausgewählte Erfahrung bewegt. Respektiert eure Lehrer, und fahrt fort, euch und alles, was ihr erschafft, als Teil eures Wachstumsprozesses zu erkennen, ohne dabei zu übertreiben. Es bringt nichts, Lehrer auf ein Podest zu stellen; sie fallen da bloß herunter.

Unsere Lehren sind darauf ausgerichtet, durch eine Energieansammlung das Kollektiv und die Masse zu motivieren und anzuregen, neue Stufen der Erfahrung zu erklimmen und so reihenweise global aufzuwachen. Aus diesem Grund wird euer eigener spiritueller Prozeß sowohl vom Fortschritt des globalen Bewußtseins als auch dem individuellen Grundmuster eures Zwecks beeinflußt. Auch wenn ihr manchmal frustriert seid, weil ihr schon weiter sein wollt – bleibt geduldig, denn ihr bringt euch immer näher an das heran, was ihr wollt. Wenn ihr euer Wissen teilt, wird es auf die ganze Welt ausgesendet. Codierungen werden ausgelöst, und Menschenmassen entwickeln sich weiter. Als Spezies seid ihr zeitlich codiert und miteinander verbunden, um auf Muster des Erwachens eurer größeren Identität zu reagieren. Ihr werdet angeregt, mit der Masse zu gehen und zu warten, bis eine große Gruppe sich auf einer bestimmten Bewußtseinsstufe versammelt, bevor ihr selbst weiter vorankommen könnt.

Die Menschheit ist codiert, und im Laufe eurer Entwicklung folgt ihr einem Muster. Eure Blaupause führt euch in eine versteckte Bibliothek des Wissens. Die Götter, die die Erde formten, installierten Chronometer genannte Einrichtungen, die die Entwicklung des menschlichen Bewußtseins messen. Wenn genug Menschen aufwachen und die Chronometer auslösen, eröffnen sich dem Planeten neue Daten. Es ist vergleichbar mit dem millionsten Besucher einer Veranstaltung, der dann einen Preis gewinnt. Nur daß statt der Überreichung eines Preises das Massenbewußtsein plötzlich geöffnet wird, da genug Menschen auf dem Planeten ihrer Blaupause folgen und reagieren können.

Die Alten, die auf diesem Planeten lebten, bauten eine andere Art von Bibliothek als ihr heute. Bevor Tempel errichtet wurden, reisten die Zauberer und Führer bestimmter Stämme und Kulturen an Orte, die für ihren besonderen Stein bekannt waren. Dieser Stein wurde gereinigt und darauf vorbereitet, Daten und Informationen zu speichern, die telepathisch vom Geist der Menschen in die Steinstruktur übertragen wurden. Es wurde eine Form entworfen, zum Beispiel ein Tempel, und die Erbauer machten sich die natürliche Struktur und den Energiefluß des Ortes zunutze, um ihr gesamtes Wissen in den Stein des Bauwerks einzuspeichern. Information wurde in Stein und Knochen gespeichert, wobei die Steine die Gebeine der Erde sind.

Wenn ihr alte heilige Orte besucht, die ihr Kraftplätze nennt, erfahrt ihr elektromagnetische Formeln für höheres Bewußtsein. Oft nehmt ihr dort etwas auf, was ihr vor Tausenden von Jahren für euch dort zurückgelassen habt. Indem ihr diese Orte besucht, wird euer Körper diesen Energien ausgesetzt und kommt an die Blaupause heran, gemäß der ihr euch entwickeln könnt. Die Alten bauten Tempel und megalithische Strukturen an bestimmten Orten, um die Energieansammlung an Wirbelpunkten auszunutzen. Jeder dieser Plätze besaß eine Besonderheit. Der große Steinkreis von Avebury in England diente als Dimensionstor für verschiedene Sternensysteme, besonders für Sirius, die Plejaden und Arcturus. Die Steine wurden in einer bestimmten Konfiguration aufgestellt, und mit Licht als Schlüssel wurden diese Sternenergien auf die Erde gezogen. So wurde durch eine Mensch-Erde-Stern-Verbindung ein Informationsaustausch ermöglicht. Derartige Plätze boten Fruchtbarkeitsenergie, und Paare reisten dorthin, um sich dort zu lieben und Leben zu empfangen, das von den Orten der Kraft energetisiert und geprägt war. Andere Plätze waren als Sendestationen, als Kalender oder als Orakel zum Lesen der Zukunft und Erweitern der Wirklichkeit angelegt.

Die meisten Zivilisationen haben Daten in Stein gespeichert. Die Erde erkennt euch, während ihr auf ihr lebt und atmet, und sie kennt euren Entwicklungsstand und eure Fähigkeit, Verantwortung zu übernehmen. Daher werden heilige Plätze von Menschen aktiviert, die sie mit ihren eigenen Bewußtseinsschlüsseln öffnen, indem sie sich an das Wissen und die Erfahrungen, die in ihnen gespeichert sind, erinnern und sie freisetzen. Wenn ihr Kraftplätze betretet und euch eure Chakras als Energieeingänge vorstellt, die euch zu persönlichen Erinnerungen führen, werden die Orte aktiviert. *Die Imagination ist die mächtigste Kraft, die der Menschheit zur Verfügung steht.* Die Alten konnten die Energiefülle dieser Orte spüren. Sie zapften diese wertvollen Plätze, wo sich Energielinien verbanden, an, machten von ihnen Gebrauch, und es fand ein Verschmelzen und Zusammentreffen von Dimensionen und anderen Welten statt.

Jedesmal, wenn ihr einen Kraftplatz besucht, kommt es zu einer Beschleunigung und Aktivierung. Gleichzeitig tragt ihr zur Auslösung von Ereignissen bei, durch die die Menschen auf der Welt entweder sich selbst als spirituelle Wesen erkennen und wertschätzen oder aber einer katastrophalen Vernichtung gegenüberstehen. In den nächsten paar Jahrzehnten wird sich alles beschleunigen. Ihr werdet glauben, daß ein rasender Trommler den Takt der Erde bestimmt. Das ist deshalb so, weil ihr euch in einem Evolutionszyklus befindet, der

Druck auf den Geist ausübt, damit dieser in allen Menschen geboren und erkannt wird. Die Erkenntnis, ein spirituelles Wesen zu sein, ist ein Schlüssel zum Korridor der Zukunft, nach dem ihr strebt.

Wenn ihr nie an einen Kraftort gelangt und eure Zeit nur in eurem Garten verbringt, werdet ihr auch nichts versäumen. Allein die Absicht, eure Erinnerungsbanken zu öffnen und das kollektive Gedächtnis zu aktivieren, und gleichzeitig die Nähe zur Frequenz der Materialien und Gebrauchsgegenstände von Personen, die an solchen Orten waren, reichen aus, um das Erwachen der Energien zu erfahren.

Die Steinkonstruktionen wurden abgestimmt und mit Tönen gespeist, und man baute Geschichten in sie hinein. Diejenigen, die spezielle Frequenzen aussenden konnten, pflanzten diese in die Steinbauten ein. Heute halten die Steine die Frequenzen noch immer, und nicht nur in Form von Schriftzeichen. Es gibt zahllose heilige Plätze, die sich noch unter der Erde befinden und die auf eine Verschmelzung der Dimensionen warten. Auf dem Gebiet der heutigen Vereinigten Staaten gab es unzählige alte Zivilisationen, die Reste ihres Wissens hinterlassen haben. Diese Reste wurden sehr geschickt begraben und überdeckt, was oft mit Absicht geschah. In den nächsten zwanzig Jahren werden sie allmählich zutage treten. Es wird zahllose Entdeckungen geben, mehr als je zuvor in eurer aufgezeichneten Geschichte. Die Erde ist ein sehr lebendiger Ort, und sie offenbart euch ihren wirklichen Kern, sobald ihr die Schlüssel wahrnehmen und euch selbst neu definieren könnt.

Ihr befindet euch im Vorteil, denn ihr seid euch der stattfindenden spirituellen Evolution bewußt. Die Wirklichkeit zerbröckelt, und das ist für viele verwirrend und beunruhigend. Als Besucher heiliger Plätze öffnet ihr mit den Schlüsseln des Bewußtseins die Zeitschlösser und löst die Energiekombinationen aus, die die Erinnerung an Ereignisse so lange versperrt hielten, bis ihr eure Empfangsbereitschaft unter Beweis stelltet. Wenn ihr euch mit Energie durchfluten laßt, euch hingebt und in bewußter Absicht an heiligen Stätten arbeitet, schickt ihr buchstäblich Blitze großer Veränderung um den Globus.

Alle Menschen haben die Möglichkeit zu entscheiden, welche Werte sie zugrunde legen. Leider entscheiden sich nur wenige dafür, Mutter Erde zu achten. Daher werden sich für sie die größten Herausforderungen vor ihren Augen manifestieren. Ihr habt das große Geschenk empfangen, jetzt auf der Erde zu sein – ein Geschenk, das ihr euch selbst gemacht habt. Vertraut auf eure innere Führung, denn sie wird euch auf den vielen Wegen der Selbsterkenntnis leiten und den Sinn des Lebens und die grundlegende Bedeutung des Daseins offenbaren. In diesen Tagen werdet ihr bemerken, daß eure innere Führung ein äußerst praktisches Werkzeug ist, das ihr euch selbst erschaffen habt. Wendet es an. Profitiert davon. Verurteilt nicht diejenigen, die solche Impulse nicht verspüren. Ihr seid anders, doch es gibt auf dem Globus Millionen von euch, die einen neuen Sinn und ein neues Verständnis der Wirklichkeit still in sich halten. Ihr befindet euch in einer Welt mit einem sterbenden Glaubenssystem, und ihr geht auch symbolisch durch einen Prozeß des Loslassens von all dem, was nicht mehr in euer Leben paßt. Betrachtet noch einmal den wahren Kern dessen, was ihr lernt und wie und warum ihr denkt. Strebt nach Kommunikation und Wissensaustausch mit der Erde, denn sie bietet manch unbekanntes Mysterium und kann auf einzigartige Weise sprechen.

Seit den frühen achtziger Jahren treten auffällig häufig Kornkreise in der Umgebung von Wiltshire und Salisbury in Großbritannien auf, wo bis heute noch zahlreiche Megalithstrukturen erhalten sind. Geheimnisvolle Zeichen erscheinen wie durch Zauberhand in den Kornfeldern der englischen Landschaft. Sie sind synchronistisch auf die heiligen Plätze

Stonehenge, Avebury und Silbury Hill ausgerichtet – Orte, die für ihre Einstimmung auf den Himmel bekannt sind. Die Intelligenzformen, die diese geometrischen Figuren erzeugen, tun dies auf recht spielerische Weise. Geometrie ist mehr als nur ein Unterrichtsgegenstand in der Schule; sie ist im Grunde genommen eine Intelligenzform. Ihr werdet herausfinden, daß höhere Intelligenz oft einen wunderbaren Sinn für Humor besitzt. Die Kornkreise werden mit Tönen erzeugt und haben einen tieferen Sinn; sie sprechen stumm zum Massenbewußtsein. Sie bringen sich durch Impulse auf die Erde, um dimensionale Möglichkeiten zu verändern und um Torwege und Zugänge zu öffnen, durch die andere Energien hereinkommen können.

Diese Kornkreisglyphen haben ihre eigenen Symbole und sind Nachschlagewerke. Euer Körper kann die Botschaft der Kornkreise viel umfassender erkennen, als euer rationaler Verstand sie zur Zeit begreift. Die Kornkreise sprechen von vielen Dingen und sind wahre Vorbereitungskurse für die Menschen auf der Erde. Sie sprechen vom Kommenden und der großen Entscheidung, die ihr alle treffen müßt – die Entscheidung darüber, in welcher Welt ihr leben wollt. Die Kornkreisglyphen beschleunigen den Evolutionsprozeß und die Entwicklung der DNS, indem sie euren Geist zum Aufwachen anregen.

Ein Zweck der Glyphen besteht darin, den Weg für das Massenbewußtsein zu ebnen, um das zu verstehen, was zur Zeit unbegreiflich ist. Ihr seid nicht allein. Die Zeichen werden komplexer werden, weil die Glyphen eure Bewußtheit für andere Lebensformen beschleunigen. Alte Prophezeiungen sprechen von Zeichen auf der Erde und Zeichen am Himmel. Es gibt einen Plan in einem Plan in einem Plan. Im Himmel und jenseits davon gibt es Freunde, die Wellen von Einflüssen inszenieren, von denen ihr euch noch keine Vorstellung machen könnt. Innerhalb der Kornkreise gibt es Kraftkombinationen, die ihr als in der Luft tanzende Lichtgeometrie sehen werdet. Die Glyphen erzeugen Verschiebungen, die euch Daten bringen werden. Dann seid ihr herausgefordert, dieses neue Wissen zu verstehen und gleichzeitig mit beiden Füßen auf dem Boden zu bleiben und den Kopf am Gipfel des Universums zu haben. Könnt ihr euch das vorstellen? Ihr seid riesig, und ihr könnt euch mit dem fernsten Kosmos verbinden und ihn auf die Erde bringen.

Wenn ihr die historischen Berichte und Aufzeichnungen sorgfältig studiert, werdet ihr herausfinden, daß Kornkreiszeichen nicht nur ein Phänomen dieses Jahrhunderts sind. Diese Glyphen aus Tönen und Lichtgeometrie kommen und gehen häufig auf der Erdenebene. Sie sind eine Art der vorsichtigen Einführung von Kommunikation zwischen den Lebensformen. Die Glyphen bewirken mehr als ein Raumschiff, das mit fremden Wesen landet, die sagen: »Hallo, da sind wir. Wir bringen euch 'ne Menge Neues.« Die Kornkreise verwirren eure Wissenschaftler und lassen sie dumm erscheinen, was absolut notwendig ist – und das alles geschieht mit Humor, versteht sich. Eure Wissenschaft bewegt sich in die Sackgasse, und es ist Zeit für die Menschheit, alles zu hinterfragen. Ganz besonders ist es an der Zeit, all diejenigen zu hinterfragen, die behaupten, alle Antworten zu kennen. Die Wirklichkeiten verschmelzen, und auf der Erde spielen sich viele ungewöhnliche Ereignisse ab, da die alten heiligen Stätten, die Kalender und Bibliotheken aus Stein sprechen. Die Kornkreise sind Vorboten und Beschleuniger, die mit herausfordernder und eleganter Einfachheit ankündigen: »Der Paradigmenwechsel steht bevor.«

Geometrie und Mathematik, gepaart mit planetarem und stellarem Wissen, bilden die Grundlage für die Konstruktion von Dimensionstoren. Knossos auf der Insel Kreta, Stonehenge, die Große Pyramide in Giseh, die Akropolis, Delphi, Machu Picchu, Tiahuanaco und viele andere Orte dienen als

Zugänge zu anderen Dimensionen. Diese Strukturen, die mit heiliger Geometrie gebaut wurden, verwirren die heutige Wissenschaft völlig.

Licht kann bestimmte Verzerrungen in Realitäten verursachen, und um mit Licht zu arbeiten, muß man die Geometrie beugen. Was der modernen Architektur heute fehlt, ist die Kombination von Licht und Geometrie. Mit anderen Worten, der Einfluß des Lichts auf die dreidimensionale Form wird nicht in Betracht gezogen. Eure Gebäude stürzen ein, weil bei ihrem Bau Licht nicht mit einberechnet wurde. Nach einiger Zeit verfallen sie oder werden zerstört, auch wenn es keinen Krieg gibt. Eine mentale Verzerrung verhindert, daß sich geometrische Strukturen dauerhafter auf dieser Daseinsebene verankern. Weil eure menschlichen Fähigkeiten, was die Verbindung eurer DNS betrifft, unvollkommen sind, könnt ihr eine Struktur mental nicht stützen. Alle Einflüsse, sowohl äußere als auch innere, müssen in Betracht gezogen werden. Die Elemente Erde, Luft, Feuer und Wasser sind ebenso unerläßlich wie das Element menschliche Gedankenkraft.

Durch ihre Manifestation in die physische Form vermittelt die Geometrie ihre eigenen Lehren. Sie besitzt Einfluß, und es findet eine sofortige Energieübertragung von geometrischen Formen in den physischen Körper statt. Dies ist ein Geschenk der Götter an die Menschen, um ein höheres Ideal zu erschaffen. Die Geometrie der Götter wird in eine dreidimensionale Geometrie übersetzt. Form und Größe strahlen die Essenz der heiligen Geometrie aus und erschaffen ein Wissen, das von Dimension zu Dimension übertragen wird.

Vielleicht erkennt ihr nicht, daß ihr selbst verschiedene physische Gestalten habt. Delphine sind zum Beispiel eine andere Version der Menschen. Delphine existieren nicht nur im Wasser, sondern auch an Land und in der Luft; sie existieren in vielen Dimensionen gleichzeitig. Eines ihrer hervorstechendsten Merkmale ist ihr freundliches Wesen. Es entspringt einem sehr hoch entwickelten Bewußtsein, das weiß, daß es nie zerstört wird; einem Bewußtsein, das eine tiefe Verbundenheit mit seiner menschlichen Entsprechung hat, die vergessen hat und glaubt, daß sie zerstört wird. Delphine und Wale erzeugen besondere Klangschwingungen, die euren Planeten zusammenhalten. So wie ihr sind diese Geschöpfe Abkömmlinge uralter Wesen von den Sternen, und sie sind hier, um euch, den Menschen, die uralte Weisheit und die Wahrheiten über die Liebe zu eurem Planeten zu vermitteln.

Delphine und Wale sind Mitglieder der Lichtfamilie, und seit Äonen tragen sie die Frequenzen einiger eurer uralten Zivilisationen. Die Delphine eurer atlantischen Kultur wurden vor dem Untergang jener Zivilisation codiert und bekamen viele Informationen, um sie zu bewahren und genetisch und telepathisch weiterzugeben. Sie übermitteln diese Informationen gegenwärtig der menschlichen Spezies. Sie geben euch auch eine klare Botschaft: Ihre Lebensqualität ist bedroht, und wenn *ihre* Lebensqualität bedroht ist, dann ist es auch *eure*. Gegenwärtig sind sie euer Spiegel.

Die Delphine verlassen in großer Zahl euren Planeten. Sie stranden nicht nur an euren Küsten, sie verfangen sich auch absichtlich in den Fangnetzen. Delphine sind sehr kluge Geschöpfe; sie sind keine Opfer. Sie überlassen euch den Planeten, denn es ist an der Zeit, daß ihr das Verwalteramt übernehmt. Die Tiere haben Vertrauen in sich und wissen, daß sie einfach ihre Form verändern, wenn sie sterben. Sie wissen, daß sich eine neue Welt bildet, daher bewegen sich so viele »aussterbende« Arten in Wahrheit durch Dimensionsfrequenzen hindurch und nähern sich einer neuen Erde, da die alte stirbt. Sehr viele von euch möchten gern mit Delphinen schwimmen, denn ihr reagiert auf eine innere Codierung, die als Ergebnis eures Kontakts mit den Delphinen eine neue

Schwingungsfrequenz erzeugt. Diese Frequenz verbindet euch mit eurem Erbe und dem Recht zu wissen, wer ihr seid.

Es war nicht immer leicht, daß Hilfe auf die Erde gelangte. Und doch hat es Energien von den Sternen gegeben, die unterschiedliche Kulturen ausgesät, den biogenetisch neugeordneten Menschen Lehren angeboten und sie mit Licht codiert haben, damit sich Wissensfragmente 500, 5000 oder sogar 10 000 Jahre auf dem Planeten halten konnten. Wenn die Zivilisation dann erloschen war, wurden ihre Artefakte jeweils weitergegeben oder in der Erde vergraben. Jede Zivilisation mit Spuren von Licht erschuf auf ihre Weise Artefakte, die Geschichten erzählen. Diese Objekte wurden über Zeitepochen hinweg verborgen, um wieder aufzutauchen, wenn sie entsprechend gedeutet werden konnten.

Die Erde enthält viele Reste von Zivilisationen, von denen einige einem Punkt entspringen, den ihr als Zukunft bezeichnen würdet. Euer »Jetzt« kann von vielen Richtungen ausgesät und beeinflußt werden. Einige der sogenannten Grundfesten eurer gegenwärtigen Weltanschauungen sind keineswegs Überreste aus der Vergangenheit. In der Zukunft können Verzerrungen konstruiert und im jetzt ausgelegt werden und doch so erscheinen, als ob sie von einem weit zurückliegenden Punkt kommen würden. Unter der Erde deponierte Artefakte können euch absichtlich davon abhalten, die Identität »unsichtbarer« Herrscher zu verstehen, die ihr vielleicht als Götter bezeichnet.

Wenn ihr die Ebene der Einsicht erreichen könnt, daß der materielle Bereich eine symbolische Darstellung ist, und ihr euch nicht im Anhäufen und Horten verliert, können viele großartige Artefakte wieder auftauchen. In den nächsten zwanzig Jahren wird euer Planet zahllose Veränderungen durchmachen müssen, und diese uralten, mit codiertem Wissen geladenen Objekte werden allmählich wieder ans Tageslicht kommen. Am Ende dieser Zeiten – im Dezember 2012 nach dem Maya-Kalender – wird eine Verankerung vieler Dimensionen stattfinden. Dies wird das Geheimnis hinter dem Dasein enthüllen, und es wird sein, als ob die Erde über Nacht erblühen würde, auch nachdem einige Teile scheinbar zerstört wurden.

Ihr habt vielleicht Visionen von diesen Ereignissen. Menschen werden von bestimmten Orten angezogen, und sie finden bestimmte Dinge. Vielleicht wird niemand anderer diese Artefakte sehen, denn es ist eine besondere Bewußtheit erforderlich, um sie in diese Dimension zu ziehen. Damit sie völlig in der dreidimensionalen Wirklichkeit verankert werden, ist eine Übereinstimmung des Massenbewußtseins notwendig. Es geht darum, diese Art von Energie wieder ins Dasein zu rufen – sie wieder willkommen zu heißen, indem ihr zeigt, daß ihr die Erde achtet. Indem ihr lernt, eure Heimat wertzuschätzen, werden sich ihre Geheimnisse weiter enthüllen und euch ehrfürchtig stimmen.

Unterschiedliche Kulturen haben die Welt geprägt und ihre Schwingungen durch Sprache, Klangfolgen und sowohl steinerne als auch goldene Artefakte verbreitet und weitergegeben. Die Vereinigten Staaten sind von der griechischen Zivilisation beeinflußt, besonders an der Ostküste. Der Bundesstaat Rhode Island zum Beispiel ist ein eigenes Land mit einer ähnlichen Geschichte wie Rhodos. Die amerikanischen Ortsnamen Syracuse, Ithaca und Utica sind griechischen Ursprungs, und es gibt in den Vereinigten Staaten viele Städte, die Sparta oder Athen heißen. Im Namen eingeprägt ist der Einfluß, der mit der Entfaltung eures inneren und äußeren Wissens zu Leben erwachen und eine größere Bedeutung vermitteln wird.

In früheren Zeiten gab es Verhaltensregeln, nach denen die Menschen lebten. In Delphi betrachtete man den Spruch »Erkenne dich selbst« als Lebensschlüssel. Sich selbst zu erkennen entspricht dem Konzept, nach innen zu gehen und Versionen des multidimensionalen Selbst zu erkunden, Fragen und Antworten zu entdecken und in andere Welten zu gelangen. Die Verhaltenscodes beinhalteten, daß man nie im Übermaß nahm und daß man seine Umgebung respektierte und sie achtete. Heute werdet ihr gedrängt, bestimmte Verhaltens- und Kommunikationscodes zu berücksichtigen, um wieder eine Welt zu erschaffen, in der alle Dinge von Bedeutung sind. Eure Einzigartigkeit liegt in eurer Verschiedenheit und den unzähligen Arten, die Wirklichkeit zu erfahren und zu deuten, nach denen ihr als Menschen gestrebt habt.

Die Tibeter verstehen viele der kosmischen Schlüssel der Erde. In Tibet gibt es ein Tor, eine riesige energetische Öffnung. Wenn euch jemand besuchen will, kann er durchs Fenster kommen, doch es ist wirklich einfacher, die Tür zu benutzen. Planeten haben auch Türen, durch die man sie betreten kann. Tore setzen sich aus Zeitkorridoren zusammen. Doch wenn man einen Planeten betreten will, woher weiß man, in welcher Zeitepoche man landen wird, wenn alles gleichzeitig abläuft? Die Fähigkeit, Ereignisse zu lokalisieren, erfordert in jedem Augenblick große Meisterschaft des Selbst und ist keine leichte Aufgabe. Die Tibeter hielten bis ungefähr in die fünfziger Jahre hinein sorgfältig einen Energietorweg offen. Über Hunderte von Jahren fungierten sie als Wächter und Boten derer, die sich hindurchwagten.

Die Tibeter arbeiten schon seit Äonen mit Außerirdischen. Die als Himalaya bekannte Region lag einmal auf Meereshöhe. Unter den Bergen Tibets gibt es riesige Goldadern und Höhlen voller Kristalle. Dort lagern Gegenstände, die auf das hohe Alter der Zivilisation schließen lassen. Es gibt dort auch viele mumifizierte physische Körper. Die Tibeter hatten ebenso wie die Ägypter eine Vorliebe für die Erhaltung des Körpers über den Tod hinaus, nur verwendeten sie eine andere Methode, und zwar die mit Gold. Die Ägypter balsamierten die Toten ein, was sich auf alte Erinnerungen aus Atlantis gründete, wo die Menschen – wenn ihre DNS intakt war – auf diese Weise verjüngt und wiederhergestellt wurden. Diese Möglichkeit wird heute gerade wiederentdeckt und angewendet.

Die alten Tibeter machten etwas anderes. Sie wollten den Körper nicht so sehr verjüngen, als ihn und die Bewußtseinsfrequenz, die er zu Lebzeiten erreicht hatte, erhalten. Sie mumifizierten – wir verwenden diesen Ausdruck hier im weitesten Sinn – den Körper außen und innen mit Gold. Das war eine umfassende Angelegenheit, die mehrere Monate in Anspruch nahm. Wenn eine Person im Leben einen seltenen Bewußtseinszustand erreichte und diese Frequenz aufrechthielt, empfing sie am Ende ihres Lebens den Ruf, sich tief in die gewaltigen Berge zurückzuziehen. Von den Meistern gerufen, saß diese Person dann in einer bestimmten Haltung und erwartete den Tod. Wenn der Tod eintrat und der Geist den Körper verließ, begannen Boten sofort mit der Erhaltung des Körpers, indem sie ihn mit Gold überzogen, um die hochgeschätzen seltenen Bewußtseinsfrequenzen zu stabilisieren und zu bewahren. Hunderte dieser »Statuen« existieren unter den Bergen Tibets. Heute verstehen die Eingeweihten, daß sie sich mit diesen konservierten Schwingungen verbinden und bestimmte Bewußtseinsfrequenzen anzapfen können.

Eines der größten Geheimnisse der Maya waren ihre versteckten Goldlager und ihr Wissen über die Funktion des Goldes. Die Maya waren nicht dumm und prahlten nicht mit ihrem Gold. Sie erweckten den Eindruck, als ob sie es nicht brauchten. Gold ist ein Teil dessen, womit Dimensionstorwege geöffnet werden können. Es verankert Tore, bewirkt Verwandlung und dient nicht nur als Material für Kostüme, Kronen, Masken und Schmuck. Es hält die höchste Schwingung und ist ein vorzüglicher elektrischer Leiter. Wenn Gold in großen Mengen gelagert oder erschaffen wird, können Lichttore aufgetan werden, und der Zugang zu anderen Dimensionen öffnet sich. Die Goldlager auf dem Globus sind nicht zum Ausbeuten oder Horten geschaffen. Sie enthalten große Geheimnisse und werden zum Öffnen von Torwegen und zum Verankern von Energien verwendet.

Es gibt riesige Goldadern und -flüsse, die Frequenzen durch die Erde leiten, und sie sind ein wesentlicher Teil des Lebens. Die alten Ägypter glaubten, die Adern der Götter seien aus Gold. Im mittelalterlichen Europa fesselte so manchen die Suche nach alchimistischem Gold. In der Erde ist das Gold sehr häufig von Quarzkristallen begleitet, die Grundbausteine all eurer heutigen Kommunikationsinstrumente sind. Es ist wichtig zu verstehen, daß Gold eine Säule der Kulturen ist. Zivilisationen werden durch den Einfluß dieser Substanz ins Sein gebracht. Denkt nur an eure alten Aufzeichnungen aus Sumer, in denen es Geschichten über Götter gibt, die vor Zehn- und Hunderttausenden von Jahren auf der Suche nach Gold hierherkamen.

Die Maya hüteten viele Geheimnisse. Die Hinweise, die sie der äußeren Welt hinterließen, sollten euch leiten, verleiten und irreführen – der Archäologe sollte eine Sache sehen, das geistige Auge eine andere. Der wahre Kern vieler Kulturen wird gerade erst langsam entdeckt. Teams von Regierungs- und Universitätsleuten entschlüsseln Codes und finden neue Teile der Vergangenheit heraus. Sie geben ihr Wissen nicht immer an die Archäologen weiter, denn sie möchten nicht, daß die Öffentlichkeit von ihren neuesten Entdeckungen erfährt. Ein abgesperrtes Gebiet, zu dem der Zutritt verboten ist, weist oft darauf hin, daß dort etwas vor sich geht. Denkt daran, daß die Codes der Wertschätzung und der Absicht, die durch euer Sein ausgesendet werden, bestimmen, was entdeckt, entziffert und verstanden wird.

Das Verstehen des inneren und äußeren Kommunikationsprozesses ist ein Schlüssel zu einer friedlichen Erde. Euer inneres Ich kommuniziert ständig mit einem Ich, das als höheres Selbst oder innerer Lehrer bezeichnet werden kann. Es ist eine Version von euch, die zwar für eure gegenwärtige Wahrnehmung unsichtbar ist, aber trotzdem einen mächtigen Einfluß ausübt. Euer höheres Selbst ist mit einer Sicht der Wirklichkeit verbunden, in der es für all eure gewählten Erfahrungen einen Zweck gibt. Im Idealfall teilt euch euer höheres Selbst diese größere Sichtweise durch Impulse, Synchronizitäten und Gefühle mit. Es liegt dann an *euch*, eure eigenen Botschaften zu übersetzen und zu erkennen, daß sich die Wirklichkeit euren Befehlen beugt. Euer höheres Selbst zeigt euch das immer wieder. Zusätzlich habt ihr eure eigenen Gedanken – als Gefühle und Anschauungen –, die durch eure wahre Essenz und Präsenz ständig in eurer Feld ausgesendet werden. Mit zunehmender psychischer Bewußtheit wird es für euch leichter zu erkennen, was jemand vorhat, denn es wird durch sein Sein energetisiert. Mit einer erweiterten Kommunikationsfähigkeit, die neue Wege der Übersetzung von Aussagen einbezieht, könnt ihr Energie lesen.

Eine Form der Kommunikation, die euch von den traditionellen Deutungen befreien kann, ist die Arbeit mit Klang und Tönen, *Toning* – das heißt, Töne durch sich hindurchzulassen und wie ein Instrument gespielt zu werden. Töne und Klang sind ein Schlüssel zur Freisetzung gespeicherten Wissens. Sie öffnen einen Torweg und lassen die Information in euren Körper fließen.

Wir empfehlen euch, für eure Felder und Gärten mit Tönen und Klang zu arbeiten. Die Pflanzen fühlen, was ihr für sie tut. Wenn ihr durch den Garten geht und die Tomatenpflanze berührt, gibt sie dies durch ihre Pflanzenhormone, die im Lufthauch reisen, weiter und sagt zum Leben im Garten: »Die Tomatenpflanze wurde berührt. Menschen sind hier.« Bevor ihr zu ihnen gelangt, wissen bereits alle Pflanzen, daß ihr kommt. Tiere machen das gleiche. Wenn ihr für Tiere, Pflanzen und die Erde Töne und Klang erzeugt, werdet ihr mit phänomenalen Antworten belohnt, und eure Verbindung zur Erde als ein intelligentes Wesen wird wieder energetisiert und ausgerichtet.

Wenn ihr Tibeter bei einem Toning hört, bemerkt ihr, daß jede Person mehrere Töne gleichzeitig erzeugt. Diese Obertöne öffnen versperrte Energietorwege, und sie verändern eure Wahrnehmungen. Das Prinzip des Toning ist, auf sehr subtile Weise eure Wahrnehmungen zu verändern.

An Kraftplätzen oder Energiewirbeln könnt ihr ein Toning in der Absicht anstimmen, dort gespeicherte oder eingesperrte Energie freizusetzen, und ihr könnt Töne singen oder summen, um mit dem Platz zu verschmelzen. Wenn ihr tönt, erzeugt ihr verschiedene Schwingungszahlen. An heiligen Stätten aus Stein setzt der Klang, den ihr fühlt, in den Steinen und in euren Knochen gespeicherte Daten frei. Die Steine arbeiten sehr gut mit euren Knochen zusammen: Die Steine speisen die Knochen und umgekehrt, indem sie Daten teilen.

Im heutigen Informationszeitalter werdet ihr von den natürlichen Informationsquellen ferngehalten. Man hat euch aufgeschwatzt, daß das Fernsehen eine große Informationsquelle sei. Dieses Gerät ist als eine der größten Erfindungen dieses Jahrhunderts vermarktet worden. Eure Medien werden jedoch von denjenigen kontrolliert, die euch bloß unterhalten und unbewußt halten wollen. Sie verhökern ausgesuchte Versionen der Wirklichkeit und ignorieren andere vollkommen. Fernsehen verlangsamt den Evolutionsprozeß und begrenzt euch, besonders als Kinder. Wenn man jung ist, spielen frühe Eindrücke und die Vorstellungskraft eine Schlüsselrolle für das spätere Leben. Fernsehen hält euch in einem sehr engen Bereich des emotionalen Ausdrucks – grundsätzlich bloß dem von Chaos und Angst. Mehr als je zuvor gibt es heute große Werbekampagnen für Fernsehsender, um die Menschen dazu zu verführen, vor der Glotze zu kleben und die neuesten Versionen von Skandal und Gewalt mitzuverfolgen, als ob das Ausgestrahlte *das* wichtigste Thema sei. Lernt zu beobachten, wie ihr euch beim Fernsehen fühlt. Es ist eine Form der Frequenzkontrolle. Diese Kontrolle wird enorm beschleunigt, da Angst durch das Fernsehen auf der ganzen Welt in Windeseile verbreitet wird.

Die große Mehrheit der Menschen auf der Erde wird genau in diesem Augenblick vom Fernsehen hypnotisiert. Wir wollen euch ermutigen, das Leben *aus erster Hand* zu erfahren – nicht nur durch die Bilder und Ideen, die euch andere vorsetzen. Ihr zerstört euer eigenes Bewußtsein und seine Möglichkeiten, wenn ihr eure Zeit dem Fernsehen widmet. Ihr unterdrückt eure Vorstellungskraft, und damit laßt ihr eine eurer größten Gaben ungenutzt. In einigen Jahrhunderten wird man verstehen, wie die Menschen in der letzten Hälfte des zwanzigsten Jahrhunderts durch das Fernsehen in einen Dämmerzustand gebracht, wie ihr Verhalten und ihr Schlaf gesteuert und sie krank gemacht wurden.

Was immer ihr auch im Fernsehen seht, ihr verschwendet damit eure Zeit. Es hält euch vom Leben fern und tritt als Ersatz für eigene Erfahrung auf, die, liebe Freunde, der hauptsächliche Weg ist, wie ihr lernt. Einige von euch sagen vielleicht: »Es gibt aber einige gute Sendungen, und ich sehe mir nur Dinge an, die mich bilden.« Wir fragen euch: Was wird über oder unter den »guten Sendungen« ausgestrahlt, das ihr nicht bewußt seht? Wenn ihr darauf besteht, einen Fernseher zu haben, dann laßt ihn ausgesteckt. Euer Fernseher überträgt Frequenzwellen, auch wenn er nicht eingeschaltet ist. Haben wir uns klar ausgedrückt? Bedenkt noch einmal, was ihr über das Leben gelernt habt, und entscheidet euch dafür, auf die Nachrichten der Natur zu hören – die Stimme der Erde, da sie spricht.

Ihr seid jeden Tag im Einsatz. Ihr habt euch entschieden, das als Teil eures Wesenskerns zu tun. Ihr wißt, daß die Dinge möglicherweise herausfordernd werden, denn auf diese Weise lernt ihr; niemand hat je gesagt oder garantiert, daß es einfach ginge oder alles immer mühelos sei. Vielleicht versteht ihr allmählich das Ausmaß der Hingabe, die notwendig ist, um die Grenzen der Wirklichkeiten zu transzendieren. Wenn ihr euch diesen Grenzen nähert, könnt ihr fühlen, wie es ist, den Fuß in einer Welt, den Finger in einer anderen und die Nase und Zehen in wieder ganz anderen Welten zu haben. Es ist ein ziemlich ungewöhnliches Gefühl, wenn sich Energien aus vielen Welten in eurem Körper treffen.

Freude, Sicherheit, Harmonie und Klarheit sind sehr feine Begriffe. Manchmal müßt ihr, um ein Konzept wirklich zu verstehen, in seine Polarität hineingehen, denn in dieser Welt von Licht und Dunkel wird das Licht durch Schatten definiert. Daher erkunden wir mit euch Polaritäten. Denkt daran, daß ihr immer die Wahl habt, und je mehr ihr die verschiedenen Meinungen und Einflüsse auf der Erde versteht, desto mehr Auswahl habt ihr.

Auf eurer Reise, euch selbst zu erkennen, gibt es viele Glaubenssätze, von denen ihr euch befreien werdet. Diese Paradigmen sind wie Grenzen und Zäune, die euch unbemerkt umgaben. Bittet um eine große Erweiterung eurer Identität, und lernt, wie es ist, sich auf vielen Wahrnehmungsebenen zu erfahren. Lernt vor allem, wie es ist, *dem Prozeß zu vertrauen.* Verkündet eure Absicht, jetzt lebendig zu sein, und laßt es die Erde fühlen. Wenn ihr euch aber gerade unsicher seid, wäre es von größter Dringlichkeit, einen Zweck zu erschaffen und an euch selbst zu glauben. Wir können das nicht für euch tun. Nur ihr wirkt letztendlich auf die Erde, auf euer Leben und auf eure Version der Illusion ein.

Es gibt nicht gerade viele Handbücher, die über euer Tun Aufschluß geben. Viele Menschen fühlen sich so, als ob sie durch ein Land der Seltsamkeiten schleichen würden. Und es ist in gewisser Weise voller Seltsamkeiten, aber auch heiter und freudvoll bei aller Verschrobenheit. Zudem besitzt ihr auch

Charisma, das ihr ausstrahlt. Ihr alle wißt, daß ihr aus einem Grund hier seid, der sich erweitert, da ihr gegenseitig eure Talente entdeckt. Die Mosaiksteine und losen Fäden verbinden sich und ergeben ein Bild von Bedeutung. Die Geschichte, die sich euch entfaltet, ist in vieler Hinsicht ihrer Zeit voraus. Jeder einzelne von euch wünscht sich, ein bedeutsames Leben zu führen, ein Gebiet des Bewußtseins für sich zu beanspruchen, sich darin geschickt zurechtzufinden und dorthin zu gehen, wo noch niemand vorher war. Wir können sagen, daß ihr auf dem richtigen Kurs seid. Wenn ihr euch auf eine Reise begebt, versteht ihr oft nicht alle damit verbundenen Verwicklungen. Auf dem Weg zum höheren Bewußtsein befindet ihr euch inmitten eines tiefen Geschehens, und ihr könnt nicht den ganzen Pfad erkennen.

Euer innerer Lehrer unterrichtet euch. In euch habt ihr eine Blaupause, die euch auf einen anderen Weg führt. Ihr werdet lernen, indem ihr dem nachfolgt, was von innen erwacht. Ihr seid hier, um eine neue Blaupause der Möglichkeiten für die gesamte Rasse zu erschaffen. Das größte Wissen werdet ihr durch persönliche Erfahrung erlangen – indem ihr etwas selbst tut und nicht immer nur zu Hause herumhockt. Wir ermutigen euch, viele Spiegel zu suchen, unter die Steine zu blicken, mit den Insekten zu sprechen. Erkennt an, daß es in jedem Ereignis, das euch im Leben zustößt, etwas zu lernen gibt. Jeder Mensch, jedes Buch, jeder Papierfetzen, der vor euch liegt, und jedes welke und staubige Blatt vor euren Füßen bietet euch ein Stückchen Wissen von dem Gesamten.

Bleibt offen. Stellt mit Klarheit fest, daß ihr bereit seid, euch in einen Bereich hineinzuentwickeln, der für die menschliche Spezies brandneu ist – eine Erde, die Freude, Sicherheit und Harmonie umfaßt –, und dann werdet ihr auch dorthin gebracht werden. Entwerft neue Vorstellungen des Selbst, und denkt an die Wichtigkeit, stets eure Absicht zu verfolgen, indem ihr euren Geist benutzt, um die Erfahrung des Lebens zu erschaffen.

Wir erinnern euch daran, daß es nicht *eine Welt* geben wird. Es wird nicht eine Welt geben, in der jeder mit dem, was geschieht, einverstanden ist. Dies ist die Zeit des großen Bewußtseinswandels, daher wird sich jeder von euch in der Welt seiner eigenen Schöpfung finden. Wenn ihr Geschichten von Überfällen hört, dann versteht, daß manche Menschen dies sehr wohl erfahren können. Sie werden das an sich heranziehen, wovon sie lernen müssen. Im Leben ist es wie an einer Buffettafel, an der ihr euch nehmt, was ihr möchtet. Ihr habt immer die Wahl. *Ihr* macht den Unterschied in dem, was ihr erfahrt.

Laßt uns sagen, daß ihr euch in euren wildesten Träumen zur Zeit nicht vorstellen könnt, worauf sich die Erde zubewegt. Die Massen sind gefesselt von einer Welt der Fakten, Nachschlagewerke, TV-Sendungen und Zeitungen; die multidimensionalen Anomalien haben eure Existenzebene noch nicht sehr tief durchdrungen. Wenn das der Fall ist, werden allmählich Dinge geschehen, die ihr noch nicht begreifen könnt.

## *Energieübung*

*Entspann deinen Körper, und klär deinen Geist. Stell dir eine Lichtsäule vor, die durch deinen Körper fließt und Lichtfäden in die Erde sendet. Stell dir vor, wie diese Fäden hinunter in die Erde gezogen werden, wie sie durch Erdreich und Würmer und andere Lebewesen hindurchgehen und Schichten von Erde, Gestein, Wasser, Kristallen und Gold durchdringen. Deine Fäden gehen sehr tief hinunter. Sie suchen nach einer Goldader. Sende sie also weiter hinunter, bis du fühlst, daß die Herzwurzel deiner Faden tief unten in der Erde eine Goldader berührt – eine uralte Ader. Wie fühlt es sich an? Gold überträgt eine be-*

*stimmte Frequenz. Es hängt sehr stark mit der Kraft und Schwingung der Liebe zusammen, der verbindenden Energie, die alle Dinge erhält. Das Gold und die Kristalle tief unten bewegen dieses Bewußtsein durch die Erde, ebenso wie deine Adern Blut durch deinen Körper transportieren. Viele Geschöpfe wissen um diese Adern und benutzen sie.*
*Schick nun sehr tiefe, langsame Töne in die Lichtfäden, die sich in die Erde erstrecken. Sing einen dröhnenden und dumpfen Ton, und stabilisiere das Licht; sende Energie entlang der Goldader, damit sie um eine Kernschicht der Erde herumreist. Du weißt, daß dein Ton tief drinnen im Kern der Erde etwas stabilisieren wird. Sogar in ihrem Herzen wird die Erde dich immer erkennen und wissen, wer du bist. Wenn du nun die Herzwurzel stabilisiert hast, erzeug einen höheren Ton, um eine Lichtkuppel über dir auszubreiten. Diese Kuppel ist ein Energieschirm, unter dem du im Augenblick inspiriert wirst. Stell dir in der Kuppel ein violettblaues Zwielicht vor, das von außen mit weißem Mondenschein übergossen wird.*
*Alles, was du denkst, energetisierst du in die Form. Also, liebe Freundin, lieber Freund, befrei dich bitte von allen Bürden, und stell dir die Erde wieder als einen prächtigen Ort innerhalb der Existenz vor. Sieh dich selbst, wie du harmonisch inmitten dieser Pracht lebst.*

# *KAPITEL 4*

## *Die Erde ist euer Zuhause*

*Die Erde und ihre Geheimnisse zu verstehen bringt mit sich, daß ihr die Rätsel in euch selbst versteht, besonders die Teile, die in den Wurzeln eures unbewußten Selbst verborgen liegen.*

Im Laufe eurer Reise werdet ihr die Wurzeln eurer menschlichen Identität hier auf der Erde entdecken, eurer gewählten Heimat. Ihr werdet bald herausfinden, daß ihr dieses Zuhause mit einer Vielzahl von seltsamen Lebensformen teilt – neben jenen, die ihr gegenwärtig erkennt und akzeptiert. Ihr werdet auf Möglichkeiten für bereicherndes Wachstum und persönliche Weiterentwicklung stoßen, indem ihr sowohl eure menschlichen Wurzeln als auch eure Sternenherkunft erkundet, wie sie hier auf der Erde gespeichert und aufgezeichnet sind und *gefühlt* werden. Jetzt sprechen wir euch als Erdenbewohner an, deren genetische Linie reich und lebendig ist und mit vielen anderen Wirklichkeiten in enger Verbindung steht. Wir erinnern euch daran, daß es mit eurer Heimat mehr auf sich hat, als man euch bisher erzählte. Seid offen für die Geschichte eurer Abstammung – als Rasse und Kultur habt ihr kollektiv mehr gemeinsam, als ihr glaubt.

Als Reisende wurdet ihr gerufen und angeregt, die Erde als einen Ort in diesem Sonnensystem zu erkunden, der als Bühne des Lebens dient und Heimat der Codes der Ahnen ist. Wir bezeichnen die Erde als Lebendige Bibliothek, ein biogenetisches Zentrum, wo große Mengen an Daten als unvergleichliche Übersetzungen und Werkzeuge für die Erschaffung von Leben gespeichert sind. Diese Daten existieren in Mustern, die euer gegenwärtiges Begriffsvermögen übersteigen. Die Erde ist ein Ort der Geburt, wo Leben erschaffen und erfahren wird. Traditionellerweise geschieht Zeugung auf eurem Planeten in einem biologischen Prozeß, bei dem zwei Menschen unterschiedlichen Geschlechts zusammenkommen und Leben erschaffen. Im Moment experimentiert ihr jedoch mit der Erzeugung von Leben in Laboratorien; ihr seid also herausgefordert, euch geistig auszudehnen und in Betracht zu ziehen, daß es vielleicht unterschiedliche Wege gibt, zu zeugen und Leben zu erschaffen.

Ruft euch für einen Augenblick den Gedanken in Erinnerung, daß die Spielleiter Eltern von Zivilisationen sind, und zwar durch Formulierung von Ideen. Sie erschaffen und halten Gedankenformen, und dann verteilen sie unermeßliche Pläne, um sinnvolles Leben in ihre Schöpfungen zu ziehen. Sie erfahren das Daseinsgeflecht als eine Kraft und ein Feld unbegrenzter Bewußtheit, das intelligent und empfänglich ist. Ihr könnt euch das vielleicht als Urschöpfer vorstellen. Denkt daran, daß wir unser Bestes tun, um uns Geschichten auszudenken, durch die ihr euch entwickeln könnt. Wir bieten Konzepte an, damit ihr euch von heimlichen Grundvorstellungen lösen könnt, die ihr als Glaubenssätze übernommen und als nicht hinterfragte Tatsachen manifestiert habt. Erweitert bitte eure Vorstellungen von der Erde. Die Erde ist einzigartig im Dasein, denn hier kann Leben erzeugt werden, und das ist ein Grund, warum sie so anziehend ist. Vielleicht seid ihr euch derer bewußt, die über eure Heimat wachen und sie als einen Ort für Besuche und zum Spielen mit der Wirklichkeit erfahren. Ihr erkennt euch darin selbst wieder. Ihr werdet euch als Spielleiter bewußt, die die Erde als Bewohner ihrer eigenen Schöpfung erfahren. Erinnert euch an die Idee von Spielleitern, die Zivilisationen erschaffen und dann in ihre selbst konstruierte Realität eintauchen – nur um darin aufzuwachen und alles zu erkennen.

Zeitlich betrachtet ist die Erde ziemlich alt, und es gibt Geschichten über sie, die lange verborgen und geheimgehalten wurden. Die sich gegenwärtig offenbarende Ahnenlinie enthält Auslöser und Ereignisse, die ungefähr 500 000 Jahre zurückliegen und in verschiedenen Erfahrungen in der Zeit hervortraten. Sumerische Aufzeichnungen enthalten zahlreiche Schlüssel zur Erweiterung des Verständnisses eurer Abstammung. Die Berichte erzählen, daß äonenlang eine Truppe von Sternendarstellern mit einem mannigfaltigen Repertoire die irdische Bühne beehrte. Diese uralten Aufzeichnungen berichten von einer Zeit vor Hunderttausenden von Jahren, als zwei Herrscherbrüder, Enki und Enlil, für das Projekt Erde zuständig waren.

Diese Besucher, die Anunnaki, kamen vom Himmel auf die Erde und spielten Gott. Sie erschufen auf Erden, was sie wollten, und verfolgten ihre eigenen Absichten. Unter anderem kamen sie, um Gold zu suchen. Bitte versteht, daß es hier auf der Erde viele Dinge gibt, die mitgenommen und in der Heimat anderer verstärkt werden können. Die Erde enthält viele Schlüssel der Galaxien, und sie ist mehr als einfach nur *eure* Heimat. Ihr seid die Verwalter der Erde – diejenigen, die sie bewohnen.

Die Götter von oben, die Anunnaki, besuchten die Erde und fingen an, Produkte von diesem Zuhause in ihr Zuhause zu bringen. Ihr Vorhaben bestand darin, mit Leben zu experimentieren und Menschen als Bewohner für die Erde zu erschaffen. Diese Götter sind eure Eltern aus Vorzeiten, die eine Version der genetischen Abstammungslinie der Erde ausgesät haben. Wenn ihr euch entschließt, auf der Erde zu sein, wißt ihr, daß ein Teil des Programms darin besteht, Souveränität und freien Willen innerhalb eines biogenetischen kosmischen Experiments zu entdecken.

Zahlreiche anthropologische Erkenntnisse aufgrund alter Skelettformen geben Hinweise auf eure Vergangenheit. Die Funde sind wie ein menschliches Album der Veränderung in den letzten paar Millionen Jahren. Diese Relikte stellen laut euren Wissenschaftlern Stufen der menschlichen Entwicklung oder Evolution dar, wobei angenommen wird, daß das menschliche Leben überall gleich aussah. In Wahrheit unternahmen die Götter aber verschiedene Experimente, indem sie das hier in der Bibliothek gespeicherte genetische Material verwendeten. Ein Hauptmerkmal dieses besonderen Gebiets der Existenz ist die Erkundung dessen, was möglich ist. Ganz entscheidend für euch ist, daß ihr den Gedanken in Betracht zieht, daß die Götter eure Eltern sind. Bedenkt, wer sie sind und auch wer ihr seid in Beziehung zu den Sternenenergien, die nun anerkannt werden möchten.

Die Erde und ihre Geheimnisse zu verstehen bringt mit sich, daß ihr die Rätsel in euch selbst versteht, besonders die Teile, die in den Wurzeln eures unbewußten Selbst versteckt sind. Wichtige Objekte können in der Erde selbst verborgen liegen, aber auch tief in Energieschichten eures Seins. Empfindet die Erde als euer Zuhause, und handelt so, daß ihr sie zu einem besseren Ort macht. Erkennt an, daß ihr als biologisches Wesen die Empfindungen, Gefühle und das intuitive Wissen besitzt, das euch mit der Erde verbindet. Eure Biologie bildet Wurzeln, die euch mit dem verbinden, wer ihr seid. Indem ihr lernt, euch auf die Erde einzustimmen, werdet ihr die stattfindenden Veränderungen fühlen. Die Erde bietet euch eine Gelegenheit, das Wissen über eure Wurzeln auszuweiten und euch mit der eigentlichen Essenz des Lebens zu verbinden.

Woher seid ihr gekommen? Wer hat euch erschaffen? Wer hat euch erdacht und dann gemacht? Die Sumerer verstanden die Besucher von den Sternen, die jahrtausendelang das Leben auf jedem einzelnen Kontinent beeinflußten und mit Experimenten spielten. Gezielte Interaktion und Handel zwischen den großen experimentellen Zivilisationen waren oft eingeschränkt. Wenn sich die Götter von einem Kontinent zum anderen bewegten, wechselten sie ihre Namen und erschufen neue Klänge, während sie die biogenetischen Grundlagen des Lebens veränderten, um zu sehen, was möglich war. Die Götter beobachteten und nahmen an ihren Schöpfungen auf der Erde teil, wodurch sie ihre eigenen Lektionen aufgrund der Gesetze von Ursache und Wirkung ausbauten.

Die von den meisten Experten als die Wiege der Zivilisation betrachtete sumerische Kultur erblühte vor ungefähr sechstausend Jahren in Mesopotamien, dem Gebiet zwischen den uralten Flüssen Euphrat und Tigris, im heutigen Irak und in Kuwait. Im letzten Jahrhundert wurde diese Zivilisation wiederentdeckt. Auf der Erde des ausgehenden zwanzigsten Jahrhunderts ist die Region, wo diese Kultur einst blühte, ein politisch brisantes Gebiet. Dort spielen sich viele Kriege ab, dort erfahren Macht und der Wert des Lebens Erschütterungen. Die sumerische Kultur wurde von denen gelenkt, die von den Sternen kamen – den stellaren reptilischen Urahnen. Sie errichteten wieder einmal eine Zivilisation und erschufen ein weiteres Experiment, um zu sehen, was sich mit den biologischen Kräften der Erde machen ließ.

Uralte Mythen und Legenden, die über Hunderttausende von Jahren überliefert wurden, erzählen von den Schlangen, Drachen und reptilischen Besuchern vom Himmel. Über Äonen wurden diese Schöpfungsgeschichten mündlich von Generation zu Generation weitergegeben. Ausschlaggebende Ereignisse blieben durch das gesprochene Wort in Erinnerung und wurden an Gruppen von Menschen überliefert, die sich versammelten, um über Lied oder Schauspiel von den Ahnen zu hören und zu sehen. Viel später wurden die besonderen Augenblicke von den Sumerern auf ihren berühmten Rollsiegeln festgehalten, die ausgewählte Aspekte der Wirklichkeit in Bildform wiedergeben. Heute liefern diese Siegelzylinder Hinweise auf signifikante Symbole. Sie werden archäologisch gedeutet, obwohl sie eigentlich in materielle Form gebrachte Schlüssel sind, die eine andere Zielsetzung enthüllen.

Überall auf dem Planeten besaßen Kulturen innere Wahrheiten, die nicht an die Masse weitergegeben wurden. Das geschah deshalb nicht, um Macht über andere zu gewinnen. Die Götter blieben an der Macht, indem sie einige wenige autorisierten und nicht alle ermächtigten. Das führte zu einer Hierarchie der Trennung, die Teil des großen Mißverständnisses ist, das euch bis zum heutigen Tag zu schaffen macht.

Völker rund um den Planeten – von den australischen Aborigines über die Maya und Inka, die Ureinwohner Nord- und Südamerikas, Gruppen auf dem europäischen Kontinent bis hin zu den Völkern in Afrika und Asien – gehen alle von der Vorstellung aus, daß Drachen oder Schlangen die Schöpfer des Lebens sind. Die Drachen konnten Feuer speien, und wenn auch einige gefürchtet waren, so brachte man andere mit Macht, Wohlstand und Leben in Verbindung. Mit der Zeit wurden die Mythen und Legenden abgeändert und neu geschrieben, je nachdem, wer gerade der Boß war und welcher Zweck erreicht werden sollte. Ihr könnt das Wesen dieser mythischen Gestalten verstehen, indem ihr euch diese Sagen anseht und herausfindet, ob sie den Menschen Macht zusprechen oder aber vermitteln, daß nur wenige Macht über viele haben.

Stellt euch vor, daß ihr in einer unermeßlichen Zeit lebt, in der eure jetzigen Jahre bloß Augenblicke sind. Was würdet ihr tun, um euch zu beschäftigen? Welche virtuellen Realitäten würdet ihr erschaffen, um ab und zu einen Blick daraufzuwerfen? Mit der Fähigkeit, die Schlüssel der Genetik zu verstehen und Leben zu erschaffen, was würdet ihr als menschliche Wesen mit so viel Freiheit, Zeit und Wissen tun?

Die reptilische Rasse – oder Dinos, wie wir sie liebevoll nennen – ist ein fester Bestandteil eurer Ahnenreihe. Sie ist eine ehrfurchtgebietende, wilde und anmutige Ansammlung von Bewußtsein, denn in ihr sind viele Dinge kombiniert. Es ist wichtig, daß ihr diese Reptilien als Daseinsaspekte versteht, die euch mit der tiefen Herzwurzel eures eigenen Erbes, eurer Vergangenheit, verbinden. Damit ihr euch selbst als blühende Wesenheit auf dem sich in die Geschichte der Zwölf entfaltenden Rad des Lebens besser verstehen könnt, ist es unerläßlich, daß ihr eure Heimat, eure Wurzeln und eure Gene versteht.

Erkennt, daß die reptilischen Energien Schöpfergötter sind. Sie sind meisterhafte Gentechniker, die den Ursprünglichen Planern beim Entwurf der Lebendigen Bibliothek zur Seite standen. Sie sind eine uralte Rasse und sehr fortgeschritten, was die Erschaffung gefühlsbegabter biologischer Formen betrifft. Sie gehörten zu den Hauptinitiatoren bei der Komposition der menschlichen Spezies auf diesem Planeten. Sie lernten ihre Kunst von den Uralten. Als meisterhafte Gentechniker verstehen die Dinos ihr Handwerk; sie können Gene äußerst geschickt anordnen und manipulieren. Sie überflügeln viele brillante Wesenheiten bei weitem mit ihrer Fähigkeit, Leben genetisch anzupassen. Daher sind die reptilischen Familien in der großen Weite der Existenz als Schöpfer bekannt und für die Ordnung der genetischen Struktur von Lebensformen verantwortlich.

Diese Vorstellungen bieten euch Stoff zum Nachspüren, liebe Freunde. Wenn ihr über dieses Thema nachsinnt, dann untersucht die Verzweigungen eures Stammbaumes. Betrachtet die Reise durch die reptilische Familie als Schlüssel, der euch tiefer an eure Wurzeln bringt. An der Basis eurer biologischen Struktur herrscht reptilischer Einfluß, und heute kehren diese Geschöpfe wieder in euer Tagesbewußtsein zurück. Sie erscheinen als Spielzeug und Filmmotiv, als moderne Aufmacher in der Werbung und geben ihren Namen für all jene her, die es wagen, sich zu erinnern. Sie erheben sich aus dem Unterbewußtsein als ein Teil des Selbst, der ausgedrückt, verstanden, geliebt, geheilt, integriert und angenommen werden muß. Euer spirituelles und biologisches Selbst besitzen den Schlüssel zu diesem Prozeß.

In ihrer eigenen fernen Geschichte war die reptilische Familie einmal eine sehr wohlwollende und inspirierende Rasse. Mitglieder dieser Familie kamen auf die Erde und waren stark daran beteiligt, die Lebendige Bibliothek zu erschaffen. Schließlich lösten sie jedoch einen Krieg untereinander und zwischen anderen Vertretern der Schöpfergötter aus. Bei diesen Kriegen ging es immer darum, sich voneinander abzusondern, um Macht zu gewinnen. Denkt daran, daß ein Teil eurer Reise als sich entwickelnde Menschen darin besteht zu verstehen, daß ihr individuelle, einzigartige, erstklassige menschliche Geschöpfe mit freiem Willen seid. Ihr seid gerade dabei, andere individuelle, einzigartige, erstklassige Geschöpfe mit freiem Willen zu entdecken, und zu erkennen, daß ihr alle eins seid. Es ist Zeit, die große Einzigartigkeit der Intelligenz anzuerkennen, da sich unzählige Geschöpfe euer Welt offenbaren und die Hindernisse vor inneren Wahrheiten forträumen.

Wenn ihr die alten reptilischen Urahnen erst einmal erkennt und als existierende Wesen akzeptiert, könnt ihr sie von ihrer Rolle, die sie gespielt haben, befreien. Ihr seid multidimensionale Geschöpfe, und eine Version von euch ist die auf der Erde als menschliche Wesen. Gleichzeitig könnt ihr in einer anderen Version der Wirklichkeit genau diese Wesen sein, die euch beeinflußt haben. Ihr könnt euch in eine Identität dieser Wesen hineinbewegen, sie erfahren und ihr Dilemma fühlen, ihre Einschränkung innerhalb ihres eigenen Glaubensmusters. Da sich eure Vorstellungen von euch und eurer eigenen Heimat verändern und zu einer neuen Souveränität führen, beeinflußt ihr eure Wurzeln in alle Richtungen: Vergangenheit, Gegenwart und Zukunft. Ihr seid tief im Daseinsgeflecht verwoben, und indem ihr euch verändert, senden eure Bedeutung tragenden Gedanken neue Impulse als Möglichkeiten für alle Aspekte des Daseins durch dieses Geflecht.

Als Plejadier besitzen wir gegenwärtig im Vergleich zu euch eine ausgedehntere Sicht der Wirklichkeit, und wir sind da, um sie mit euch zu teilen. Wir haben freien Zugang zu dieser Renaissance, die im gesamten Kosmos stattfindet. Wir können euch erzählen, was wir sehen. Ihr glaubt oft, daß wir das gesamte Treiben beschreiben, doch wir konzentrieren uns auf die Randnotizen zu einem immensen Ereignis, indem wir besonders kuriose und bedeutsame Bereiche betonen. Ihr versteht nicht, daß das alles ein einziges großes »Jetzt« ist. Es scheint Chaos und freier Wille zu herrschen, und doch werden durch diesen Prozeß Energien vermischt und dann neu verbunden, um den innewohnenden Wert und die unvermeidliche Zusammenarbeit des Lebens zu erfahren.

Denkt daran, daß wir eure Wirklichkeit nicht übermäßig definieren wollen. Wir beabsichtigen, entscheidende Perspektiven zu vermitteln, wo ihr stehenbleiben und schöne Aussichten in euch aufnehmen könnt. Ein Blick auf den biologischen Aspekt des Daseins wird euch helfen, das vor euch Liegende zu begreifen. Auf eurem inneren Ausflug durch euren Stammbaum verdient das reptilische Bewußtsein aus eurer Ahnenlinie Beachtung, denn sonst fehlt euch eine Erfahrungsschleife als Entwicklungsstadium, das euch hilft zu verstehen, wo eure Wurzeln liegen, wohin ihr geht und woher ihr gekommen seid. Für einige von euch ist die Vorstellung eines reptilischen Erbes mit Angst besetzt. Diese Angst wurde euch tatsächlich eingeflößt, damit ihr euren Ursprung nicht herausfinden konntet. Sehr, sehr lange Zeit mußte eure reptilische Ahnenreihe sich aus eurem bewußten Verstand heraushalten. Durch die sogenannten unsichtbaren Einflüsse, die an eurer Welt teilhaben, gab es so manchen Umweg im Denken und im Aussäen von Wirklichkeiten. Heute kommen reptilische Erinnerungen aus eurem Unterbewußtsein als Träume, vage Vorstellungen, Symbole und Szenarien aus vergangenen Leben hoch – lauter wichtige Verbindungsstücke zu Mustern des menschlichen Verhaltens.

In euren Zellen liegen Erinnerungen begraben, aber ihr seid euch nicht so sicher, was dort alles zu finden ist. *Fühlt* euren Körper, und stellt euch eure Wirbelsäule, die Chakras und die zwölf DNS-Stränge als einen nach oben strebenden Lebensbaum vor. An der Basis des Baumes ist eine Schlange, die euch wie eine Herzwurzel mit der Erde verbindet. Die Vorstellungskraft wird euch helfen, mit eurem reptilischen Erbe in Kontakt zu kommen, damit ihr einen wertfreien Blick darauf werfen könnt. Visualisiert, wie die Schlangenenergie euren Baum hinaufklettert, in eurem Körper aufsteigt und euch elektrisiert. Als Mitglied der reptilischen Familie regen innere Bilder von Schlangen eure Zellerinnerungen an die Götter, die euch erschufen, an und zeigen euch, daß ihr von der Schlange abstammt und sie euch Leben bringt.

Hinweise und Andeutungen eines reptilischen Erbes gibt es zuhauf. In Stein geritzt und geformt kann man sie als Symbole an zahllosen heiligen Plätzen sehen und auch an Orten entlang der großen Leylinien der Erde finden. Schlange, Drache und reptilische Mythen und Legenden sind der Kern des tiefen Verständnisses und der Hauptlehren fast jeder eingeborenen Kultur. Schlange, Reptil und Drache sind kraftvolle Totems. Auch wenn sie oft mißverstanden wurden, verehrte man sie doch als rituelle Symbole für Macht und Abstammung der Völker. In der modernen Welt verwendet eure

Ärzteschaft den Merkurstab, ein uraltes Symbol, das zwei um einen Stab sich windende Schlangen darstellt und auf die Wurzeln ihres Erbes hinweist.

Manchmal häuften die alten Reptilien, die in euren Mythen Drachen heißen, Kristalle an. Kristalle sind Sender und Empfänger von Information. Viele der höchsten Zivilisationen wurden von reptilischen Energien verankert, die Zugang zur menschlichen Blaupause hatten und diese von einem anderen System hierhertrugen. Die Reptilien bewerkstelligten dies, indem sie eine riesige Menge an kristalliner Energie zusammentrugen, horteten und in Schlupfwinkeln oder Höhlen als unterirdische Operationsbasen lagerten. Dann schickten sie Versionen von sich als ihre Stellvertreter in die Außenwelt, sehr oft in der Form von Schlangen. Dies war die einzige Möglichkeit, wie sie die Außenwelt ungefährdet betreten konnten. Wären sie in ihrer Drachennatur erschienen, hätte das Bewußtsein der damals existierenden Menschen ein solches Zusammentreffen nicht ertragen können.

Heute erkundet ihr neue Gesichtspunkte und größere Glaubenssysteme. Indem ihr die Wirklichkeit betrachtet, beginnt sie, sich in eure Richtung zu neigen. Die Lebendigkeit der Erde wartet darauf, von euch entdeckt zu werden. Sie vermag euch mehr Fülle im Leben zu geben, wenn ihr verstehen könnt, wer sie ist. Ihr könnt sie euch als Muttergöttin vorstellen – als einen Aspekt des Daseins, der für euch sorgt, euch aufzieht, ernährt und schützend hält. Sie ist euer Zuhause und eure Mutter, die Quelle, aus der ihr gekommen seid.

Stellt euch vor, daß ihr unbegrenzt seid, daß an jeder Ecke eine Gelegenheit wartet, und dann werdet ihr genau das erschaffen. Setzt euch Grenzen, und ihr werdet an sie stoßen.

Denkt daran, daß ihr mühelos die Energien anzieht, die eure Version des Lebens unterstützen. Jeder Augenblick, in dem ihr an euch glaubt, erschafft eine Bewegung, durch die ihr ständig Licht und brillante Lebensalternativen zum Erblühen bringt. Dieser Prozeß beinhaltet, daß ihr in die Erkenntnis hineinwachst, eurer Sternenfamilie gleichgestellt zu sein.

Viele Menschen möchten jetzt die Erde verlassen, als ob diese des Lebens nicht mehr würdig sei. Zornige Stimmen beklagen den Zustand der Städte und des Wassers, als ob die Erde dies selbst erschaffen hätte. Wir möchten euch fragen: Welchen besseren Ort würdet ihr finden? Euer Zuhause ist, was ihr daraus macht.

Ohne die Mitarbeit der Erde könnt ihr viele Dinge nicht haben. Unberechenbare Wettermuster sind die Norm geworden; Sturmfluten und überraschende Geschehnisse treten aus dem Nichts auf. Die Wirklichkeit kann nicht mehr als verläßlich und beständig gelten. In eurem Leben als Menschen treten immer wieder Ereignisse auf, die mit eurem unverantwortlichen Handeln und eurer Opferrolle zu tun haben. Ihr kehrt immer wieder zur Grundeinstellung der menschlichen Machtlosigkeit zurück. Ihr habt schon viel zu lange an Opferrollen und Machtlosigkeit geglaubt.

Verpflichtet euch der Erde gegenüber, euer Herz zu öffnen und euer Zuhause umzuwandeln. Es ist entscheidend, daß ihr euer Bewußtsein auf ein Leben in Verantwortung verlagert. Ihr hetzt über die Erde und wartet darauf, was euch als nächstes in Form von Geldern, Waren und Dienstleistungen zusteht, und vergeßt dabei, daß die Mitarbeit der Erde als ein stabiler, verläßlicher Lebensort unerläßlich ist. Eure Herausforderung innerhalb der globalen Blaupause zum Thema Absicht und Zweck besteht in der Erkenntnis, daß die Erde lebendig ist und daß ihr auf sie aufpassen und als Familie miteinander auskommen müßt.

Die Neuinszenierung der Lektionen für verantwortliches Leben wird sich auf den Bühnen des menschlichen Dramas beschleunigen und mit einer Zugabe dessen zurückkehren, was ihr in Bewegung gesetzt habt. Wenn es euch nicht gefällt, wo ihr lebt, dann nehmt eine Neubewertung vor, und sprecht aus ganzem Herzen zur Erde. Sprecht mit den Zellen eures Seins, zieht Licht durch euch, und sagt zur Erde: »Es ist meine Absicht und mein Vergnügen, dich in diesem Leben mit meiner vollen Kapazität zu erfahren. Ich bitte dich, große Erde, mir zu helfen und beizustehen, einen angenehmen Ort der Freude, Sicherheit und des Abenteuers für mich zu finden – einen Ort, an dem ich mich selbst und dich als Zuhause erkennen kann.« Die Erde weiß, wer ihr seid. Es ist daher eine gute Idee, mit ihr zu sprechen und sie anzuerkennen.

Viele von euch sind sehr beunruhigt von den Menschenmassen, die sich weiterhin für das Töten und Kriegführen entscheiden. Wir erinnern euch daran, daß diejenigen, die an diese Erfahrung glauben, sie erschaffen und suchen werden. Ihr könnt gleichzeitig in einer parallelen Wirklichkeit damit leben und all das nicht an euch heranziehen. Es findet eine große Reinigung statt, und ihr könnt sie nicht aufhalten. Die Energie der Erde wird beschleunigt, damit die Energien, mit denen ihr im Grunde eures Seins schwingt, und die Wahrheiten, die ihr über eure Ahnenlinie herausfindet, sich manifestieren. Es ist eine traumatische Zeit, denn es scheint, als ob die Systeme, die Familie und Kultur repräsentieren, zerbrechen. Die nicht funktionierenden Systeme brechen tatsächlich auseinander, und ihr werdet bis in den Kern eures Seins erschüttert, um etwas zu finden, das wirklich funktionieren wird und die Erde wertschätzt. Wenn ihr euch um euer Zuhause nicht kümmern könnt, verdient ihr vielleicht keines.

In eurer Welt habt ihr zahlreiche soziale Systeme, durch die man sich um andere kümmert. Fürsorge ist wirklich eine edle Sache, doch wenn ihr ständig für andere die Fische fangt, werden sie von euch abhängig. Am besten zeigt man ihnen, wie sie selbst fischen, gärtnern und Nahrung anbauen können. Oft verfangen sich diejenigen, die sich ständig um andere kümmern, in der Rolle des Helfers und Versorgers und halten dies fälschlicherweise für ihre Identität und ihren Zweck. Bis zu einem gewissen Grad verfingen sich die Götter, eure Vorfahren, darin. Sie gewannen in ihrem eigenen Spiel an Macht, da ihre Schöpfungen sie verehrten und für sie da waren. Aber schließlich fanden die Götter heraus, daß sie in der Falle saßen und nicht weiterkamen. Es ist am besten, das Entdeckte zu verschenken – um die Erdenumwelt und die Menschenfamilie höher zu tragen.

Wir bezeichnen die Erde als ein Zuhause, einen Ort, dem ihr euch verpflichtet fühlen müßt. Denkt daran, daß sie für viele Wesen ein Zuhause ist. Ihr teilt eure Wirklichkeit mit Lebensformen, die ihr erst noch kennenlernen müßt. Dies ist Teil der Offenbarung der Erde an euch: Wie viele parallele Dimensionen existieren innerhalb des gleichen Raumes wie ihr? Wer sind die Energien oder Wesenheiten, die sich durch diese Dimensionen bewegen können? Viele Mythen und Legenden, die abgetan oder unterschätzt werden, sind die wahren Geschichten eurer Heimat.

Die Erde ist ein kostbares Juwel, und viele betrachten euch als den wesentlichen Schlüssel zu diesem Edelstein. Und doch habt ihr in eurer eigenen fehlgeleiteten Sicht des Zwecks danach gestrebt, das Selbst zu erhöhen, ohne die Bühne zu achten, von der ihr das Leben erkunden könnt. Im Massenbewußtsein treten Konflikte darüber auf, worin gegenwärtig die Prioritäten bestehen. In den nächsten paar Jahren werden viele Menschen ihre Heimat verlieren oder aufgeben, was euch näher zusammenbringen wird, damit ihr die Menschheit als eine große Familie erfahren könnt. Wenn ihr euch vereint – vielleicht aufgrund herausfordernder Situationen –, werdet ihr auch die verstehen, die nicht zu eurer Familie gehörten. Diese anderen Lebensformen, die darauf warten, mit dem Öffnen der Dimensionen integriert zu werden, werden die immense Kreativität und Vielfalt der Wirklichkeit offenbaren.

Die Lehre der Erde ist dabei, sich euch zu entfalten, denn ihr befindet euch jetzt auf der entscheidenden Stufe, sie zu verstehen. Ihr definiert euer Zuhause neu, und die Erde nimmt das wahr. Sie gibt ihre Codes und Geschichten frei, denn sie weiß: »Ah, da gibt es Menschen, die nach dem suchen, was ich habe.« Denkt darüber nach, was ihr wollt. Die Erde liest in euch. Sie ist eine lebendige, biologische Wesenheit. Sie lebt.

Ihr braucht ähnlich wie die Erde die Milliarden von Bakterien, die in eurem Körper leben und Funktionen erfüllen, die ohne eure bewußte Kontrolle ablaufen. Als isolierter Mikroorganismus könnte eine Bakterie recht giftig sein. Gemeinsam wissen die Bakterien jedoch, was zu tun ist. Sie vergiften euch nicht; sie vertilgen alles, damit ihr leben könnt. Wären sie nicht in euch, würde die aufgenommene Nahrung euch nicht durchwandern. Ihr toleriert diese sogenannten toxischen Wesen, die in euch existieren, und tatsächlich könnt ihr ohne sie nicht leben. Ebenso kann die Erde nicht ohne euch und das gesamte Leben sein.

Hier auf der Erde wird Leben gemacht. In diesem Sonnensystem ist die Erde die Heimat des Lebens, das riesige Labor, in dem Leben erschaffen wird. Versteht bitte den Sinn, die Erde zu lieben, denn als Antwort wird sie alles freisetzen, was ihr braucht, um hier zu Hause zu sein.

Stellt euch vor, daß die Erde wieder ihre königliche Schönheit erlangt. Stattliche Bäume scheinen den tiefblauen Himmel zu berühren, und die Wolken türmen sich zu majestätischen Gipfeln. Vogelgesang erfüllt die Luft und erzeugt Symphonie über Symphonie, jede für den Augenblick orchestriert.

Lernt, euch lebendig zu fühlen. Entdeckt Sinn in eurem Leben, da ihr den Aspekt erkundet, der als Unterbewußtsein gespeichert ist. Schickt eure Herzwurzel wie eine Schlange in die Aufzeichnungen der Erde, und ruft in euren Geist eine majestätische Erde zurück als ein Zuhause für euch, die rechtmäßigen Bewohner dieses Ortes.

## Energieübung

*Mach einen tiefen Atemzug, schick eine Welle von Vitalität und Entspannung durch deinen Körper und schaff so Raum. Bau mit deinem Atem ein Fahrzeug, mit dem du in deine Vorstellungskraft hineinreisen kannst. Finde den Ort, den du in dir betrittst; einen Ort, der die Vorstellungskraft ist. Stell dir vor, daß die Erde im Weltraum schwebt, ein wunderschönes Juwel, das Licht reflektiert und ausstrahlt. Fühl deine Verbindung mit dem Weltraum von deinem Herzen aus, aus dem tiefsten Kern deines Seins. Fühl, daß dieser Ort deine Heimat ist. Würdest du die Sternenweiten des Raumes bereisen, dann wärst du freudig erregt, da du deine heimatliche Umgebung wiedererkennen würdest.*

*Sende aus deinem Herzen einen großen Strahl tiefer Liebe, der Licht enthält. Sende ihn auf die Erde. Und nun laß zu, daß du zur Erde hingezogen wirst, als ob du aus den Tiefen des Weltraumes herschwebend immer näher an die Erde getrieben würdest. Da sie nun immer klarer und größer wird, fühl ihre Großartigkeit, und fühl, daß sie lebt – daß sie eine unsagbare Lebendigkeit und Kraft besitzt, und doch ist sie in Zartheit für jeden da.*

*Während du dich nun zur Erde hingezogen fühlst, laß es zu, daß ihre Schwingung dich aus dem All zieht. Stell dir vor, daß du leicht wie eine Feder landest, daß du ganz sanft auf den idealen Platz gleitest. Mit der Leichtigkeit einer Feder lande nun in der weichen Schwingung der Erde. Blick dich um, und sieh, wo auf der Erde du gelandet bist. Was zeigt dir die Erde über den Ort, an den sie dich gezogen hat? Während du dir dies vorstellst, fühl Dankbarkeit und Erregung, daß die Erde zu dir spricht und dir ein Abenteuer anbietet. Mach einen tiefen Atemzug, schau dich um, und fühl dich beseelt von dem, was du gefunden hast. Sende der Erde die Botschaft, daß du für ein friedliches Leben bereit bist und daß du diesmal die Absicht hast, ihre Ganzheit wiederherzustellen, nahe bei ihr zu leben und sie während deines Lebens hier immer zu achten. Sieh dich selbst, wie du auf der Erde lebst, sie liebst, ihr vertraust und auf ihr wandelst – in Frieden mit allen Elementen des Daseins und in deinem Streben nach Harmonie. Und nun beginn, sehr langsam die*

*Erde zu erkunden; nimm einen tiefen Atemzug, und fühl, was es heißt, wirklich lebendig zu sein und dein Zuhause zu lieben. Fühl diese Dankbarkeit, denn sie wird dich tragen. Vertrau dir. Die Erde ist dein Zuhause.*

# KAPITEL 5

## Die Göttin erwecken

*Indem ihr die Göttin willkommen heißt, wird sich euch die Lebendige Bibliothek auftun und euch die Geheimnisse lehren, die tief in der Brust von Mutter Erde liegen, denn wer ist die Erdenmutter, wenn nicht die Göttin selbst?*

Wenn ihr an Urschöpfer denkt, wen oder was stellt ihr euch dann vor? In eurer Kultur hat man euch gelehrt, daß die Gottenergie die Quelle vertritt und die weibliche Energie ihre Anwendung oder Aktivität. Wir würden sagen, daß es umgekehrt ist – das Weibliche stellt die Quelle dar und das Männliche ihre Anwendung.

Urschöpfer ist eigentlich eine weibliche Schwingung. Die Quelle, so wie wir sie kennen, hat eine weibliche Schwingung. Die Gefährten dieses weiblichen Prinzips – die männliche Schwingung – begannen vor Millionen von Jahren sich im Wettstreit um die Liebe der Göttin durch Energiemißbrauch abzuspalten. Ihr seid ein Teilstück dieses Energiemißbrauchs. Zwei plejadische Söhne eines mittelmäßigen Gottes übernahmen die Erde, gerieten untereinander in Streit und erzeugten das gegenwärtige Dilemma. In einem größeren Zusammenhang betrachtet, war es bloß ein kleinerer Familienzwist. Die Muttergöttin teilte sich und kleidete sich in viele Formen, um Gefährtin zahlreicher Götter zu sein. Die Götter wollten diese Mutterschwingung besänftigen, lieben und in ihr sein, denn von dort kamen alle schöpferischen, vitalen Kräfte.

Das Bewußtsein der Göttin läßt alles zu. Sie ist die Quelle, die alle Dinge zusammenhält, der Leim der Schöpfung. Für manche ist dies eine Vorstellung, die schwer anzunehmen, geschweige denn umzusetzen ist. Es ist ein schwieriger Gedanke für Frauen, sich eine machtvolle Wesenheit vorzustellen, die ihnen als ihr eigenes Abbild im Blut liegt. Für Männer ist es schockierend, sich vorzustellen, daß eine weibliche Schwingung als Quelle hinter allen Dingen stecken könnte.

Fühlt im tiefsten Kern eurer Identität das Nährende der Mutter, ihr Geschenk und ihr Mysterium. Die Energie der Muttergöttin wird zurückkehren und aufwachen. In diesem Jahrzehnt werdet ihr herausfinden, daß alle eure Religionen auf einem falschen Ideal gründen. Sie basieren alle auf einer kontrollierenden, kaltherzigen und patriarchalischen Bewegung, doch in Wahrheit steht die Muttergöttin hinter allen Dingen. Wir in den Plejaden haben die Wurzel unseres Energiemißbrauchs entdeckt: Wir haben die Mutter nicht geehrt. Wir haben Dinge gemacht, um ihre Aufmerksamkeit zu erlangen, doch wir haben die Schöpfungen der Mutter, ihr Geschenk, nicht gewürdigt.

Euer Planet muß lernen, wer die Göttin als Schöpferin ist. Ihr müßt es lernen. Die dunkle Seite der Göttin zu verstehen ist Teil der Erkundung ihrer Energie, denn die Göttin tat etwas, um ihre Macht zu verlieren. Es steckt in den Zellen eures Seins, weil ihr alle, Männer wie Frauen, die Göttin in euch habt.

Die Göttin wird durch euch geboren werden, ganz gleich ob ihr männlich oder weiblich seid. Aus sehr wichtigen Gründen kam es zu einem Niedergang und Fall der Göttin. Die

Göttinnenenergie erkannte immer die Rechte der Fruchtbarkeit an. Die Energie der Göttin war nicht wie eure westliche Welt; sie schämte sich nicht für Sex. Die Göttin liebte Sex. Sex ist euer natürliches Erbe. Doch wie bei allen Dingen kam es zu einem Mißbrauch der Sexualenergie.

Es kam eine Zeit im Reich der Göttin, als ein gewaltiger Mißbrauch der männlichen Schwingung stattfand. Durch äußeren Einfluß verloren die Frauen ihre Achtung vor den Männern und deren Rolle als Partner sowie ihr Wissen über die Einheit zwischen Mann und Frau. Nach einiger Zeit verkamen die Männer im Reich der Göttin zu bloßen Samenspendern. Die Frauen verloren sich so sehr in der Macht der Göttin, daß sie die Männer nicht mehr als gleichwertig betrachteten. Sie wurden als Objekte gesehen, die für die Fruchtbarkeit notwendig waren. Viele Männer wurden nach einmaligen Fruchtbarkeitsritualen mit bestimmten Vertreterinnen der Göttin getötet. Es fanden Kastrationen und andere Opfer statt. Das ist wahr. Die Frauen mißbrauchten die Sexualenergie der Männer und erzeugten so den gegenwärtigen Rückschlag. Dies verändert sich jetzt alles, und ihr werdet herausfinden, daß die Göttin mit Mitgefühl in das Leben all jener tritt, die empfindungsbereit sind.

Die Göttinnenenergie wurde einstmals mit einer enorm negativen Kraft durchtränkt und in ihrem Zweck verzerrt. Das geschah in vorchristlicher Zeit. Dann schlug das Pendel in die andere Richtung aus, denn sobald die männlichen Schwingungen ihre Rolle zu spielen begannen, reagierten sie vehement auf das, was einige der Frauen getan hatten. Eure Erinnerungen sind in euren Zellen und eurem Blut gespeichert, und ihr habt eure Erfahrung durch die von euch getroffenen Entscheidungen geprägt.

Ihr wurdet von einer negativen, kontrollierenden und bloß gottähnlichen Energie überlagert, und es ist an der Zeit, daß die Göttin anerkannt wird. Ein Ausgleich ist erforderlich, ohne daß eine Schwingung von der anderen angebetet wird. Indem die Männer die Göttin ehren, werden sie lernen, auch das Leben zu ehren. Die Frauen werden neu definieren lernen, wie sie Leben hervorbringen. Das Leben kann mit einem ungeheuren Orgasmus bei der Geburt hereinkommen. Dies ist ein Gebiet, auf dem ihr eure Glaubensvorstellungen und Erfahrungen neu ordnen werdet.

Wenn ihr die Göttin erkundet, beginnt ihr, das Leben zu achten. Wenn ihr das Leben achtet, übervölkert ihr die Erde nicht und tötet nicht. Was in den Vordergrund kollektiver Glaubensmuster rücken muß, ist ein Verständnis dessen, was Leben ist, was Tod ist, was die Spezies sind, und die Tatsache, daß alles miteinander in Verbindung steht – daß alles zur selben Quelle gehört.

Die patriarchalische Bewegung veränderte eure Geschichte, indem sie die Göttin in den Dunstkreis der Mythen und Legenden verbannte. Wo ist die Göttin in eurer Bibel, eurem Koran, eurer Thora? Der Kampf zwischen der Göttin und dem Patriarchat dauert schon so lange an, und heute seid ihr so weit von der Energie der Göttin entfernt, daß ihr nicht einmal ein Bild dessen habt, wer die Göttin sein kann. In welcher westlichen Gesellschaft wird die Göttin geehrt? Und doch steht am Hafen der Ostküste der Vereinigten Staaten eine tapfere Frau mit einer Lichtfackel in der Hand.

Die Göttin ist sehr großzügig. In diesem Kampf des Patriarchats ist sie hinter den Kulissen geblieben, weil sie weiß, daß sie die schöpferische Kraft in allen Dingen ist und daß alle Dinge sie schließlich finden müssen. In ihrer Großzügigkeit läßt sie zu. Was heißt es, zu gebären und zu lieben, was man geschaffen hat, und dieser Schöpfung ihren Evolutionsprozeß ohne Eingriffe zu erlauben? Ist Liebe beschützend oder gewährend? Wenn eine göttliche Kraft ihre Schöpfungen beschützte, würde sie das kontrollieren, was sie von ihren Schöpfungen lernt, und könnte daher nur so viel lernen, wie sie zuläßt. Eine alle Dinge zulassende Kraft hat die Möglichkeit, unbegrenzt zu lernen, denn sie besitzt die Fähigkeit zu sagen: »Erklär es mir. Lehre mich. Ich bin du. Du bist ich.« Dies ist ein Bewußtseinszustand.

Wir möchten, daß jeder von euch die Göttin kennenlernt. Macht euch auf die Suche, die Göttin auf irgendeine Weise zu euch zu rufen. Ladet die Göttin ein, euch etwas über das Leben zu lehren. Sie wird beginnen, auf recht tiefgreifende Weise mit euch zu arbeiten. Viele von euch haben uns, die Plejadier, in ihr Leben gerufen. Wir spielen mit euch, und ihr kennt unsere Schwingung, unseren Humor, unsere Tricks – sogar wir arbeiten mit der Göttin.

Die Dinge müssen sich verändern. Die Göttin inszeniert dazu Ereignisse als Teil der Lösung. Göttinnenenergie arbeitet mit eurem Herzen, um es geöffnet zu halten. Wir bitten euch, euer Herz offen zu lassen, nicht nur für euch, sondern auch für jene, deren Wege sich in dieser Zeit der großen Lektionen mit den euren kreuzen. Wenn ihr das weibliche Prinzip in euch und auf dem Planeten achtet, wird diese Erkenntnis als neues Fundament eurer Gemeinschaften und Zivilisationen dienen.

Wir möchten, daß ihr nach dieser Lebenskraft sucht. Blickt hinter die Dinge, die ihr gelernt habt. Findet diesen Anteil der Göttin, die weibliche Energie in Mann und Frau, die darauf wartet, geboren zu werden. Beobachtet spielerisch, wie ihr andere erreichen könnt und wie sie über die Dinge sprechen, die ihr gerade entdeckt. Alles, was ihr lernt, wird vergrößert und ziemlich heftig zu denen telepathiert, die sich mit euch auf dieser Reise befinden.

Die Muttergöttin repräsentiert das Prinzip der Liebe. Wir haben bereits die Lichtfrequenz erwähnt – Licht ist Information – und die Liebesfrequenz, die Schöpfung ist. Die tiefste Schicht der plejadischen Information ist ihre Sinnlichkeit und Sexualität — ihre Schöpfung durch die Liebesfrequenz mit der Göttin. Die Arbeit mit der Göttinnenenergie erfordert eine tiefere Erkundung des weiblichen Prinzips.

Es ist Zeit, daß das Wissen der Frau ausgesprochen, gezeigt und auf magische, mystische Weise mitgeteilt wird. Es ist Zeit, daß die Frauen mehr über ihre eigenen Geheimnisse entdecken – die Vorgänge von Menstruation und Geburt und die Zyklen ihrer Emotionen. Es ist Zeit, dies mit den Männern zu teilen. Viele Frauen sagen: »Was kann ich da teilen? Ich verstehe es selbst nicht.« Nun, es ist Zeit, daß ihr nach innen geht und sagt: »Was sind diese Gefühle, die ich habe? Wenn ich jemandem erklären sollte, wie es ist, Frau zu sein, was würde ich sagen? Was kann ich tun, um mehr Göttin in einem weiblichen Körper zu werden – mehr die Erzeugerin von Wundern zu sein?« Die innere Göttin weiß es – sie bringt Information von einem System in ein anderes.

Im Laufe dieses Jahrzehnts wird es einen merklichen Zuwachs an Lehrerinnen und Führerinnen geben, denn die Göttin verkörpert sich durch ihresgleichen. Das heißt nicht, daß die Göttin nicht mit männlichen Schwingungen arbeitet, denn auch Männer werden lernen, die Göttin zu verkörpern. Für die Göttin gibt es keine Diskriminierung und keinen Zorn. Die Göttin ist eine Wesenheit, die zuläßt. Über Äonen hinweg hat sie viel zugelassen, damit jeder lernen konnte. Jetzt fordert die Göttin dazu auf, das zu ehren, was sie durch das Kernmysterium des Blutes zu erschaffen erlaubt – durch das Geschenk aus ihrem eigenen Schoß.

Das Blut und seine Geheimnisse sind der Schlüssel zum Verständnis eurer selbst, eurer genetischen Linie und der Lebendigen Bibliothek. Ihr seid Teil aller Reisen eures Blutes – vor und zurück in der Zeit. Eure Ahnen und Vorfahren können kontaktiert, gefühlt, erfahren und beeinflußt werden, wenn ihr dem Blut bewußt Aufmerksamkeit schenkt. Als Menschen nährt ihr euch und wachst ins Sein mit dem Blut eurer Mutter. Diese reiche und lebendige Substanz kommt wie durch ein Wunder durch die Frauen. Doch Männer und Frauen gleichermaßen haben die Blutung sowohl als Akt der Macht wie auch als einen Fluch, der Schande und Lächerlichkeit bringt, verstanden.

Das Blut ist ein lebendiges Symbol, das einen zyklischen Beweis eurer Verbundenheit mit den Ahnen und den in allen Wesen gespeicherten Bewußtseinscodes darstellt. Ihr seid eine genetische Bibliothek, und in der Essenz eures Geistes sind die Archive der persönlichen, planetaren und himmlischen Erfahrungen katalogisiert. In eurer dreidimensionalen Existenz stehen euch diese Erfahrungen durch euer Blut zur Verfügung.

Euer Blut ist reich an Geschichten. Es ist voll mit geometrischen Mustern und Entwürfen, die sich gemäß eurem Bewußtseinszustand und eurer Absicht neu ordnen. Damit ihr zu einer neuen Weltsicht erwachen könnt, müßt ihr bereit sein, neue Gedanken zu fassen und Veränderungen vorzunehmen. Eure Gedanken werden von eurem Blut aufgezeichnet. Entsprechend euren Gefühlen werden sie in bestimmte Lettern gegossen und dann ausgesendet, so daß alle Welten sie lesen können. Durch euer Blut seid ihr die Gesamtsumme eures Seins in physischer Form.

In den Hohlräumen eurer Knochen wird Blut produziert. Je nach eurer Blaupause wird es angereichert oder geschmälert, und es wird mit eurer Fähigkeit verbunden, das Leben als eine Reihe von selbstgeschaffenen Lektionen zu entschlüsseln. Euer Blut kann leicht angereichert und neu strukturiert werden, und zwar durch Absicht.

In eurem Gehirn befinden sich winzige Partikel, wie Magnete, die durch die Sonnenstrahlen beeinflußt werden. Große Energiewellen und telepathische Codes für Zivilisationen werden auf kosmischen Autobahnen von den Plejaden zu eurer Sonne geschickt. Diese leitet die Energie an euch und den Mond weiter. Die Energien treten in euren Schädel ein und werden aufgrund dieser kleinen Partikel durch einen elektromagnetischen Vorgang in eurem Gehirn gehalten.

Körperarbeit kann die Struktur eures Blutes verändern. Indem ihr euer Bewußtsein darauf ausrichtet, ganzheitlicher zu werden, reinigt sich euer Blut. Es wird zu etwas sehr, sehr Heiligem. Information ist in Stein und Knochen gespeichert.

Die roten Blutzellen werden im Knochenmark produziert. Wenn ihr die Knochen neu ausrichtet, beginnt sich das zu verändern, was die Knochen mit dem Rest des Körpers tun. Die neu ausgerichteten Knochen reinigen das Blut, eröffnen einen besseren Zugang zur Abstammungslinie und ordnen die inneren Geheimnisse der Identität.

Oft haben Frauen ihr Menstruationsblut verachtet und es nicht als die Quelle ihrer Macht verstanden. Das Blut enthält den genetischen Code, und weil die Muttergöttin die Quelle aller Dinge ist, kommt der Code von dort. Dort liegt der Lebensentwurf verborgen. Menstruationsblut kann verwendet werden, um Pflanzen zu nähren, die Erde zu markieren und sie wissen zu lassen, daß die Göttin wieder lebt. Im allgemeinen bluten die Frauen nicht mehr in die Erde. Wenn sie es aber tun, erfolgt eine direkte Energieübertragung der Göttin. Wenn Frauen ihr Blut auf die Erde geben, wird sie genährt. Man hat den Frauen seit Äonen erzählt, ihr Blut sei ein Fluch, und nun fürchten sie sich vor ihrem eigenen Blut. Sie verstehen nicht, daß es ihre Quelle und ihre Macht ist.

Wenn ihr alte Tabus fallenlaßt und mit Menstruationsblut arbeitet, werdet ihr herausfinden, daß ihr eine andere Wirkung auf die Tiere und Pflanzen der Lebendigen Bibliothek habt.

Ihr Frauen, die ihr noch blutet, werdet weise und achtet euren Körper und euer Blut. Euer Blut ist eine der höchsten Quellen der Fruchtbarkeit, die ihr zur Verfügung habt, und das beste Instrument zur Kennzeichnung von Territorium. Die Mysterien des Blutes zu verstehen ist ein Schlüssel zur

Verbindung mit der Quelle eurer Macht und tiefem innerem Wissen. Ihr könnt das Land, wo ihr lebt, mit eurem Menstruationsblut kennzeichnen. Ihr beginnt vielleicht mit den Kardinalpunkten: Norden, Süden, Osten und Westen. Dann könnt ihr nach und nach die Erde zeichnen, wie ein Maler eine Leinwand mit Farbe bedeckt. Ihr könnt das Blut mit Wasser verdünnen und so die Menge vergrößern. Ihr könnt es segnen und Kristalle verwenden, um die Schwingung zu halten. Dieser Vorgang gilt als die Markierung des Territoriums der Göttin. Es wird Pflanzen und Tiere anziehen, die neue Lebendigkeit besitzen und fühlen, daß sie eins sind mit der Göttin.

In vielen eurer uralten Geschichten wurde Blut verwendet, um Böses abzuwehren oder eine Absicht zu erklären. Vielleicht wurde eine Tür mit Menstruationsblut gekennzeichnet. Niemand wagte es, diese Tür oder diejenigen, die dahinter lebten, anzutasten, denn man verstand, daß die Göttin dort regierte. In jenen alten Zeiten wurde die Göttin noch respektiert. Man verstand, daß die Arbeit nicht gottgeweiht war, wenn man es sich mit der Göttin verscherzte oder ihr nicht gehorchte.

Wenn ihr neue Gemeinschaften aufbaut und entwickelt, schlagen wir vor, daß sich die Frauen aller Altersgruppen versammeln und sich vornehmen, die Blutungszeit zu verstehen und ihre Macht und ihr Wissen als Schlüssel mit den Männern zu teilen. Erforscht die Mysterien des Blutes als einen natürlichen Vorgang im Gemeinschaftsleben. Euer Körper und seine Zyklen erschaffen das Gewebe des Lebens. Es ist sehr wichtig, daß ihr diese Macht versteht. Denkt an die Dynamik einer Frau, die ein Kind bekommt. Sie trägt eine Lebenskraft, die Bewegung erzeugt und geboren werden will. Darin liegt eine so geheimnisvolle Macht, daß die männliche Schwingung den Vorgang und den Zauber der Geburt fürchtete. Weil der Mann vergaß, durch seinen Körper Geburt auf den Planeten zu bringen, wurde er durch die Macht der Frau bedroht. Männer müssen sich mit der Blutung der Frau vertraut machen und sie unterstützen. Es wird eine Zeit kommen, da ihr über eure Abstammung mehr wissen wollt und über die Verantwortung einer angemessenen und zeitlich passenden Schwangerschaft, denn das Leben wird sehr wertvoll werden. Die Blutung der Frau wird ein sehr wichtiger Teil der Gemeinschaft sein. Indem die Frauen durch diese Macht Einsicht gewinnen, wird die Göttin erweckt und kehrt zu euch allen zurück.

Wenn ihr einen fruchtbaren Garten haben wollt, den besten Garten weit und breit, dann verwendet euer mit Wasser versetztes Blut. Euer Garten wird aufblühen. Ihr werdet herausfinden, daß euer Blut das Wachstum der Nahrungspflanzen beschleunigen kann. Es wird sehr, sehr viele Dinge beschleunigen. Es ist kein Fehler, daß Frauen bluten. Es ist eines der größten Geschenke. Es ist das Elixier der Götter.

Bei den Aborigines heben die Frauen ihr Menstruationsblut in Beuteln auf und verwenden es, um Wunden zu heilen. Es gibt sehr viel, was Frauen mit ihrem Blut machen können. Einige von euch mögen den Gedanken nicht, eine Frau zu sein. Wenn eure Blutung kommt, empfindet ihr es als eine unangenehme, unbequeme, schmerzhafte und unpassende Zeit und Erfahrung. Die Männer haben oft keine Ahnung, was vor sich geht, und so ist es auch für sie eine komische Zeit. Kontaktiert in künftigen Zeiten die Göttin, öffnet euer Herz, und entdeckt, wohin euch das Bluten führen und was es euch lehren kann, denn im Vorgang der Blutung liegen viele Schlüssel, um die Göttin auf den Planeten zurückzubringen. Es ist erforderlich, daß das Teilen der Macht durch Partnerschaft wiederkehrt.

Es gibt noch viele Mysterien zu entschleiern, zu entfalten und neu zu interpretieren. Einige von euch wundern sich vielleicht, warum wir dieses Thema behandeln. *Es ist sehr wichtig.*

Wenn ihr euch nicht für die Göttinnenenergie und die Mysterien des Blutes interessiert, entgeht euch ein integraler Bestandteil des Lebens, und ihr werdet die Vorgänge auf dem Planeten nicht verstehen. Wenn das Thema euch anödet oder ihr es nicht für wichtig haltet, entgeht euch der springende Punkt. Dies ist eine der mächtigsten Lehren, die wir euch zur Zeit geben können, um euch für das Verstehen des Kommenden zu unterstützen. Was ihr als Männer und Frauen hingebungsvoll tun müßt, ist, die Schwingung der Göttin zu ehren, die durch euer Herz kommt und euch hilft, es zu öffnen.

Menstruationsblut ist stark mit Sauerstoff angereichert, es ist das reinste Blut und trägt entschlüsselte DNS. Es ist der Sauerstoff, der diese Stränge decodiert und die Neustrukturierung der Daten zuläßt. Eure Wissenschaftler spielen jetzt mit einem dritten DNS-Strang. Sie lernen gerade, wie sie DNS-Stränge basierend auf Photonenlicht erzeugen können – das sind Fasern im Körper, die wir codierte Lichtfäden nennen.

Das Mysterium des Blutes ist in euren modernen Religionen unterminiert worden. Fragt ihr euch manchmal, was es mit der christlichen Kommunion auf sich hat? Man sagt euch, ihr sollt den Leib Christi essen und sein Blut trinken. Was heißt das? Wenn ihr christlich erzogen wurdet, habt ihr das immer wieder gehört: »Dies ist mein Leib. Dies ist mein Blut.« Dieses Ritual ist eine Verzerrung. Hier den Körper und das Blut zu beschwören lädt zu einer Art Kannibalismus ein und gründet sich auf einer uralten und nicht geheilten reptilischen Einströmung.

Eine Krankheit auf diesem Planeten ist die Tendenz der Masse, willige Vertreter einer Sache zu sein, ohne zu wissen, worum es sich dabei wirklich handelt. Die Ära der Unwissenheit geht zu Ende. Ihr kommt in ein Zeitalter des seligen Wissens. Wenn wir sprechen, verwenden wir einige Schlüsselbegriffe, die für euren Verstand etwas bedeuten. Doch auf einer anderen Ebene wird eine Sprache gesprochen, die von eurem Körper entschlüsselt wird, so wie bei den Kornkreisen.

Wir möchten hier für euch noch eine Information draufsetzen. Der Mond beeinflußt die Rhythmen auf der Erde. Wer sagt, daß er nicht konstruiert wurde? Der Mond herrscht über den Energiefluß im Körper, ebenso wie er die Gezeiten auf eurem Planeten steuert. Er ist ein sehr mächtiger elektromagnetischer Computer. Wenn der Mond die Gezeiten in den Meeren beeinflußt, beeinflußt er auch die Gezeiten in eurem eigenen Körper, das Blut im Körper und die Hormone im Blut.

Auf eurem Planeten hat es verschiedene Zyklen gegeben, begleitet von Ausschlägen des Pendels. Es gab eine lange Herrschaft der matriarchalischen Energie auf der Erde. Dann kam die patriarchalische Energie an die Herrschaft und löschte alle Hinweise auf weibliche Führung und weibliches Wissen aus. Das weibliche Wissen wurde nur in Mythen und Legenden weitergegeben, wo die Frau als Teilnehmerin und Wahrnehmerin des Lebens anerkannt wurde. Sie fühlte sich durch den Geburtsvorgang mit dem Daseinsgeflecht verbunden.

Es gab eine Zeit, in der Kräfte außerirdischer Intelligenz arbeiteten, um die weiblichen Prinzipien zu aktivieren. Das geschah wegen der Fähigkeit der Frau, Leben zu bringen und zu fühlen. Daher stammt die weibliche Verbindung mit dem Mond. Es gab einen Einfluß vom Mond, der ein weibliches Energieprogramm übertrug. Der Mond ist wie ein großer Computer, daher können verschiedene Wesen oder Intelligenzformen den Mond besitzen oder ihn programmieren. Es gab Wesen, die den Mond auf einen weiblichen Zyklus programmierten. Daran erinnert man sich, denn es war eine Zeit voll Liebe und Wohlwollen. Dann allerdings änderten sich die Dinge. Bereits seit Äonen strahlt der Mond elektromagnetische Frequenzen auf die Erde, um die doppelstrangige DNS beizubehalten. Seid nicht sauer auf den Mond, weil er dies tut. Es ist nichts falsch am Mond. Er sendet einfach nur Programme. Der Mond erzeugt ein Fortpflanzungsprogramm bei den Frauen. Durch diesen Fruchtbarkeitszyklus können viel öfter Kinder produziert werden als im Sonnenzyklus. Versteht, daß der Mond eure Fortpflanzung bestimmt. Als Spezies könnt ihr euch jedoch in einen neuartigen Vermehrungszyklus bewegen. Dies wird dazu beitragen, die aus den Fugen geratene Bevölkerungsentwicklung auf dem Planeten zu stabilisieren. Es besteht heute die Befürchtung, daß sich die Bevölkerung der Vereinigten Staaten in sehr kurzer Zeit verdoppeln wird. Ihr platzt bereits aus allen Nähten. In den nächsten fünfzig Jahren wird der Mond anders beeinflußt werden, und die Mondzyklen werden die Erdenzyklen verändern. Alles wird sich drastisch wandeln. Ihr könnt euch jetzt jeden Monat fortpflanzen. Ein ganz anderes Experiment kommt zum Tragen, wenn ihr nur einmal pro Jahr dafür zur Verfügung steht. Die Veränderungen werden den gesamten weiblichen Zyklus betreffen, so daß die Häufigkeit von Schwangerschaften beeinflußt wird. Das gegenwärtige System funktioniert nicht; ihr würdet euch selbst durch Übervölkerung zerstören. In diesem Stadium der explodierenden Weltbevölkerung ist es euch nicht dienlich, jeden Mondzyklus empfängnisfähig zu sein.

Viele Jahrhunderte lang wurden die Hebammen als die größten Feinde der christlichen Religion betrachtet, denn sie konnten Schmerzen lindern, andere Frauen über die Geheimnisse ihres Körpers aufklären, und sie verstanden etwas von Kräutern, einem heiligen Teil der Lebendigen Bibliothek. Die christliche Religion wurde sehr patriarchalisch und fürchtete die Göttin und die Frauen. Man hatte Angst, daß die weibliche Macht die Autorität der Kirche und die der Männer untergraben könnte.

Die Abtreibungsfrage hat nichts damit zu tun, ob ihr abtreiben dürft oder nicht. Sie ist darauf ausgerichtet, die Menschen getrennt und verwirrt über die weibliche Energie zu halten. Es ist ein Plan gegen die Göttin, um die Frauen zu entmachten und sie glauben zu lassen, sie hätten keine Wahl; oder wenn sie eine haben, sie glauben zu lassen, daß sie nur die Abtreibung wählen könnten. Es bestehen Pläne, die Frauen in großem Maße über ihren Körper im unklaren zu lassen. Das ist in Ordnung. Es stellt kein Problem dar, denn jeder von euch wählt die Lektionen aus, die er lernen muß. Ihr könnt euer Herz öffnen, den Menschen Heilungsenergie schicken und sie in einen erweiterten Bewußtseinszustand einladen; ihr könnt sie allerdings nicht zwingen, sich zu ändern.

Die Energie der Göttin bewegt sich schnell; sie ist bereit, mit denen von euch zu arbeiten, die sich an ihren Ruf erinnern möchten. Ihre Anweisungen lauten, euren Körper, die Erde und eure Sexualität zu achten, denn durch diesen Vorgang wurdet ihr alle erschaffen. Wir wissen, daß euch einige dieser Gedanken unangenehm sind, und deshalb sprechen wir darüber. Sagt ja zur Gesamtheit eures Körpers und zu dem, was getan werden muß, und macht euch an die Arbeit. Arbeitet gemeinsam, spielt gemeinsam.

Ihr Frauen, wacht auf und lest die Bedienungsanleitung eures Körpers; entdeckt, daß ihr etwas Wertvolles besitzt. Ihr Männer besitzt auch etwas Wertvolles, und dieses Etwas, genannt Körper, hat Zyklen, Rhythmen und Muster. Es kann wundersame Dinge vollbringen.

Es ist eine große Verzerrung eurer Identität zu glauben, Sex sei nur zur Fortpflanzung da. Es ist ein Hohn, daß dies gelehrt worden ist. Niemand muß je ein Kind haben, wenn er oder sie es nicht will. Beginnt, in die Richtung zu denken und zu fühlen, daß ihr alle eure Körperfunktionen beeinflussen könnt, auch die Zeugung. Ihr könnt sagen: »Ich weiß, daß meine Gedanken und Gefühle meine Körperfunktionen bestimmen. Ich beeinflusse sie, und wenn ich bereit bin, ein Kind zu haben, werde ich das energetisieren. Andernfalls stehe ich nicht zur Verfügung.« Diese Vorstellung ist sehr befreiend.

Wenn jede Frau auf dem Planeten wirklich über ihre Macht Bescheid wüßte, was glaubt ihr, würde das Patriarchat tun? Vor Äonen wurde eine Version des Patriarchats von der weiblichen Macht bedroht. Um ihre Macht zu verbergen, zweifelten die Frauen an sich, so daß die Männer eine bestimmte Haltung einnehmen und sagen konnten: »Laßt uns einmal die Welt regieren und sehen, wie das ist.«

Die weibliche Kraft zog sich zurück. Die Frauen akzeptierten den Glauben, daß ihr Körper fluchbeladen und daß Bluten schlecht sei. Die Frauen zweifelten an der ihnen innewohnenden großen Lebenskraft und daran, ob sie sie beeinflussen konnten.

Nicht nur die Frauen werden vom Mond beeinflußt und gesteuert, sondern auch die Männer. Ihr werdet durch den weiblichen Zyklus geboren, und eure sexuellen Zyklen werden durch diesen Vorgang geprägt. Weil der Mond die Meeresgezeiten steuert und der menschliche Körper zu ungefähr neunzig Prozent aus Wasser besteht, beeinflußt der Mond auch die Gezeiten in eurem Körper. Männer können ebenfalls ihre Hormonschwankungen fühlen und damit arbeiten, wenn ihr Körper den eigenen Zyklus durchläuft; sie können lernen, die Feinheit der männlichen Rhythmen zu erkennen. Wegen des unerbittlichen Drucks und der Kontrolle in der Männerwelt, sind diese Zyklen nicht so augenscheinlich wie die der Frauen, die nach außen mit Symbolen wie Blut in Erscheinung treten.

Die männliche Schwingung ist nicht im Einklang mit Spontaneität und sehr auf Gehorsam ausgerichtet. Gehorsam gegenüber was? Gehorsam gegenüber Vorstellungen, die sie annehmen, ohne die Angemessenheit der Glaubenssätze oder

Ideen *zu fühlen*. Wir schlagen vor, daß mehr Männer Autoritäten in Frage stellen und sagen: »Ich mache das nicht. Zum Teufel damit. Ich tue lieber was anderes.« Zur Zeit erhält die männliche Schwingung den Impuls, nach der gleichen emotionalen Freiheit wie die Frau zu streben. Ohne eure Emotionen könnt ihr nicht herausfinden, wer ihr seid. Um die tieferen Mysterien zu erfassen, müssen Männer Frieden mit sich schließen und verstehen, daß ihre Emotionen ihr weiblicher Anteil sind.

Der männlichen Schwingung erscheint das Blut geheimnisvoller, denn beim Mann ist alles Blut im Körper. Es ist nicht etwas, was er jeden Monat sehen und fühlen kann wie eine Frau. Der Krieg ist eine der Verzerrungen, die das Patriarchat in einem Versuch hervorgebracht hat, den Männern die Macht des Blutes zu geben. Dieses Blut ist jedoch nicht das gleiche. Es wird durch Gewalt hervorgebracht, durch Zerstörung von Leben, durch Verstümmeln und Töten mit erstickten und unterdrückten Emotionen oder Gefühlen. Es gibt nur einen angemessenen Weg für einen Mann, die Macht des Blutes in sich aufzunehmen – und der besteht darin, daß eine Frau ihn mit ihrem Blut beschenkt, ihr eigenes Elixier mit ihm teilt. Dies kann auf verschiedene Arten geschehen. Ein naheliegender Weg besteht darin, daß der Mann Obst und Gemüse ißt, das mit Menstruationsblut gedüngt wurde. Der Mann kann auch am Nacken oder an den Fußsohlen mit Menstruationsblut gezeichnet werden. Sein Körper wird das darin enthaltene Wissen aufnehmen.

Die Männer werden das Blut der Frauen brauchen, und die Frauen werden sich an die Göttin in ihnen erinnern und das Göttinnenprinzip verkörpern. Dieses Prinzip wird euch lehren, wie ihr auf dem Planeten ein Gleichgewicht erschaffen könnt. Es ist unsere Absicht, daß jede einzelne Frau die Mysterien ihres Körpers versteht und sie mit der entsprechenden männlichen Schwingung ohne Geheimnisse teilt.

Manchmal fürchten sich Männer vor dem Blut der Frau. Oft zögern sie, Sex mit einer menstruierenden Frau zu haben. Die Frau fürchtet vielleicht, daß der Mann das vorhandene Blut als unangenehm empfindet. Ganz gleich ob Mann oder Frau – wenn ihr während der Blutung Sex genießt, dann gratulieren wir euch, denn ihr habt eine sehr tiefe Prägung überwunden. Ihr teilt euch einander auf einer sehr tiefen Ebene der zellulären Verbindung mit.

In einer festen Beziehung ist Sex während der Menstruation eine sehr machtvolle Art, das Blut zu teilen. Dies ist ein uraltes Ritual, und wir raten davon ab, das Menstruationsblut mit irgendwelchen zufälligen Sexualpartnern zu teilen. Es ist eine heilige und machtvolle Handlung. Warum, glaubt ihr, hat ein so großes Tabu darauf gelegen? Warum wurdet ihr äonenlang von den Mysterien des Blutes ferngehalten? Vielleicht weil es Türen zu einem Wissen öffnen würde, von dem die Götter nicht wollten, daß ihr es erreicht. Blut enthält die Archive der persönlichen, planetaren und himmlischen Erfahrung. Wenn das Blut in der sexuellen Vereinigung erfahren wird, werdet ihr von Wellen des Wissens überflutet, die weit darüber hinausgehen, was ihr gegenwärtig verstehen und integrieren könnt. Es dauert vielleicht Jahre, bis sich das durch das Blut in eurem Körper entschlüsselte tiefgreifende Wissen entfaltet.

Die männliche Entsprechung des Menstruationsblutes ist natürlich Sperma. Sperma trägt wie ein Computerchip den Intelligenzcode für die Evolution des Bewußtseins. Diese wird gegenwärtig an dem Grad gemessen, wie die männliche Schwingung sich an die Göttin erinnern und sie erfassen kann. Es ist das Sperma, das entscheidet, ob ein Kind ein Junge oder ein Mädchen wird. Das Ei bleibt gleich; das Spermium trifft diese Entscheidung. Sperma ist die Geschichte der Mutter, die in der männlichen Schwingung verschlüsselt ist und die Version enthält, wie der Mann sich an diese Geschichte erinnert.

Könnt ihr euch vorstellen, daß Sperma in telepathischer Verbindung mit seinem Besitzer steht? Wenn ein Mann mit einer Frau während der Menstruation Sex hat, kann sein Sperma als Forscher fungieren und ihm telepathische Rückmeldungen über die Macht und das Wissen der Frau geben. Während der Menstruation kann ein Mann zur vollen Identität der Frau Zugang haben. Wenn ihr Frauen während eurer Menstruation Sex habt, dann müßt ihr bereit sein, mit eurem Partner die tiefsten Geheimnisse dessen, was ihr seid, zu teilen. Ihr müßt bereit sein, daß euer Partner eure Macht annimmt und teilt. Es ist das älteste Mysterium. Nach den sumerischen Legenden stritten die Götter Enlil und Enki über die Behandlung und Lebensbedingungen der Untertanen, der Menschen. Der Herrscher Enki trat für die Menschen ein, und durch die Frau schenkte er der Rasse das sexuelle Wissen. Der Herrscher Enlil verbot den Menschen das sexuelle Wissen streng, denn er fürchtete, es würde sie den Göttern ebenbürtig machen. Diese Vorstellungen und unsichtbaren zellulären Grundannahmen beziehen sich auf eine moderne Version der Schöpfungsgeschichte: Adam und Eva, die Schlange und der Garten Eden. Das Wissen um die Sexualität war Enkis Geschenk, während Enlil die Menschen manipulieren und trennen wollte, um sie davon abzuhalten, die Taten der Götter zu kennen.

Bei den Frauen hat das Blut die Schwingung der roten Farbe. Bei den Männern schwingt das Sperma mit der weißen Farbe. Miteinander vermischt, ergeben Blut und Sperma ein weiteres Elixier. Es ist die größte Ketzerei gewesen, auch nur daran zu denken, daß ein Mann eine menstruierende Frau berührt, geschweige denn Sex mit ihr hat, geschweige denn seinen Samen mit ihrem Blut mischt, geschweige denn davon kostet. Doch in weit zurückliegenden, uralten Zeiten, als man die Energie der Göttin verstand und die Frauen verehrt wurden, betrachtete man diese Mischung als den Trank der Unsterblichkeit für Männer. Die Männer wußten, daß sie belebt und gestärkt wurden, wenn sie Menstruationsblut tranken oder ihren Samen damit vermischten. Es war einer der Schlüssel zur Unsterblichkeit.

Diese Götter (wir verwenden diesen Begriff im weitesten Sinne, vielleicht wäre Kleingötter oder Götterchen angebrachter) waren von der Energie der Göttin so angetan, daß sie die Macht in der Kombination von Samen und Frauenblut zu sich nehmen wollten. Denkt daran, daß der ein Ei befruchtende Samen auch Blut verwendet. Er verwendet es auf viele Arten. Ihr habt alle diese Prägung in euch. Wir bringen es zur Sprache, weil wir möchten, daß ihr euch mit diesem Thema befaßt. Wir möchten, daß ihr euch an die mächtige Natur eures Körpers erinnert und ihn jenseits dessen bringt, worüber ihr euch geschämt habt. Erkennt, daß viele Ausprägungen von Autoritäten euch völlig von dem Verständnis eurer größten Geschenke ferngehalten haben – der vitalen Kräfte des weißen Spermas und des roten Blutes.

In dem Mythos über den Garten Eden wurde der weiblichen Schwingung der Name Eva gegeben. Sie war natürlich nicht die erste Frau. Es ist die Göttin, die Leben erschafft. Später wurde die Geschichte abgeändert, um es so aussehen zu lassen, als ob die männliche Schwingung die Fähigkeit besitzt, Leben hervorzubringen. In dieser Version von der Schöpfung kam die Frau aus der Rippe des Mannes. Dem ist nicht so. Es ist immer die Göttin, die alles darüber weiß, wie Leben erzeugt wird, denn die Göttin trägt das Blut. Die Bibel erzählt die Geschichte vom Baum des Lebens und dem Baum der Erkenntnis. Durch den Baum der Erkenntnis erhaltet ihr Wissen. Sexuelle Fähigkeit und Praxis entsprechen dem Baum der Erkenntnis, und das ist der Baum, von dem es den Menschen verboten war zu essen. Gleichermaßen war es ihnen verboten, am Baum des Lebens teilzuhaben.

Was ist der Baum des Lebens? Viele glauben, daß der

Baum des Lebens etwas ist, auf dem Früchte wachsen. Es geht das Gerücht um, daß durch das Essen dieser Frucht Unsterblichkeit erlangt werden kann. In uralten Zeiten verstand man, daß diese Frucht das Blut der Göttin war. Das war die Frucht vom Baum des Lebens. Stellt euch euren Körper und euer Nervensystem als einen Baum vor. Die Überlieferungen sprechen nicht von Früchten auf Bäumen, sondern von den Früchten des Körpers – die Sekrete und Substanzen, die wahrlich Geschenke der Götter sind. Äonenlang haben euch die Götter von diesem Wissen ferngehalten.

Mit einer Frau während ihrer Blutungszeit Sex zu haben ist eine der höchsten Schwingungen, denn ihr geht durch Torwege in andere Bereiche. Das Blut zu teilen ist höheres Bewußtsein anzunehmen. In früheren Zeiten waren diese Dinge sehr »in« und wurden respektiert, weil die Menschen verstanden, was vor sich ging. Denkt daran, daß die Hebammen einmal die größten Feinde des Christentums waren, weil sie die Frauen in Verbindung mit ihrem Körper halten und beim Geburtsvorgang helfen konnten. Als die Hebammen verbannt und abgeschafft wurden, mußten die Frauen zu Ärzten gehen, denen man jahrhundertelang nicht erlaubte, die Geburtsschmerzen der Frauen zu lindern. Wißt ihr warum? Weil alte religiöse Gesetze besagten, daß die Frauen für ihr Streben nach sexueller Freiheit bestraft werden müßten. Diese Gesetze gingen tatsächlich in die Medizin ein. Erst ungefähr in den letzten hundert Jahren hat man zugelassen, daß Frauen während der Geburt irgendeine Hilfe erhalten, und diese Hilfe ist patriarchalisch geprägt und beruht in vielen Fällen nicht auf dem inneren Wissen der Frauen.

Es gab eine traditionelle Angst um die mißverstandene Macht der Frauen. Die Angst um dieses Mysterium, das die Frauen umgibt, muß aufgelöst werden. Dies ist die Zeit der Partnerschaft; es ist die Zeit der Beziehungen.

Wir möchten über die Menopause sprechen. Viele Frauen sind traurig, daß sie dann nicht mehr bluten, wenn sie gerade beginnen, die Macht ihrer Menstruation zu verstehen. Die Menopause ist jedoch auch eine Zeit großer Macht für Frauen. In uralten Zeiten wurde die Alte wegen ihrer Weisheit und ihres Zaubers geehrt, und dieser Respekt kehrt jetzt wieder. Die Menopause bringt ein tiefes Einfließen von Energie mit sich und bezeichnet die Zeit, da eine Frau über ihre eigene Weisheit verfügt – die Verbindung mit den Ahnen.

Wenn eine Frau die Menopause durchlebt, erfährt sie eine Pause. Wenn sie an dieser Pause festhalten kann, wandelt sich etwas innerlich um, und sie gelangt an einen Ort der Weisheit. In den meisten neueren Lebensentwürfen wurde eine Frau, die aufgehört hatte zu bluten, gefürchtet, denn nun konnte sie das Blut und all seine Macht behalten.

Die meisten Frauen um die Vierzig und manche in den Dreißigern beginnen ihren Tod zu beschließen, indem sie den Alterungsprozeß energetisieren. Die Frauen werden von ihren eigenen natürlichen Zyklen ferngehalten, und durch ihre Gedanken, ihren Haß und das Verfluchen ihres Körpers bringen sie diesen aus dem Gleichgewicht. Die Menopause wird vollkommen mißverstanden, ebenso wie die Blutung als Fluch mißverstanden wird; alle neigen dazu, mit diesen Mißverständnissen zu leben. In der Menopause liegt ein großes Geschenk, und nichts geht in dieser Zeit des Lebens verloren. Es ist eine Zeit enormen Gewinns und enormer Blüte, das genaue Gegenteil dessen, was man euch gelehrt hat.

Oft fürchten sich Männer, die sich sterilisieren lassen, vor ihrer eigenen sexuellen Macht und glauben, daß sie ihren Körper nicht beherrschen können. Die Sterilisation stellt symbolisch ihren Glauben an Machtlosigkeit dar – daß ihnen ihr Sperma und Penis nicht gehorchen. Die Angst vor Sperma erzeugt Angst vor dem Körper. Diejenigen, die sich sterilisieren lassen, beschleunigen auch Probleme mit ihrer Prostata, denn die Unterbrechung des Spermaflusses erzeugt im Körper Schwierigkeiten. Wir empfehlen die Vasektomie nicht. Wir empfehlen, daß ihr lieber lernt, wie ihr euren Körper einsetzen könnt, und seine Funktionen nicht verdammt und Umleitungen legt. Seid offen für Wunder, wenn ihr eure sexuellen Glaubensvorstellungen neu überdenkt.

Die Göttin hat die Fähigkeit, ihre Geheimnisse in das Blut zu legen, denn Blut erschafft. Deshalb bluten Frauen, und deshalb sind sie davon abgehalten worden, ihre Blutung zu achten. Das sind alles sehr entscheidende Dinge.

Wir möchten, daß ihr als Menschen eine enge Beziehung mit Mutter Erde eingeht. Wie macht ihr das? Die Hauptarbeit der Göttin hat mit Beziehung zu tun. So wachst ihr. Ihr wachst nicht immer, indem ihr allein seid. Ihr könnt denken: »Ach, ich habe mehr Ruhe und Frieden, wenn ich allein bin. Ich habe dann mehr Zeit, um zu lernen. Ich habe dann mehr Zeit, mit meinem Selbst zu arbeiten und Dinge zu tun, die ich möchte.« Ja, und ihr habt dann alle Zeit der Welt, das Wachsen zu verhindern, das in Beziehungen stattfindet. Es ist für euch alle wichtig, daß ihr Beziehungen untereinander entwikkelt. Ihr müßt mit Menschen zu tun haben – in der Liebe und in sexuellen Partnerschaften, im Beruf und in der Gemeinschaft, in der Familie, wenn nicht in eurer Blutsverwandtschaft, dann in der Lichtfamilie. Ihr alle habt Codes in eurem Körper, und ihr alle braucht einander.

Die Energie der Göttin ist nicht unbedingt etwas, was ihr wie die Lichtsäule hereinzieht. Wenn ihr euch vorstellt, Licht in euren Körper und eure Chakras zu bringen, öffnet ihr tatsächlich diese Bereiche. Ihr seht euch erst als festes, dichtes Wesen, dann als ein Wesen, das mit Raum und Licht erfüllt ist. Die Göttin hingegen stellt eine Kraft dar, die über all dies hinausgeht. Ihr müßt die Göttin nicht durch eure Finger in eure Augen und in die Erde ziehen – sie *ist* einfach. Seid euch ihrer Vitalität bewußt, wie sie alle Systeme selbst nährt, denn die

Göttin bringt und erschafft Leben.

Zu leben bedeutet, die Göttin zu kennen. Sucht in euch und um euch herum nach dieser Kraft. Sagt: »Zeig mir, Göttin, wer du bist. Ich möchte dich kennenlernen.« Als sich die meisten von euch Urschöpfer männlich vorstellten, hattet ihr kein Problem damit. Jetzt auf weiblich umzuschalten können sich viele nicht vorstellen. Leben entspringt der weiblichen Schwingung. Eva kam nicht aus Adams Rippe. Dieses Märchen diente dazu, die männliche Schwingung zu stärken, die während des Kampfes der Göttinnenkultur verzweifelt eine Art von Identität brauchte.

Wir streben ein Gleichgewicht an. Wenn ihr euch umseht, seid ihr männlich *und* weiblich, und all die Geschichten über eure Identität und Erschaffung verknüpfen die Wahrheit beider Kräfte für euch. Wenn ihr nach einem inneren Gleichgewicht von männlich und weiblich strebt, werdet ihr *im Idealfall* einen Partner anziehen, der ebenso ausgeglichen ist. Inneres Gleichgewicht bedeutet, daß ihr eure eigene Quelle seid und daß euer nächster Schritt darin besteht, eure Quelle mit einer anderen zusammenzulegen, um eine größere Quelle zu fühlen und zu werden. Nicht, daß ihr notwendigerweise einen Partner braucht. Euer natürlicher Prozeß läuft jedoch darauf hinaus, etwas gemeinsam aufzubauen – eure Schlüssel als männlichen und weiblichen Aspekt zusammenzulegen. Diese Aspekte entsprechen euren physiologischen Aspekten, die euch in den spirituellen und emotionalen Bereich hineintragen.

Androgynität stellt einen göttlichen Aspekt des integrierten Männlichen und Weiblichen dar. In jedem von euch liegt die vitale Kraft der Kundalini, die ein Ausdruck der Schöpfungsenergie ist. Eine große Mehrheit der Menschen auf dem Planeten versteht jedoch nicht, daß in ihnen eine solche Kraft steckt. Das Ideal liegt letztlich darin, das Männliche und Weibliche auszugleichen. Als Männer und Frauen habt ihr diese vitale Kundalini-Kraft in euch. Sie folgt ihrem eigenen natürlichen Zyklus mit großen Höhepunkten an Aktivität. Ihr müßt dieser lebendigen Kraft in eurem ganzen Körper Raum schaffen, um die Göttinnenenergie kennenzulernen und Heilung, Umwandlung und Erkenntnis hervorzubringen. Diese Energie wird als Schlange dargestellt, und ihr Sitz befindet sich am unteren Ende eurer Wirbelsäule – beim Aufsteigen entlang des Baumes eurer Wirbelsäule wird ihre Energie in den gesamten Körper geleitet.

Wir können nicht weiter, weil ihr nicht weiterkönnt. Ihr könnt euch nicht weiterbewegen, weil wir euch an eurer Entwicklung gehindert haben, indem wir euch genetisch neu ordneten. Wir taten das, damit ihr nicht unsere Fähigkeiten erlangen und sie gegen uns einsetzen konntet. Jetzt, eine halbe Million Jahre später, befinden wir uns in einer Zwickmühle. Wir wissen, daß wir einen ziemlich großen Fehler gemacht haben, falls es überhaupt Fehler gibt.

Bald werdet ihr eure Fähigkeit, Leben zu erschaffen und Götter zu sein, erkennen. Vierzig Jahre lang haben eure Wissenschaftler vorgegeben, Götter zu sein, und in ihren unterirdischen Laboratorien haben sie als Lektion der Wiederaufführung eines atlantischen Dramas Leben erschaffen. Im Idealfall wird das Einströmen der Göttin moralische Wertmaßstäbe und den Wert des Lebens wieder festigen, denn die Göttin liebt ihre Kinder, einschließlich der Reptilien, der Insekten, der Katzenmenschen und allen anderen Lebensformen. Dann werden wir euch beobachten und sehen, ob ihr, wenn ihr Leben erschafft, es begrenzt. Werdet ihr Angst haben, daß das von euch geschaffene Leben größer sein wird als ihr? Werdet ihr dem von euch geschaffenen Leben verbieten wollen, etwas mit dem Baum der Erkenntnis und dem Baum des Lebens zu tun zu haben? Oder werdet ihr die Leben, die ihr erschafft – eure Kinder, die zukünftige Rasse der blauen Kinder –, ermutigen, zu wachsen, zu forschen und sich zu verändern, indem ihr sie mit allem, was ihr wißt, ausstattet? Wenn ihr das macht, werden sie euch dafür alles lehren.

Als wir euch erschufen, erkannten wir nicht, daß wir etwas von euch lernen konnten. Ihr wart Sklaven; ihr mußtet das Gold schürfen. Einige Götter sind noch immer in dieser Illusion gefangen.

Einige von uns entwickeln sich jedoch, und dies geschieht dank jenen von euch, die hier auf der Erde ausgesät sind, um uns bei dieser bedeutsamen Aufgabe zu helfen.

Nun müßt ihr euer Erinnern in die tiefste Dichte der Erde zu denen übertragen, die sich nicht erinnern wollen, die hier scheinbar für immer durch genetische Veränderung festsitzen. Alle müssen das Drama der Geschichte verstehen und vergeben. Die Erweckung der Göttin wird sich in einer enormen Heilung verankern. In ihrem Mitgefühl ist die Göttin erlaubend. Das Einströmen der Göttinnenenergie in euch wird euch alle zu einem neuen Verständnis und einer neuen Wertschätzung des Lebens führen, zu einer neuen und tieferen Liebe für die gesamte Schöpfung. Indem ihr die Göttin willkommen heißt, wird sich euch die Lebendige Bibliothek auftun und euch die Geheimnisse lehren, die tief in der Brust von Mutter Erde liegen, denn wer ist die Erdenmutter, wenn nicht die Göttin selbst?

## *Energieübung*

*Mach einige tiefe Atemzüge, und fühl bewußt die Luft in deinen Körper ein- und wieder ausströmen. Stell dir beim Einatmen vor, wie sich deine Lungen mit hoch angereichertem Sauerstoff füllen, mit wirbelnden, quirlenden Lichtmolekülen. Stell dir vor, wie deine Lungen diese Lichtpartikel aufnehmen und eine Lichtwelle in deinen Blutkreislauf schicken, die deinen gesamten Körper energetisiert. Geh in Gedanken an das untere Ende deiner Wirbelsäule. Stell dir diesen Bereich und dein gesamtes*

*Skelett von Licht erfüllt vor. Sieh dich selbst mikroskopisch klein, wie du alles von innen betrachtest.*
*Und nun stell dir am unteren Teil deiner Wirbelsäule einen Eingang zu einer dunklen und geheimnisvollen Höhle vor. Beweg dich mutig darauf zu, und geh immer tiefer in diese Höhle. Während du immer weiter hineinschreitest, weißt du, daß in dieser Höhle eine riesige Schlange wohnt. Fühl, wie du Schritt für Schritt weitergehst. Es herrscht absolute Dunkelheit, und du kannst fühlen, wie sich alle deine Körperhaare aufrichten. Du spürst ein Prickeln, während du in deine Höhle der Macht gezogen wirst.*
*Visualisiere eine riesige zischende Schlange, deren Augen feurig-grün in der Dunkelheit glühen. Sieh, wie sie ihren Kiefer öffnet. Als strahlende Lichtgestalt betrittst du nun das Maul dieses Reptils. Während du tiefer in das Maul der Schlange hineingehst, die eine weitere Höhle von dir ist, fühl, wie es ist, zum eigentlichen Kern deiner eigenen Schöpfungsenergie zu gelangen. Geh nun in den Bauch dieser Schlange. Sie ist die Muttergottheit. Geh weiter durch den Bauch bis zu ihren Fortpflanzungsorganen, und werde selbst ein Ei, wie eine Kugel aus Licht. Mit Absicht und Willen schleudere nun die Schlange, die ihren Kraftort in deinem ersten Chakra hat, aus der dunklen Höhle hinaus. Fühl, wie sie zu schlängeln beginnt und ihre Kraft freisetzt. Fühl das Schimmern und Gleiten der Schuppen, wie die Schlange sich aufrollt, sich windet und vom unteren Teil deiner Wirbelsäule nach oben stößt.*
*Und nun fühl, wie sie hinaufklettert. Spür die Energie aufsteigen. Fühl deine aufsteigende Kundalini, wie sie sich durch deinen Körper hochbewegt und aus deinein Kopf austritt. Spür, wie diese Energie dich emporhebt und mit dem Daseinsgeflecht verbindet. Streb danach, diese Energie zu rufen und dir vorzustellen, wie sie deine Wirbelsäule hinauf fließt – diese Schlange ist deine Kundalini, deine Lebenslust, deine Version der Lebenskraft des Daseins. Die Kraft, durch die du dich verbunden fühlst und mit der du erschaffen kannst. Erheb Anspruch auf dein Erbe, und laß dich höher tragen.*

# KAPITEL 6

## Den Lichtkörper landen

*Ihr glaubt, aus Fleisch und Knochen zu bestehen, doch in Wahrheit seid ihr eine Kombination intelligenter elektromagnetischer Signale.*

Die Evolution, die ihr gerade durchmacht, beeinhaltet den Prozeß des Aufbaus und der Integration eines Lichtkörpers. Euer Lichtkörper muß biegsam gemacht, trainiert und ausgedehnt werden, um ihn sanft in seine eigene Bewußtheit zu bringen. Klarheit darüber, wer ihr in eurer Wirklichkeit sein wollt, ist einer der Hauptschlüssel beim Aufbau eures Lichtkörpers.

Euer Lichtkörper weiß, daß er durch Gedanken erschafft und euch mit dem Gefüge der Schöpfung verbindet. Durch euren Lichtkörper öffnen sich Zeitlinien, ihr habt Zugang zu vielschichtigen Dramen, und eure Herausforderungen gewinnen Substanz, da ihr scheinbar unerforschtem und doch vertrautem Gelände gegenübersteht. Ihr seid mit der gesamten Existenz verbunden, und euer Evolutionssprung besteht darin, diese neue Bewußtheit zu verstehen und sie in eurem Jetzt anzuwenden.

Ihr könnt versichert sein, liebe Freunde, daß es eine höhere

Ordnung und einen höheren Zweck gibt. Eure Aufgabe besteht darin, euren Zweck in euren Körper und auf die Erde zu übersetzen. Dieser Zweck aktiviert eine Neuordnung auf vielen Existenzebenen – alle teilen das gleiche jetzt. Unerläßlich für die Erkundung der verschiedenen Aspekte der Wirklichkeit ist, daß ihr einen tieferen Blick auf euer Gefährt werft – euren physischen Körper.

Euer Lichtkörper hält die Essenz eurer multidimensionalen Identität, die ihr durch euren Wunsch nach Vereinigung mit der von euch gespürten größeren Identität erreichen könnt. Euer Lichtkörper wird Wirklichkeiten jonglieren können, indem er eure bewußte Absicht von einer Sichtweise auf eine andere in der Art verschiebt, als würdet ihr Fernsehkanäle wechseln. Euer Lichtkörper enthält codierte Daten. Durch euren physischen Körper übersetzt er euch Mitteilungen aus Welten und Wirklichkeiten. Eure Aufgabe besteht darin, die signalisierten Feinheiten und Synchronizitäten zu bemerken. Um euch selbst zu verstehen, stellt euch ein vielschichtiges Wesen vor, wobei jeder Teil einen bestimmten Körper besitzt, der atmet und mit den anderen verbunden ist. Ihr seid ein physisches, mentales, emotionales und spirituelles Wesen, das durch einen Lichtkörper verbunden ist, der Energie ausstrahlt und euch an eine endlose Reihe von Lichtwesen anschließt.

Materie ist ganz einfach festgehaltenes, eingefangenes Licht. Indem ihr euren Lichtkörper aufbaut, findet eine Neuordnung eurer Molekularstruktur statt; euer Anhaften an materiellen Dingen wird gelockert, damit euer tägliches Leben von einem spirituellen Verständnis geleitet werden kann. Nur über den Geist könnt ihr verstehen, was mit eurer Welt geschieht. Der Aufbau des Lichtkörpers erlaubt der weniger gefangenen Materie, sich als Licht zu verbinden und zu euch selbst zu werden. Dies ermöglicht euch freieren Ausdruck und erlaubt euch, an eure Quelle zu gelangen.

Ihr werdet konkrete Veränderungen eures Körpers erleben. Er wird vitaler, schöner, stärker und leistungsfähiger werden. Er wird Unmengen an Information verarbeiten können.

Ihr müßt mit höherem elektrischem Strom in eurem Körper funktionieren können. Dies wird schließlich die Lösungen für all die wachsenden Herausforderungen bringen, mit denen ihr konfrontiert seid. Erhöhte Energie in euch wird verborgene Talente aktivieren und die Wiederkehr medialer Fähigkeiten auslösen: Hellsehen, Hellhören, Telepathie und eine wahrnehmende Bewußtheit, die ein »Wissen« beinhaltet, das weit über eure gegenwärtigen Vorstellungen hinausgeht. Wenn der elektrische Strom mit eurem Körper verschmolzen ist, werden die traditionellen Strukturen umgangen, die euch bislang so formen, daß ihr nur innerhalb begrenzter Muster kommunizieren und Daten austauschen könnt. Ihr werdet quasi eine Leiter erklimmen und eine andere Perspektive erfahren, von der aus ihr die Wirklichkeit interpretieren könnt.

In den kommenden Jahren werden alle, einschließlich Kinder und ältere Menschen, von diesem elektrischen Strom betroffen sein. Ein Vorteil dabei ist, daß er eine Verjüngung eures physischen Körpers verursachen kann, indem er euch hilft, alle Trennungen, die ihr noch mit euch herumtragt, zu heilen. Je mehr ihr die Vorstellung, daß Gedanken Leben erschaffen, begreift und umsetzt, desto freier werdet ihr sein, denn der Streß eines machtlosen Lebens fällt weg. Haltet an eurer Vision fest, und laßt zu, daß euer Lichtkörper allem, was ihr tut, einen sinnvollen Zweck zuteilt.

Als Vorbereitung für diese Energie setzt euch ruhig hin, schließt eure Augen, stellt euch euren Körper mit Licht erfüllt vor, und seht, wie das Licht eure Zellen durchspült und reinigt. Dann bittet alle Körperteile, auf ideale Weise zusammenzuarbeiten. Wenn euer Körper innerlich zusammenarbeitet, ist es für jeden von euch viel leichter, äußerlich mit anderen zu arbeiten. Diejenigen, die innerlich krank sind, funktionieren äußerlich oft nicht sehr gut. Kümmert euch um die inneren Mechanismen eures Körpers, und visualisiert, was ihr möchtet.

Euer physischer Körper existiert als Frequenzeinrichtung. Ihr glaubt, aus Fleisch und Knochen zu bestehen, doch in Wahrheit seid ihr eine Kombination intelligenter elektromagnetischer Signale. Ihr übersetzt diese Signale als sinnvolles Leben durch einen physischen Körper, indem ihr eßt, Erfahrungen macht, eure Sinne verwendet, Sex habt – all diese Dinge. So interpretiert ihr die Bedeutung eurer elektromagnetischen Signale, die ihr als Impulse erfahrt. Von außerhalb eures Systems könnt ihr auf zahlreiche Arten gesehen werden. Einige Wesen interpretieren euch bloß als eine Frequenz, eine Ansammlung von Intelligenz, die Daten und bestimmte auf Emotionen beruhende Frequenzen aussendet. Andere verwenden die von euch psychisch-emotional ausgesendeten Frequenzen für viele Dinge. Ebenso wie die Frequenz des Goldes zur Transformation eures Bewußtseins verwendet wird und die des Wassers, um euch zu waschen oder den Durst zu löschen, hat die Frequenz der Menschen bislang unausgesprochene Zwecke, die ihr gerade entdeckt.

Wie bereits erwähnt, existiert in eurem Körper eine Kundalini genannte Kraft, eine schlangenähnliche Energie, die sich am unteren Ende eurer Wirbelsäule befindet. Diese Kraft anzuerkennen und hervorzurufen erleichtert die Verschmelzung und Bündelung eures Lichtkörpers. Bei den zunehmenden elektromagnetischen Verschiebungen hilft euch diese Kraft auch, eure Stabilität und Erdung zu bewahren.

Traditionellerweise entrollt sich eure Kundalini im Alter von ungefähr vierzig Jahren und elektrisiert euren Körper. In diesem Alter werdet ihr als reif genug betrachtet, um diese Art von Energie beherbergen zu können. Für die meisten Menschen ist diese Kraft so erschütternd, daß es von da an mit ihnen bergab geht und sie zu altern beginnen, statt sich zu verjüngen und diese große schöpferische elektrische Kraft zu nutzen.

Wenn ihr eine Kundalini-Erfahrung habt, kann sich das wie eine starke Energieansammlung im Bereich des Kreuzbeins am unteren Ende eurer Wirbelsäule anfühlen. Wenn die Menschen die Kundalini erfahren, fühlen sie sich manchmal sexuell erregt, weil sie nicht wissen, was sie mit all dieser aufsteigenden Energie anfangen sollen. Der gesamte Planet ist darin gefangen, seine Kundalini zur Fortpflanzung zu verwenden. Die Menschen treiben es wie verrückt miteinander, ohne überhaupt zu verstehen, daß sich die Kundalini *durch* den Körper nach oben in und um den Kopf herum bewegen kann. Wenn ihr dies zulaßt, wird sie euch eine neue Interpretation eurer selbst bieten. Ihr werdet verstehen, daß alle eure Schöpfungen, Heilungen, Manifestationen von der natürlichen Göttinnenquelle in euch kommen.

Bei den Menschen gibt es einen Widerstand gegen Veränderung, Wachstum und neue Fakten. Viel von diesem Widerstand ist nicht natürlich. Er ist einprogrammiert worden, damit ihr Angst habt, etwas Neues in Betracht zu ziehen, den Schritt hinaus zu machen und ungehorsam gegen die Götter zu sein oder ihnen gleich zu werden. Wenn die Menschheit nach Wissen strebt, wird sie informiert und kommt dem näher, was als die Göttin bezeichnet werden kann.

Ihr erschafft die Vergangenheit immer wieder neu, indem ihr euch in nostalgischen Einzelheiten an sie erinnert und sie in der Gegenwart verankert. Die Zellen in eurem Körper können ziemlich frei kommen und gehen; sie reproduzieren sich ständig. Woher erhalten sie ihre Anweisungen? Sie werden von eurer Blaupause, eurem Glaubenssystem und den Energiemustern versorgt, die ihr über die Wirklichkeit in euch tragt. Indem ihr diese Muster durch Erweiterung eurer Vorstellungen verändert, wird eure Molekularstruktur nachziehen. Jeder von euch hat die Möglichkeit, den Körper zu haben, den er sich wünscht. Ihr könnt die Zellen eures Seins regenerieren, indem ihr sie neu kartographiert – ihnen einen anderen Plan oder einen alternativen Weg schickt. Wenn ihr das macht, werden euer Körper und eure Erfahrungen nachfolgen.

Jeder von euch besitzt in seinem Körper eine natürliche Vitalität. Menschen, die ihr respektiert und als glaubwürdig betrachtet, haben euch beeinflußt, beängstigende und negative Vorstellungen zu akzeptieren. Vielleicht hat ein einzelner eine schlechte Erfahrung gemacht, und nun interpretiert er sie und erschafft ein Bild für alle anderen.

Es war früher so, daß man viele Disziplinen lernen und seinen Körper jahrelang vorbereiten mußte, bevor man die Kundalini-Energie überhaupt erfahren konnte. Es waren aus unterschiedlichen Gründen sogar nur einige wenige, die Zugang zur Kundalini hatten. Die Erde war von einem Zaun der Frequenzkontrolle umgeben. Wenn die Kundalini im Körper hochsteigt, trifft sie auf die kosmischen Kräfte, die von außen kommen, und der Körper wird belebt und energetisiert. Es ist wie das Hereinziehen der Lichtsäule. Die Grenzen jener, die euch vom Wissen abhalten wollten, sind durchbrochen worden, und der Frequenzkontrollzaun um den Planeten ähnelt nun einem Schweizer Käse. Mit anderen Worten, es gibt Löcher, und andere Lichtformen können jetzt hereinkommen.

Da nun kosmische Energie auf die Erdenebene gelangt, gibt es Millionen von euch, die die zunehmenden Möglichkeiten der Kundalini neu erproben können. Es ist eure Lebenskraft, und ihr pulsiert damit. Angemessen verwendet, wird sie eine Vielzahl an Lösungen bringen. Diese Energie verbindet euch mit einer kosmischen Quelle und vereint euch mit einem größeren Zweck und dem Verständnis dessen, was ihr damit machen könnt.

Diese Energie kann zum Heilen verwendet werden, denn wenn sie sich in den Händen aufbaut, habt ihr heilende Hände. Viele von euch wären überrascht, wenn sie einen Blick in die nähere Zukunft erhaschen und das sogenannte Unerwartete sehen könnten, einschließlich dessen, was ihr mit der aus euren Händen fließenden Energie machen könnt. Schon jetzt gibt es einzelne, die in der Lage sind, bei zusammengehaltenen Händen ein Stück Papier zu entflammen. In jedem von euch wird sich diese Energie in den Händen verstärken. Ihr könnt sie verwenden, um Nahrung zu reinigen, um zu heilen, die Meere, Flüsse und das Land zu säubern. Ihr werdet in der Lage sein, die giftige Verschmutzung überall auf eurem Planeten umzuwandeln.

Dazu werden jene fähig sein, die bereit sind zu glauben. Wenn ihr glaubt, übt und sucht, werdet ihr belohnt. Dann zeigt ihr es anderen. Dies sind Geschenke, die beim Wandel in Richtung Zusammenarbeit der Massen auf planetarer Ebene einen Unterschied ausmachen werden. Daher werdet ihr als Kollektiv an diesen Fähigkeiten arbeiten. Die Ungeheilten und Kranken können ebenfalls lernen, diese Energie in sich zu aktivieren und sie in ihren eigenen Körper zu lenken. Die Essenz, die jeder herstellen muß, ist die eigene Wertschätzung: »Hoppla, wenn mein Körper Krankheit manifestiert hat, kann er auch Wohlbefinden manifestieren. Wer begrenzt mich, und wer bestimmt, ob ich krank bin?«

In euch habt ihr eine Fülle von großartigem Wissen gespeichert. Ihr seid der Schlüssel zur Lebendigen Bibliothek, und ihr besitzt das, worauf alle mehr oder weniger aus sind. Es ist ein sehr interessanter Prozeß, in den die Menschen verwickelt sind. Mit eurer Vorstellungskraft könnt ihr eurem Gehirn eine Botschaft senden, die bewirkt, daß die mit dem Bereich der Vorstellungskraft verbundenen Neuronen feiner verknüpft werden. Eure Zehen haben jedoch die gleiche Fähigkeit, solche Signale der Vorstellungskraft an das Gehirn zu leiten, denn jede Zelle in eurem Körper besteht aus genau den gleichen Substanzen, egal wo sie sich befindet. Jede Zelle hat das gleiche Potential, Wissen zu produzieren, und eure

Zellen warten darauf, daß ihr sie anweist. Wenn ihr zulaßt, daß Gesellschaft, Familie und Schule eure Glaubensvorstellungen bestimmen, und ihr Gefühle von Schuld und schlechtem Gewissen euer Feld durchdringen laßt, dann sind dies die Programme, auf die euer Körper reagiert.

Euer Planet wird seinen Umwandlungsprozeß überleben, indem ihr die Macht der Vorstellungskraft erkennt, die sehr eng mit dem Gedächtnis verbunden ist. Die Vorstellungskraft wirkt in eurem Geist als Kinoleinwand, die Bilder aufnimmt und Blaupausen des Bewußtseins erzeugt. Euer Körper ist angefüllt mit Erinnerungen verschiedener Welten und auch mit unterschiedlichen Zeitrahmen des von euch wahrgenommenen Jetzt. Da sich die Erde entwickelt, könnt ihr auf der Basis eures Wissens diese Vorstellungen und Blaupausen hervorziehen und die Lehren auf ihren Zweck und ihre Bedeutung für euer Jetzt abklopfen. Erinnerungen an andere Zeiten und Orte in eure gegenwärtige Realität zu bringen bündelt die Bedeutung eures Lebens. Es erzeugt Heilung, indem es euch hilft, den Sinn selbstzugefügter Wunden zu verstehen.

Einer der wichtigsten Schlüssel, die wir euch geben können, ist folgender: Liebt euch selbst, ehrt das von euch benutzte Gefährt, und handelt, als ob ihr kostbar wärt. Handelt, als ob ihr das große Los gezogen und das Bestmögliche bekommen hättet – *euren Körper*. Ehrt auch die Erde mit eurer Liebe und Achtung, denn es ist die Erde, wo ihr eure bunten Dramen aufführt. Liebt euch selbst und die Erde auf eurem Ausflug durch das Universum, und eure Reise wird glanzvoller und leichter sein.

Euer Körper wird ganz wunderbare Fähigkeiten zeigen. Eure Sensibilität wird sich so sehr entwickeln, daß Düfte und Gerüche größeren Einfluß auf euren Gemütszustand, eure Emotionen und das allgemeine Wohlbefinden haben werden. Ihr werdet sagen: »Ich habe herausgefunden, daß ich mit diesem Kraut in meinem Essen oder diesem Duft im Haus mehr Energie besitze. Und wenn ich dies hier verwende, bin ich ruhiger.« Lernt die Pflanzen, die euch umgeben, zu verwenden, denn sie sind Geschenke der Lebendigen Bibliothek.

Wir können nicht genug betonen, daß innerhalb eures physischen Körpers ein gewaltiger und radikaler Wandel stattfindet. Ihr werdet alle geleitet, und damit ihr euch nicht ausgebrannt fühlt, *hört*, was in euch ist. Zu rasch zuviel neue Information aufzunehmen, ohne sich Zeit zu lassen, sie zu integrieren, kann zu einer Überladung eurer sich anpassenden Psyche führen. Wenn ihr mit dem Auto unterwegs seid, fahrt ihr auch nicht immer schnell. Ihr beschleunigt, bremst, bleibt bei einer Ampel stehen, biegt ab – ihr bewegt euch mit unterschiedlicher Geschwindigkeit fort. Mit der Energie ist es genauso. Es gibt Punkte der Beschleunigung und Punkte der Verlangsamung. Auf diese Weise baut sich der Körper allmählich auf.

Stellt euch vor, ihr seid ein Fön und verbringt die meiste Zeit mit aufgerolltem Kabel in einer kleinen Tasche im Regal. Dann kommt die größte Erfahrung eures Lebens: Ihr werdet jeden Tag an das Stromnetz angeschlossen und verwendet. Als Fön würdet ihr euch nicht mehr allein fühlen. Ihr würdet sagen: »Etwas ist jetzt mit meiner Identität passiert! Toll! Ich bin voll da!« Als menschliche Wesen seid ihr ähnlich. Ihr werdet angeschlossen, und plötzlich geschieht etwas, also müßt ihr das verarbeiten. Wir vergleichen die Energie, die durch euch fließt, mit dem elektrischen Strom, der durch den Fön fließt und ihn zu mehr als nur einem Objekt macht – er macht ihn zu einem *nützlichen* Objekt. Dies ist ein sehr einfaches Beispiel, doch es gibt euch ein Bild eurer selbst. Ihr könnt eingeschaltet werden, so daß der Strom des Lebens euch zu eurem Zweck führt.

Es ist äußerst wichtig, daß ihr euren Körper versteht und

daß ihr euch nicht dafür schämt, was er macht. Was *ihr* allerdings mit eurem Körper macht, ist eine andere Geschichte. In der physischen Form liegt große Würde. Seid großzügig und gütig eurem Körper gegenüber. Wenn euch unangenehm ist, was wir sagen, dann untersucht, wie sehr ihr euch liebt und woher Ablehnung und Scham hinsichtlich eures physischen Körpers kommen. Es ist nichts Schlechtes am Körper. Die moderne Vorstellung von der Barbiepuppe als perfekte weibliche Figur trägt dazu bei, daß der weibliche Körper vielfach gehaßt wird, wenn er nicht diesem Vorbild entspricht. Alle Bilder, von den einfachsten Spielsachen bis zu den kompliziertesten Computern, beeinflussen die Wahrnehmung eurer selbst. Frauen, die dem Barbiepuppen-Ideal entsprechen wollen, müssen sich oft zwingen und einschränken, um die gewünschte und anerkannte Form nachzuahmen, und verringern damit ihre freie Wahl. Der menschliche Körper hat *alle* Formen und Größen und alle möglichen Arten des Ausdrucks. Ihr könnt feststellen, daß Vielfalt auf dem Planeten wichtig ist, indem ihr die vielfältigen Gesichter betrachtet. Hätte es so sein sollen, daß alle einer Form entsprechen, würde es nur eine begrenzte Anzahl von Gesichtern als Modelle geben.

Äonenlang habt ihr als menschliches Wesen vergessen, wer ihr wart. Ihr schämtet euch eures Körpers und seiner Funktionen. Es gab kaum Ermutigung, auch nur seine Funktionen anzuerkennen. Wir vergleichen die Art, wie ihr mit eurem Körper umgeht, oft mit einem Auto, über das jemand sagt: »Verwenden Sie bloß nicht den Kofferraum. Der ist wirklich übel. Machen Sie ihn ja nicht auf, tun Sie nichts hinein. Er ist zwar da, aber Hände weg von ihm.« Seht ihr die Analogie? Das Ganze ist doch lächerlich.

In der Dreidimensionalität vermag Sex die Energie zu bieten, durch die ihr zu höherem Bewußtsein aufsteigen könnt. Sex kann zu einem entscheidenden Teil eurer multidimensionalen Entwicklung führen. Manchmal ist es für euch schwierig, etwas über Sex zu hören, denn ihr haltet an der Bewertung traumatischer sexueller Erlebnisse fest, für die ihr euch schämt oder die euch leid tun. Jeder hat etwas von seinem sexuellen Anteil verdrängt. Es hat einen umfassenden Plan gegeben, euch so zu beeinflussen, daß ihr euch eurer Sexualität und eures Körpers schämt; dies hat euch davon abgehalten, eure Macht, euren Zweck, eure Glückseligkeit und Freiheit zu entdecken.

Indem euer Körper die neue Energie aufnimmt und integriert, wird die Erinnerung in euch erwachen. Kosmische Erinnerungen, aber auch Erinnerungen aus diesem Leben führen zur Entfaltung dessen, wer ihr in der galaktischen Geschichte seid. Es ist wichtig, daß ihr den Erinnerungen Raum gebt. Einige von euch denken: »Na gut, ich werde etwas Musik im Auto einschalten und irgendwohin fahren, um in die Erinnerungen zu kommen.« Gebt den hereinkommenden Erinnerungen Raum. In die Natur zu gehen ist eine der besten Arten, um mit dem Erinnern in Berührung zu kommen: in der Natur zu sitzen, sie zu beobachten, einfach nichts zu tun, im jetzt zu sein und das Jetzt auszuweiten in den laufenden, spontanen und synchronistischen Augenblick – das sich immer ausdehnende Jetzt.

Die Natur lehrt euch durch Vogelrufe, das Flattern von Schmetterlingsflügeln, durch die Symphonie der Grillen und Frösche, das Blöken der Kamele und den Geruch des Wüstensandes und des frischen Frühjahrsregens. All diese Dinge lösen Erinnerungen aus, wenn ihr euch die Zeit nehmt, die Geräusche und Düfte euer physisches Sein durchdringen zu lassen. Die Erinnerung zu aktivieren bringt mit sich, daß ihr euch von all euren angehäuften »Ich-sollte eigentlich«-Vorstellungen loslöst. Seid ihr eifrig damit beschäftigt, nirgendwohin zu eilen? Führt ihr wirklich das nach eurem Vermögen sinnvollste Leben? Wartet ihr auf die Zustimmung anderer – eine

Haltung, die immer eure Macht einschränkt, eure Wahrheit auszustrahlen? Versteckt euch bitte nicht vor euch selbst und anderen. Lebt!

Warum sagen wir euch all dies? Wir wollen die Erinnerung eurer Zellen aktivieren. Bevor ihr in den Körper kommt, werden bestimmte Erinnerungen zugänglich gemacht und genetisch in euch gespeichert. Eines Tages werdet ihr herausfinden, wie dies geschieht, und verstehen, daß im Schlaf an euch gearbeitet wird. Oft fühlt ihr dieses elektrische Pulsieren durch euren Körper strömen. Es ist das Einblenden von Erinnerungen, um euch für euer nächstes Abenteuer vorzubereiten.

Versteht bitte, daß es kaum einen Unterschied zwischen einer eingeblendeten und einer tatsächlich erlebten Erfahrung gibt, denn die Wirklichkeit kann leicht konstruiert werden. Die Wirklichkeit ist nicht so ausgerichtet, daß sie vergeht. Realitäten und Kulturen können immer wieder neu erschaffen werden. Wenn ihr eine neugeborene Seele seid und fühlt, daß ihr all die tollen Ereignisse im Universum versäumt habt, könnt ihr Gedächtniseinblendungen bekommen. Ihr könnt für euch Orte innerhalb von Kulturen erschaffen, ohne diese überzubevölkern. Zum Beispiel möchte jeder Ägypter oder Maya gewesen sein, doch der Zugang zu diesen alten Kulturen war begrenzt. Trotzdem könnt ihr alle konstruierte Erinnerungen dieser Kulturen haben. Ihr könnt Teil davon werden, denn mit den für euch konstruierten Erinnerungen könnt ihr eine weitere Maya-Kultur auf die erste aufbauen. Diese Vorstellung gibt euch einen Hinweis auf die Flexibilität eurer Wirklichkeit.

Die Erinnerung ist wie ein Teich oder ein Spiegel in eurem Körper, und sie muß mit der reflektierenden Fähigkeit des Wassers aufgefüllt und erneuert werden. *Wasser* fördert das Erinnnern im physischen Körper. Die Kundalini löst die Codes aus, indem sie die codierten Lichtfäden aktiviert und ins Licht bringt. Diese winzigen Fasern sind mit Information angereichert, und die sich durch euren Körper bewegende Kundalini gibt euch die Möglichkeit, eure Erinnerungen in Besitz zu nehmen.

Viele von euch durchleben tiefe Erinnerungen an Manipulation, vielleicht schmerzhafte Erlebnisse, bei denen ihr von Reptilien gefressen wurdet, euch mit ihnen paartet, oder ihr erinnert euch an genetische Experimente. Auch wenn ihr eine bestimmte Sache nicht selbst erfahren habt, so gibt es doch in eurem Blut Fasern, die die gesamte Geschichte aller Dinge tragen. Wie ihr diese Fasern nun zusammenschaltet, um eine ausbaufähige Abfolge zu erhalten, ist eine andere Geschichte. Wißt ihr, wie ein Kinofilm aussieht? Er besteht aus kleinen Einzelbildern. Ihr seid wie ein großer Film, und Einzelbild für Einzelbild ist abgeschnitten, so daß jeder Teil von euch von allen übrigen getrennt ist. Wenn wir mit euch arbeiten, ordnet die von uns hereingebrachte Energie diese winzigen Filmschnipsel neu. Dadurch kommt in euch eine Geschichte zustande, die persönlich, planetar und galaktisch ist.

Ihr seid alle hier, um in das Dunkel zu blicken, denn im Dunkel werdet ihr das Licht finden und auch den Grund, warum das Licht zurückkehrt. Ihr könnt nicht einfach auf das Licht zugehen und sagen: »Ha, die Dunkelheit ist schlecht. Sie ist negativ. Ich möchte sie nicht sehen.« Seid offen für das, was ihr nicht sehen wollt. Haltet euer Herz geöffnet, und vertraut darauf, daß der Schmerz, den ihr vielleicht erfahrt, erforscht werden muß, damit er, nachdem er auf der Erinnerungsebene verarbeitet wurde, losgelassen werden kann. Ihr befindet euch in einer Zeit, in der Erinnerungen aus großen Tiefen kommend an die Oberfläche fließen. Diese Erinnerungen können emotionale Reaktionen auslösen. Was ihr auch immer entdeckt, es muß angeschaut werden. Ihr seid es selbst. Akzeptiert es und sagt: »Aha! Aufgrund meines Wissens und der Vorbereitung meines Bewußtseins kann ich dies anschauen und erkennen, daß es sich um einen Energiemißbrauch handelte. Das ist in Ordnung. Ich werde es umwandeln. Ich werde es zu etwas Freudvollem machen.«

Wißt ihr, wie viele Menschen bereit sind, das Negative und Dunkle anzuschauen? Nicht sehr viele. Wißt ihr, wie viele Menschen im Dunkeln leben? Lauft nicht vor dem Schatten des Lebens davon, denn es gibt viel zu heilen, wenn der Schmerz der dunkleren Seite einmal gefühlt, erkannt und verstanden wurde.

Die Emotionen sind euer höchster Reichtum. Sie setzen den Inhalt eures inneren medizinischen Wissens frei, eure körpereigene Apotheke. In der Apotheke eures Körpers seid ihr der Chef. Ihr verschreibt euch je nach eurer emotionalen Antwort oder Reaktion auf Ereignisse die Arznei. Eure Emotionen setzen die entsprechenden chemischen Substanzen in eurer physischen Form frei. Das für die chemischen Reaktionen eurer emotionalen Entscheidungen verantwortliche endokrine System wird sich entwickeln. In eurem Körper werden dann neue chemische Substanzen produziert, die euch helfen, euch zu verändern. Durch die Wahl einer anderen Art des Empfangens oder Übersetzens der Wirklichkeit öffnen sich innere Zugänge, und Substanzen werden produziert, die euch in die höheren Bereiche führen.

Ihr werdet gerade auf einer subatomaren Ebene neu organisiert. In eurem Körper sind die codierten Lichtfäden – feine, fiberartige Fasern – subtile Energieformen, die alles miteinander verbinden. Diese hauchdünnen Fäden werden in eurem Körper durch Stimulierung mittels Strahlen und Photonen, die auf euren Planeten kommen und kosmische Energie mitbringen, neu angeordnet. Sie werden neu organisiert, um euren Körper zu verjüngen, wenn ihr reines, klares Wasser trinkt. Sie werden besonders durch Sauerstoffanreicherung und tiefes Atmen aktiviert. Ihr könnt euch auch mit Sauerstoff anreichern, indem ihr Kräuter zu euch nehmt, die als blutreinigend bekannt sind. Wenn ihr euer Blut reinigt, kann es größere Mengen an Sauerstoff aufnehmen. Die Neuordnung der Fäden auf zellulärer Ebene greift um sich, und die Fasern beleben euren Körper auf unterschiedliche Weise. All dies schließt die Aktivierung eures Gehirns mit ein. Ihr besitzt die Schlüssel und Codes, um diesen restlichen brachliegenden Bereich zu öffnen.

Basierend auf zunehmendem Licht, besteht der Plan für die Menschen darin, sich zu vielbegabten Wesen zu entwikkeln. Einige funktionieren mit sechs bis acht Prozent ihrer Gehirnkapazität. Jemand, der mehr benutzt, ein Einstein zum Beispiel, kommt bestenfalls auf fünfzehn bis zwanzig Prozent. Stellt euch einmal folgende Fragen: Was machen die restlichen achtzig Prozent meines Gehirns? Warum liegen sie brach? Was ist da nicht angeschlossen?

Das endokrine System wird sich mit der DNS entwickeln und chemische Substanzen produzieren, die Kombinationen intelligenter geometrischer Formen sind. Diese Formen werden im gesamten Körper existieren und nicht einfach auf das Gehirn beschränkt bleiben. Alles wird gleichzeitig geschehen.

Das endokrine System kann psychedelisch-artige chemische Substanzen ausschütten, wodurch ihr in neue Formen der Intelligenz katapultiert werdet. In eurer Gesellschaft herrscht Streit darüber, was von Drogen zu halten ist. Alles, was mit der Erweiterung des Geistes zu tun hat, wurde als schlecht und angsteinflößend verkauft.

Doch gleichzeitig ist ein Gutteil der Bevölkerung von Drogen auf Rezept abhängig, die den Menschen ruhigstellen. In eurer Gesellschaft sind verschriebene Drogen, die den natürlichen chemischen Prozeß unterdrücken, in Ordnung und solche, die den Geist aktivieren und andere Wirklichkeiten eröffnen, schlecht. Es herrscht eine große Kontrolle über eure Vorstellungen, was ihr in euren Körper einnehmen könnt und was nicht. Seht euch das einmal genauer an. Euer endokrines System wird eine große Umwälzung durchmachen.

Zur Zeit befindet es sich im Frühstadium. Stellt euch einen kleinen Tante-Emma-Laden vor, der alt und vernachlässigt ist und seit zwanzig Jahren die gleichen Waren in den Regalen stehen hat; der Laden ist überholt, er entspricht nicht mehr modernen Gewohnheiten, Geschmack und Wünschen. Jemand betritt ihn und sagt: »Dieses Geschäft ist zu altmodisch. Ich werde es aufmöbeln, damit es den Wünschen der Kundschaft entspricht. Ich werde das Sortiment verändern.« Geschäfte befriedigen bestimmte Bedürfnisse, und entsprechend den sich verändernden Bedürfnissen und dem Geschmack der Menschen muß sich auch das Angebot in den Regalen verändern, um den neuen Vorlieben und den Anforderungen Rechnung zu tragen.

Euer endokrines System macht das gleiche. Wer läßt das Drüsensystem entscheiden, neue Waren anzubieten? *Ihr* selbst – indem ihr euch liebt, die Lichtsäule in euren Körper zieht und die grundlegende genetische Struktur dessen, wer ihr seid, neu ordnet. Wenn die DNS-Stränge anfangen, ihre Identität zu entdecken und lebendig zu werden, werden sie das endokrine System verändern. Eure Entscheidung, im Hier und Jetzt zu sein, euch zu lieben und mit euch und allen Menschen liebevoll auf dem Planeten zusammenzuarbeiten, wird eure inneren Prozesse völlig verändern. Dies ist ein ganz entscheidender Schlüssel zur Verjüngung. Seid bereit, euch selbst, euer Leben und euren Körper als eure eigene Schöpfung zu erfahren.

Die beschleunigte Energie wird auf eurem Planeten Verwüstung anrichten und zu großer Verwirrung und Veränderung führen. Noch nie in eurer aufgezeichneten Geschichte hat es so viel Energie auf dem Planeten und diese Art von Bewußtsein gegeben wie jetzt, also habt ihr nichts, um euch auf das Kommende vorzübereiten – nichts. Die radikale Veränderung, die durch diese Bewegungen hervorgerufen wird, geht über eure Vorstellungskraft hinaus.

Konzentriert euch auf das Beste, das ihr sein könnt, und wißt, daß ihr viele Wahrscheinlichkeiten um euch herum beeinflußt. Wißt, daß dies für euch eine Gelegenheit sein wird, eine größere Veränderung zu aktivieren. Eure Zirbeldrüse wird durch einströmende Lichtenergien aktiviert und setzt eine neue Vision von Möglichkeiten frei, bei denen Friede und Freiheit von innen gefühlt und erkannt werden.

Eure Thymusdrüse ist ausschlaggebend für das Signal an euren Körper, am Muster der Verjüngung festzuhalten. Je älter ihr werdet, desto kleiner wird die Thymusdrüse; sie schrumpft. Sie ist wie ein Wächter, der reguliert, was von oben und was von unten kommt. Eure oberen Drüsen, die Hirnanhangs- und die Zirbeldrüse, sind als Tempel des Schädels nicht aktiviert; sie liegen grundsätzlich brach. Eure Thymusdrüse erinnert euren Körper nicht ständig daran, seine ideale Blaupause zu halten, weil sie diese Botschaften aus den Tempeln in eurem Kopf nicht erhält. Der Grund dafür ist, daß eure Tempel von den vollen DNS-Strängen abgetrennt wurden. Eure Thymusdrüse wird wieder zu ihrer eigenen Vitalität zurückkehren, wenn sie die Botschaft erhält, daß euer Körper und euer Bewußtsein bereit sind. In puncto Lebensverlängerung haben einige von euch kaum mit ihrer Arbeit begonnen. Andere von euch haben bereits eine Ausbildung, die euch in die nächste Veränderung implodieren wird; eure Anstrengung ist ein Geschenk an den Planeten, ein Geschenk an die Zivilisation.

Wenn ihr euch niedermacht oder euch mit negativen Vorstellungen füttert, dann müßt ihr eure zwiespältige Haltung untersuchen. Daß ihr dies hier lest, besagt, daß ihr Interesse, Begeisterung und den treuen Vorsatz habt, die der menschlichen Spezies eingeimpften Vorstellungen zu transzendieren. Wenn ihr dagegen ankämpft – in den Spiegel blickt und sagt: »O nein, wie ich aussehe. Das ist ja furchtbar« –, dann seid ihr im Zwiespalt, im Zweifel, im Konflikt. Wenn ihr einen solchen Konflikt habt, werdet ihr euch mit zunehmendem Ansteigen der Energie wie ein Gummiring fühlen, der immer wieder ausgedehnt wird und dann zurückschnalzt. Wenn ihr euch wie so ein Gummiring fühlt, liegt die Lösung darin, eure widersprüchlichen Glaubensvorstellungen, die ihr stumm oder laut äußert, zu überprüfen.

Der Hypothalamus reguliert die Temperatur und das Wasser in eurem Körper. Versteht, daß ihr Wasser seid – elektrisiertes Wasser. Die Elemente und das Gleichgewicht des Meerwassers entsprechen dem Blut im menschlichen Körper. Die Menschen wurden aus dem Ozean gemacht. Dies ist eines der größten Schöpfungsgeheimnisse. Die plejadischen Götter kamen und verwendeten die Energie der Wasserstoff- und Sauerstoffmoleküle. Dem entspringt ihr. Dies ist der grundlegende Schlüssel. Das Firmament wurde erschaffen, und vom Firmament kam Leben. Dies ist eines eurer Konstruktionsprinzipien. Wir möchten, daß ihr versteht, daß es viele Arten gibt, Menschen zu konstruieren. Ihr habt Geschichten gehört, daß ihr aus Staub und Lehm gemacht wurdet. Einige dieser Geschichten sind nicht wahr; sie werden erzählt, um euch von der Wahrheit fernzuhalten. Es erscheint euch sinnvoller, daß ihr den festen Elementen näher seid als dem Element Wasser. Denkt daran, daß wir sehr oft gesagt haben, daß die Dinge verdreht werden, damit ihr die Wahrheit eurer Identität nicht entdeckt.

Euer Hypothalamus kann als der Wächter zwischen eurem physischen Körper und euren äußeren Chakras betrachtet werden. Seine Zeit ist noch nicht gekommen. Im gegenwärtigen Stadium eurer Entwicklung könnt ihr seine Funktion nicht begreifen. Doch er reguliert sehr wohl die Körpertemperatur und den Fluß des Wassers, und Wasser ist die Essenz eures Lebens. Wir ermutigen euch immer, in der Nähe von oder im Wasser zu sein und auch Wasser zu verwenden, denn Wasser fördert die Funktion eures Hypothalamus. Die Zeit wird kommen, den Hypothalamus genauer zu erforschen.

Durch cranio-sacrale Ausrichtung kann der Hypothalamus stimuliert werden. Die Arten, das zu tun, werden entdeckt und verbreitet, wenn die Menschen ihr Bewußtsein so weit angehoben haben, daß sie für den großen Energieausstoß, der von dieser Drüse kommen wird, vorbereitet sind. Vorher würde die Information gefährlich sein. Die Menschen können sich manchmal nicht beherrschen, und sie glauben, sie müßten das Elixier aller Erfahrungen trinken, ohne die notwendigen Vorbereitungen des Bewußtseins zu treffen.

Sobald euer Hypothalamus Sekrete absondert, werdet ihr nicht mehr die alten sein. Habt ihr jemals psychedelische Substanzen genommen? Würdet ihr gern vierundzwanzig Stunden am Tag solch eine Realität ausbalancieren? Es würde nicht klappen; es wäre zu verwirrend. Es ginge für einen Trip. Es wäre in Ordnung für eine Bildungsreise – in geheimnisvolle schamanische Bereiche der Lebendigen Bibliothek. Es ist allerdings sicherlich nicht etwas, was man jeden Tag zum Frühstück verputzt. Der Rest des Nervensystems läuft mit dieser Bewußtheit nicht synchron. Wenn ihr einen Trip nehmt, dann ist das nichts als ein kleiner Ausflug – wie eine Wochenendfahrt aufs Land oder ans Meer. Ihr reist hin, macht Erfahrungen, und dann kommt ihr zurück und denkt darüber nach.

Euer Hypothalamus wird euch aber an ein neues Ufer eures Seins bringen, in ein neues Reich, das chemisch induziert wird. Das macht das endokrine System. Es leitet verschiedene chemische Substanzen in euren Körper ein – ohne daß ihr irgend etwas schluckt. Die Chemikalien werden sich einfach absondern und die Art und Weise beeinflussen, wie ihr die Wirklichkeit wahrnehmt und interpretiert.

Euer wiederhergestellter Hypothalamus nimmt euch auf

eine Reise mit; ihr werdet alles verändern und dann glücklich leben. Ihr werdet nicht mehr an dem alten Ort leben wollen. Es wird sein, als ob ihr in ein neues Land zieht oder auf einen neuen Planeten, ohne die Erde zu verlassen. Eure Welt wird sich aufspalten. Die Erde und ihre Realität in der Lebendigen Bibliothek werden sich vor euren Augen verändern, denn die von eurem Hypothalamus abgesonderten chemischen Substanzen schenken euch eine neue Interpretation der Wirklichkeit.

Darauf seid ihr allerdings noch nicht vorbereitet. Ihr seid noch weit davon entfernt. Zuerst müßt ihr euch davon überzeugen, daß ihr geliebt werdet und daß ihr die Quelle eurer Liebe seid. Ihr müßt dies konstant fühlen können, bevor ihr die subtilen Veränderungen in eurem endokrinen System vorzunehmen vermögt, die euch auf die Erweckung eures Hypothalamus vorbereiten. Wenn alles kollektiv stattfindet, wann kann die Lichtfamilie die Erweckung des Hypothalamus erwarten? Wir nehmen an, daß dies zunehmend in dem Jahrzehnt zwischen 1999 und 2009 stattfinden wird.

Bei all dem Wirbel um das Gesundheitssystem nicht nur in den Vereinigten Staaten erinnern wir euch, daß *Gesundheit gratis ist*. Die wahren Kosten der Gesundheitsvorsorge sind einige Augenblicke eurer Zeit, um die richtige Einstellung eurem Körper gegenüber zu entwickeln. *Ihr* erzeugt eure Gesundheit oder Krankheit, ihr braucht niemanden, der euch sagt, daß ihr gesund seid oder nicht. Wenn ihr *mit eurem Körper in Berührung seid* – beim Duschen oder Waschen könnt ihr euer Wohlbefinden ganz unmittelbar fühlen und erkennen –, dann *wißt* ihr, ob ihr gesund seid oder nicht. Ihr könnt euch auch dafür *entscheiden, euch Sorgen zu machen* und eurem Körper zu mißtrauen. Wenn ihr euch um eure Gesundheit Sorgen macht, werdet ihr etwas erschaffen. Euer Körper folgt den von euch vorgegebenen Bildern.

Wenn ihr euch Sorgen darüber macht, was ihr alles bekommen könntet – daß Krebs wuchern könnte, daß ihr womöglich Aids, Diphterie, Tuberkulose oder sonst etwas habt, worüber ihr nachgrübeln wollt –, dann ist es wahrscheinlich, daß ihr – falls ihr es nicht schon habt – euch genau das erschaffen werdet und so weitermacht. Wenn ihr wißt, daß ihr gesund seid, dann seid ihr es auch. Es ist ganz einfach.

*Die Angst ist der Killer.* Wir erinnern euch daran, daß eure Macht dort aufhört, wo eure Angst beginnt. Wenn ihr euch vor etwas fürchtet, ist das so, als ob ihr ein Schild hochhalten würdet, auf dem steht: »Willkommen. Ich warte auf dich.« Der Sinn der Angst besteht darin, euer Leben zu retten, euch in das Jetzt zu katapultieren, damit ihr handelt. Oft dient sie dazu, euch von etwas Gefährlichem weg zum Kern eures lebendigen Seins zu führen. Wenn ihr jedoch an der Angst als Lebensstil festhaltet und Angst vor dem Leben aussendet, blockt ihr euren Körper ab und tötet eure vitale Lebenskraft. Dies verursacht Streß, schlechte Gesundheit und vorzeitiges Altern. *Eure Gedanken erschaffen eure Wirklichkeit.* Ein Teil der Initiation des Bewußtseins besteht darin, durch das Giftige hindurchzugehen. Euer physischer Körper muß eine größere Vorbereitung und Reinigung durchmachen, was mit Zielgerichtetheit und Mut gleichzusetzen ist. Wenn ihr in Angst lebt, wehrt ihr alles ab. Ihr wehrt eure eigene Macht ab. Damit ihr also etwas für euren logischen Verstand sehr Fremdes kennenlernen könnt, müßt ihr klare Absicht, außerordentlichen Mut, Sicherheit und Unbekümmertheit zeigen. Alles, was euch davon abhält, etwas zu erreichen, ist nichts anderes als eine Glaubensvorstellung. Während der nächsten zwanzig Jahre – der Zeitabschnitt, für den sich gerade alle Karten für die erste Reihe im Amphitheater Erde besorgen – werden viele Veränderungen stattfinden.

Könnt ihr euch erinnern, wie ihr als Kinder zum ersten Mal auf einen Rummelplatz gegangen seid und alles ausprobieren wolltet? Habt ihr nicht eure Eltern oder größeren Geschwister gebeten, mit euch diese scheinbar so abenteuerlichen und gigantischen Karussellfahrten zu machen? Die Erde wird wie ein riesiger Rummelplatz erscheinen: Ihr werdet alle einige rasante Loopings machen, die ihr euch noch nicht vorstellen könnt, also habt ihr jetzt einiges zu klären und euch vorzunehmen. Die große Mehrheit von euch wird es gut hinkriegen. Ihr werdet euren Weg erfühlen. Paßt auf, wenn ihr jammert – es ist Energieverschwendung. Akzeptiert alles, was ihr erschafft, und wißt, daß in allen Dingen Möglichkeiten stecken.

Von unserem Gesichtspunkt aus verblüfft es uns, daß ihr Möglichkeiten mit Angst besetzt. Auf einer Ebene wissen wir, wer ihr seid und was ihr durchgemacht habt, um hierherzukommen. Wir wissen, warum ihr hier auf der Erde seid und daß ihr nicht geschickt wurdet, um hier allein herumzutappen. Die Kräfte, die mit euch arbeiten, können auf euch einwirken und eure Wirklichkeit über euer Begreifen hinaus beeinflussen, auch wenn ihr euch dieser Kräfte nicht bewußt seid. Ihr versteht nicht, wie sich ihre Finger bewegen, um diese oder jene Person anzutippen: »Komm her. Tu dies. Oh, laß das.« Ereignisse werden inszeniert.

Versteht, daß auf dem Planeten eine große Aussaat krebsartiger Vorstellungen und Gedanken stattfindet und ebenso der Gedanke Aids stark gesät und gefördert wird. Die Menschen stoßen auf diese Dinge und fühlen sich angezogen. Derzeit fürchten sie sich gerade vor der Sonne. Sie haben Angst hinauszugehen, als ob es einen Fehler in der Natur gäbe. Die Menschen, die das für bare Münze nehmen, werden herausfinden, daß ihre Angst viel schneller zuschlägt, als irgendwelche Sonnenstrahlen ihren Körper schädigen könnten.

*Die Angst* ist der Killer. Sie ist eine Vorstellung, die sich wie ein Lauffeuer ausbreitet. Wenn Angst durch euren Körper rinnt, erinnert das die damit verbundenen chemischen Substanzen, sich herauszubilden und euren Körper zu überschwemmen. Sie aktivieren eine hinabziehende Spirale und den Gedanken des Todes. Grundsätzlich ist es so einfach.

Ihr habt von Aids gehört, und daß es vom HIV-Virus ausgelöst wird. Jetzt gibt es jedoch Aids ohne HIV-Virus. Aids wird jetzt elektromagnetisch verbreitet, so wie auch viele Störungen elektromagnetisch verbreitet werden können. Erinnert euch daran, daß unter Elektromagnetismus die großen Elektrizitätsströme um euch zu verstehen sind, die von den Menschen und anderen Quellen erzeugt werden. Der Magnetismus ist ja die Kraft, die alles zusammenhält. Ihr habt auch in eurem Gehirn magnetische Partikel.

Ihr könnt mit diesem Gedanken anderen helfen, ihr Herz zu öffnen. Aids wird elektromagnetisch verbreitet und springt von einem Träger zu einem anderen Menschen mit einem ähnlichen Muster oder einer ähnlichen Schwingung: »Ich denke wie du. Schick mir deine Gedanken.« Könnt ihr dem folgen? »Ich habe die gleichen Ängste. Ich bin mir nicht im klaren darüber, wer ich eigentlich bin. Ich bin es nicht wert. Ich habe keine Macht über meinen Körper.« Diese Art zu denken wird so vergrößert, daß es ist, als ob ihr in eurem gesamten Aurafeld Schilder, Plakate und Aufkleber tragt, auf denen steht, wer ihr glaubt zu sein. Viren können sich elektromagnetisch verbreiten, so daß schließlich ganze Stadtgebiete damit erfüllt sind. Warum? Wegen des Karmas und der Schwingung der Menschen werdet ihr angezogen, in einer bestimmten Stadt oder Umgebung zu leben. Deshalb fühlen viele von euch den Impuls, umzuziehen und sich woanders niederzulassen.

Das gleiche Prinzip gilt für das Herz. Wenn sich Aids elektromagnetisch ausbreiten kann, so können das auch die Herzöffnung und die Göttin. Wir möchten, daß ihr versteht, daß immer sehr, sehr viele Pläne am Laufen sind. Die Menschen sagen: »Warum muß es denn schlechte, negative, niedrigschwingende Pläne geben?« Weil die Menschen darauf warten. Sie sitzen nicht herum und warten, daß etwas Aufregendes und Gutes mit ihnen geschieht. Sie sitzen rauchend in ihren Lehnstühlen und fragen sich, wann ein Auto durch die Wohnzimmerwand krachen wird. Warum? Weil sie fernsehen. Eure Hauptprägung kommt durch dieses Gerät zur Geisteskontrolle, das euch hauptsächlich mit Angst füttert. Chronische Angst wird der größte Killer sein. Sie wird euch zu jenen Dingen hinziehen, die ihr fürchtet und von denen ihr euch sicher seid, daß sie euch passieren werden. Bei all den Möglichkeiten in der Welt, warum wählt ihr ausgerechnet diese?

Je mehr Mitgefühl ihr für andere habt, desto schneller wird sich das Massenbewußtsein verändern. Wir bitten euch alle, dieses Spiel des Herzens viel öfter zu spielen, als mir wenn ihr gerade mal Zeit habt. Verpflichtet euch, euer Herz offen zu halten, und achtet darauf, daß es geöffnet bleibt und ihr die Herzenergie der Muttergöttin verwendet. Denn nicht nur euer Herz ist betroffen – es ist das Herz der Göttin. Die Göttin braucht jedoch euer offenes Herz, um ihre Energie durch euch fließen zu lassen.

Heute gibt es auf eurem Planeten sehr wenige Orte, die die Liebesfrequenz aussenden. Das ist natürlich im Begriff, sich zu ändern. Die Erde steht zur Zeit, wie ihr wißt, einigen Herausforderungen gegenüber – um es milde auszudrücken, denn wenn ihr glaubt, dies sei bereits intensiv, dann haltet euch gut fest: Euch steht eine große Fahrt bevor. In sehr kurzer Zeit wird es auf globaler Ebene ein Katapultieren von Energie geben, das euch immer weiter dorthin führt, was wie die Zerstörung eures Planeten aussehen wird. Wir möchten, daß ihr dies wißt. Ihr sollt verstehen, daß es im Zuge der Evolution von Energie – sogar wenn ihr selbst einen Evolutionsprozeß durchmacht – zu einer Desorientierung, zu Chaos, Verwirrung und mangelnder Identität kommen kann. Giftstoffe können euren Körper verlassen, und es kann euch schlecht werden. Ihr habt vielleicht Blähungen, einen verstimmten Magen oder Verstopfung. Viele verschiedene Dinge kündigen Veränderungen an.

Ihr könnt die Erde mit einem riesigen Spiegel dessen vergleichen, was im Menschen vorgeht. Die Erde ist zur Zeit voll mit Giften. Sie hat sich so lange zurückgehalten. Viele, viele Jahre ist die Erde nicht nur mit radioaktiven Abfällen und allem möglichen Müll vergiftet worden, sondern auch mit den kollektiven Ablagerungen menschlicher Wut. Menschen sind Geschöpfe aus Energie, und eure Emotionen erzeugen eine kollektive Kraft, die ausgesendet wird. Ihr strahlt nicht nur Chaos und Angst aus, worum es in eurem kollektiven Leben ja grundsätzlich lange gegangen ist, sondern ihr sendet auch Wut aus. Wut darüber, daß euch das, was ihr tief drinnen wißt, verwehrt wurde.

Es gibt fast sechs Milliarden von euch – und ihr steht davor, euch zu verdoppeln –, die ihre Wut auf den Planeten auskippen. Was glaubt ihr, wird daraus? Aus mangelnder Fürsorge und Liebe für die Erde kommt es zu einer Erregung und Spiegelung der Wut des Planeten selbst. All dies ergießt sich nun, so daß ihr langfristig eine Klärung durchmacht. Ihr kommt alle zu einer neuen Erkenntnis. Ihr werdet als Volk und als Planet bis an eure Grenzen gefordert. Ihr werdet gezwungen sein, neue Grenzen für das zu definieren, wofür ihr steht und wofür nicht. Niemand wird träge zu Hause sitzen und das versäumen. Ihr müßt alle mitmachen; wenn nicht, werdet ihr sehr wahrscheinlich auf die eine oder andere Art verschwinden.

Wir erinnern euch daran, daß ihr eure eigene Wirklichkeit erschafft und daß die kollektive Wut, die ihr fühlt, mit der Abwertung eurer Vorstellungskraft zu tun hat. Fühlt das für einige Augenblicke. Phantasie ist der Schlüssel zur Brillanz, zu Einheit stiftenden Begriffsvorstellungen und zum Manifestieren von Ideen. Wann wurdet ihr das letzte Mal regelmäßig angehalten, eure eigene Phantasie zu entwickeln? Ihr beraubt euch eurer innewohnenden Eigenschaften, durch die ihr euch retten, verändern und Freiheit neu definieren könnt. Die Vorstellungskraft ist tatsächlich eine Eintrittskarte für den abwechslungsreichen Rummelplatz Erde.

Die Erde wird zur Zeit von einer Menge intelligenter Kräfte bewohnt, nicht nur von Menschen. Es existieren dimensionale Sperren, die verschiedene Lebensformen voneinander trennen und absondern. Mit dem Zerfall der Zeit erhalten die Menschen den Impuls, das Gitternetz der Erde zu aktivieren. Wenn kosmische Lichtenergie auf euch einströmt, verändert sie euer Nervensystem, auf dem Energieimpulse wie auf Autobahnen durch das Gehirn reisen. Wie beim Straßenbau wird euer Gehirn umgebaut, erweitert und verstärkt, um die zunehmenden Daten, die wie Verkehr durch euren Körper fließen, aufnehmen zu können. Wenn ihr vor einer außergewöhnlichen Erfahrung steht, die nicht in die Kategorie des Bekannten paßt, neigt euer Nervensystem dazu dichtzumachen. Euer Körper geht in den Schockzustand und ist unfähig, die aus der Norm fallende Wirklichkeit zu verarbeiten.

Mit steigender Energie auf dem Planeten werden eure Blockaden im physischen, mentalen, emotionalen und spirituellen Körper vergrößert. Nicht ausgedrückte Gefühle und Ideen erzeugen Hindernisse für den Energiefluß, dessen Zweck es ist, euch zu verbinden. Ihr müßt den Klärungsprozeß unterstützen, indem ihr die Verantwortung für euch übernehmt. Bei jedem Vorurteil oder jeder Schwierigkeit – »Ich möchte das nicht wissen. Ich hasse das an mir. Ich mag das nicht« – könnt ihr euch sicher sein, daß eine Lupe alles noch vergrößern wird. Ihr werdet heulen und euch winden, bis ihr es hinkriegt. Wenn nicht, werdet ihr die Blockade in Form einer schwierigen Herausforderung manifestieren. Alles wird intensiver, um die Menschen Verantwortung zu lehren und damit sie eine Klarheit des Zwecks und der Absicht aufrechthalten können. In diesen Tagen, in diesem Zeitalter sind verschiedene Arten von Körperarbeit ein Schlüssel für euer Überleben. Den Weg der klärenden Körperarbeit zu beschreiten erleichtert und beschleunigt das Erkennen eurer Identität.

Da sich nun mehr von dem entfaltet, wer ihr seid, können die euch gefangenhaltenden Dramen besser verstanden werden. Die Dramen werden von zellulären Mustern des Festhaltens inszeniert, die euch ganz selbstverständlich in genau die noch unaufgelösten und nicht vergebenen Situationen hineinbringen. So ladet *ihr* die Spieler in euer Leben ein und verteilt als Regisseur die Rollen und leitet die Vorstellung. Wenn ihr nun genug von eurem Drehbuch habt, dann denkt daran, daß *ihr* es schreibt! Schuldzuweisungen und Opferverhalten sind die letzten Fallen, um einen Zustand der Machtlosigkeit zu zementieren. Erinnert euch, daß eure Dramen, die euch jetzt beeinflussen, von uralten Göttern kommen. Die gesamte Wirklichkeit ist verbunden und strebt nach einer heilenden Vereinigung.

Die höher entwickelten Energien besitzen großen Humor, besonders jene, die mit der Liebesfrequenz arbeiten. Humor ist eine Art Markenzeichen. Versichert euch, daß die Energien, die ihr antrefft, einen großen Sinn für Humor haben, denn Lachen ist ein Schlüssel zur Freiheit. In der gesamten Existenz gibt es viel Raum für Freude, und dies ist eine Vorstellung, die ihr zu begreifen sucht.

Wir ermutigen euch, aus eurem Gefühlszentrum zu handeln – aus eurem Solarplexus oder Bauch. Ihr besitzt in euren Magenwänden die gleiche Kapazität und Aktivität wie in euren Gehirnzellen. Betrachtet euch neu. Ihr könnt sofort sehen, daß ihr eure Erfahrung verändert, wenn ihr an jedes von euch geschaffene Ereignis glaubt und es als Gelegenheit betrachtet. Wir erinnern euch daran, daß Gelegenheiten oft als Verlust getarnt sind. Der Solarplexus ist der Bereich eures

Körpers, wo ihr Macht haltet und von wo aus ihr mit eurer Macht in die Welt hinausgreift. Hier nehmt ihr auch die Welt wahr. Er ist das *Gefühlszentrum*. Hier bekommt ihr die Datenfäden, denn durch den Solarplexus *fühlt* ihr euren Weg durch Ereignisse, die für euren logischen Verstand keinen Sinn ergeben. Tretet zurück, und schaut einmal hin. Schlagt einen neuen Weg im Prozeß der Entscheidungsfindung ein, und geht dabei über euren Körper. Achtet darauf, wie ihr euch fühlt, erkennt die eurem Körper innewohnende Weisheit an, und hört hin, wenn er als liebender Berater zu euch spricht! Euer Körper möchte mit euch arbeiten – oft seid ihr es mit euren Gedanken, die gegen den Körper arbeiten. Denkt daran, daß euer logischer Verstand von jenen ausgebildet wurde, die möchten, daß ihr nur in einem sehr beschränkten Weltbild und in einer bestimmten engen Frequenz funktioniert.

Wir möchten, daß ihr den Gedanken akzeptiert, daß ihr etwas Bedeutendes seid. Es ist von wertvoller Bedeutung, wer ihr seid, was ihr beabsichtigt und was ihr euch zu erfahren gestattet. Wir möchten, daß ihr einen ungeheuren Auftrieb und großen persönlichen Wert fühlt für eure Fähigkeit, verschiedene Wirklichkeiten des Bewußtseins zu verweben und in Bereiche hineinzuspringen, die viele nicht unterstützen würden. Wir verleihen euch einen Orden für eure Kühnheit, denn ihr löst spielerisch die Fesseln der menschlichen Wahrnehmung, indem ihr eure günstigste Zeit erkundet. Es gibt viele Lehrer, die euch zeigen werden, in welchen Zeitabschnitten ihr aufgeblüht seid und euch entwickelt habt, wann ihr eine innerlich verbundene Wirklichkeit beeinflußt habt und was diese Zeiten und Orte mit dem Jetzt zu tun haben. Eines Tages werdet ihr verstehen, daß diese anderen Zeiten jetzt sind. Alles geschieht im jetzt. Genau dieser Augenblick des Daseins – wo ihr seid – ist wahrlich der entscheidende, spontane, bedeutende Augenblick. Er ist immer wieder dort, wo ihr zu euch finden könnt.

Seid euch bewußt, daß ihr gleichzeitig Informationen von anderen Zivilisationen erhaltet. Nehmt sie wahr, und findet heraus, was ihr durch Synchronizität verknüpfen könnt. Oft erhaltet ihr durch Wissen einen Impuls. Auch wenn dies häufig vorkommt, so dauert es doch eine gewisse Zeit, bis ihr euch selbst überzeugt habt, daß ihr tatsächlich etwas wißt. Es gibt Perioden der Anpassung. Seid geduldig, und euch steht alles offen. Seid euch darüber im klaren, was ihr wollt, und dann laßt es los.

Die Delphine haben keine Geheimnisse voreinander. Sie teilen bereitwillig ihr angesammeltes Wissen. Ihr könnt die Entwicklung eines Menschen daran ablesen, inwieweit er bereit ist, sein Wissen zu teilen. Je mehr ihr euer Wissen weitergebt, desto mehr bekommt ihr. Je mehr ihr euch an die erhaltene Weisheit klammert, desto schneller wird sie euch zwischen den Fingern zerrinnen, und ihr werdet sie verlieren. Öffnet eure Hände, und eure Weisheit wird wie ein Schmetterling davonflattern; dann werden neue Schmetterlinge landen.

Alles Leben besitzt Chakrasysteme. Eine Stadt hat Straßen, auf denen Autos fahren, und Orte zum Auftanken, die Energie speichern. Ebenso ist es mit unserem Chakrasystem. Die Chakras sind energetische Lagerhäuser um und in Lebensformen. Sie verbinden die inneren Funktionen – die physiologischen und dreidimensionalen Abläufe – mit den multidimensionalen, ätherisch geschichteten Vorgängen. Wenn sie korrekt genutzt werden, bringen sie Energie aus den nichtkörperlichen Bereichen in das Physische.

Alle Lebensformen besitzen diese Energietore als Öffnungen und Orte, wo sie aufgeladen werden können. Was jede Lebensform mit ihrer Aufladung macht, liegt in der jeweiligen Blaupause oder DNS der Form. Indem eure DNS in einen neuen Ausdruck ihrer selbst angeordnet wird, sagt eure Frequenz oder Identität auf einer nichtphysischen Ebene bald auch etwas Neues aus. Überall wo ihr hingeht, tragt ihr die sich ankündigende mutierende Energie mit euch. Euer Bewußtsein kündigt sich allen Lebensformen an. Vielleicht sind sich diejenigen, die in einem Supermarkt oder Restaurant neben euch stehen oder sitzen, nicht bewußt, wer ihr seid. Wenn ihr jedoch in die Wälder und Felder oder ans Meer geht, werdet ihr andere Lebensformen um euch herum sehen, die sich viel bewußter sind, wer ihr seid. Sie ändern ihre Reaktion, und ihre DNS verändert sich, weil eure sich verändert. Durch euch wird die gesamte Natur als Lebendige Bibliothek viel zugänglicher.

Aus eurer Perspektive gibt es nur sehr wenige Menschen, die Tausende Jahre leben, doch die Schöpfergötter können die Lebensdauer des Zellkörpers ausdehnen. Lebensverlängerung und Zellverjüngung kommen wieder in Mode. Dies ist Teil des Aufbaus des Lichtkörpers, eines Körpers, der nicht so dicht ist, damit er sich nicht selbst zerstört – eines Körpers, der sich selbst erschafft und erneuert. Das ist es, wonach ihr strebt. Ihr könntet bereits dort sein und es fühlen, wenn euer logischer Verstand sich nicht so viel darum kümmern würde, ob es denn auch möglich ist. Wir können nicht genug betonen, daß ihr aufhören müßt, auf die Gesellschaft und die offizielle Version der Realität zu hören. Das hat mit Entscheidungsfreiheit und nicht mit Respektlosigkeit zu tun. Dies wird eure schwerste Aufgabe sein – und der größte Durchbruch: die Brücke zwischen eurem gesellschaftlichen und spirituellen Selbst zu überqueren. Welches wird heilig sein? Welches wird eure Quelle der Autorität darstellen? Je eher ihr diesen Sprung macht, desto mehr Spaß werdet ihr haben. Laßt euer intuitives Selbst der Bannerträger eurer Erfahrung sein – einer Erfahrung, die sonst kein anderer zu beurteilen vermag, und einer Erfahrung, die der Aufgabe entspringt, von der ihr wißt, daß sie eure ist.

## Energieübung

*Mach es dir bequem, und werde sehr ruhig. Schick deinem Körper die Botschaft, sich zu entspannen, ruhig zu werden und loszulassen. Mach einen tiefen, tiefen Atemzug. Nach dein Ausatmen fühlst du, wie sich eine Welle der ruhigen Gelassenheit über deinen Körper ausbreitet. Atme weiter bewußt ein und aus, und finde deinen eigenen Rhythmus. Du fühlst, wie deine Brust sich weitet und öffnet. Du fühlst, wie es in deinem Herzbereich wärmer wird. Entspann deinen Kehlkopf. Laß' deinen Geist klar und deine Sicht zentriert werden. Folg einige Augenblicke lang deiner Ahnung. Stell dir vor, wie eine Lichtsäule deinen Scheitel berührt und dann in deinen Körpergelangt. Atme tief ein und aus, folg deinem Atem, und werde so leicht, ruhig und friedlich wie nur möglich.*

*Wenn du nun diesen Ort der Stille gefunden hast, richte deine Energie auf dein Drittes Auge, und stell dir deine Welt vor, die Erde. Was immer du dir auch vorstellst, es ist gut. Während du nun das Bild des Globus vor deinem geistigen Auge hältst, fühl das Vorhandensein einer individuellen Blaupause und cines Zwecks für alle Bewohner der Erde. Du siehst diese Blaupausen vielleicht als Lichtfunken und geometrische Figuren.*

*Fühl die Einzigartigkeit und die Vielzahl der Lektionen, die notwendig sind, damit das Bewußtsein sich entwickelt. Nicht nur das Bewußtsein des einzelnen wird ausgedehnt, auch das kollektive Bewußtsein des Planeten verbindet sich auf einzigartige Weise. Fühl den Beitrag, den jeder einzelne zum globalen Plan leistet, und sende aus deinem jetzt eine Welle von Absicht ans, die Vertrauen in die menschliche Form und Liebe auslöst. Und nun fühl, wie du dich wie ein goldener Lichtball aus deiner eigenen Blaupause erhebst und wie dein Bewußtsein magnetisch alles ähnliche Bewußtsein zu sich zieht. Laß deine Blaupause um das Erdgitter kreisen und nach anderen Blaupausen suchen, die auf deine abgestimmt sind und deren letztlicher Plan darin besteht, eine neue globale Blaupause für die Menschheit zu aktivieren. Fühl diese globale Suche. Laß dich selbst als goldene Lichtkugel immer wieder um den Planeten kreisen, von einem Ort zum anderen. Laß diese Kugel größer werden, indem sie immer mehr ähnliches Bewußtsein anzieht und ein Geflecht aus Licht bildet. Fühl, wie deine goldene Lichtkugel an verschiedene Orte auf dein Globus gezogen wird. Sieh dich dort, und sich, wie deine Anwesenheit Überall verändert, öffnet und erweitert.*

*Stell dir sechs Milliarden Menschen vor, die aus dein Inneren ihres Körpers mit dieser globalen Blaupause verbunden sind. Sie wissen, daß die bevorstehende Veränderung eine Gelegenheit ist, ein freudvolleres und erfüllteres Leben zu führen, in dem sie die Freiheit haben, es aus einer völlig anderen Perspektive zu betrachten.*

*Komm mit deinem Bewußtsein zurück zu deinem Körper. Visualisiere, wie Licht durch dich fließt, dich erfüllt und verbindet. Beobachte, wie die Energie schneller fließt, und laß deinen Körper allmählich pulsieren. Du fühlst dich kräftiger und erfüllt mit neuer Information, Gesundheit und Vitalität. Fühl ständig die Lichtsäule in dir, die dich erfüllt und dich mit deiner Quelle verbindet.*

*Laß diese Lichtsäule immer in deinen Körper strömen. Die Lichtsäule ist deine Eintrittskarte für höhere Bereiche.*

*Gedanke ist. Du entwickelst dich und lernst, deine Gedanken produktiv anzuwenden, damit du deine Welt verändern und ein völlig neues Paradigma der Wirklichkeit erschaffen kannst. Vertrau dir, und hörgut auf das, was du gerade entdeckst. Der vor dir liegende Weg kann sehr interessant sein. Denk daran, daß du allein ihn erschaffst, und wenn dir die Landschaft nicht gefällt, kannst du einfach einen neuen Weg einschlagen. Gute Reise!*

# KAPITEL 7

## Tanz der Dimensionen

*Wir erinnern euch daran, daß Urschöpfer alle Teams aufstellt, und wenn ihr in Urschöpfers Universum seid, dann gehört ihr auch allen Teams an.*

Ihr als menschliche Wesen seid die Benutzerkarten, die Schlüssel zur Lebendigen Bibliothek. Alle in der Bibliothek der Erde gespeicherten Informationen sind durch euch zugänglich. Ihr wurdet so entworfen, daß man mit euch verschmelzen, euch beeinflussen und durch euch hervortreten kann. Ihr seid hierhergekommen, um die menschliche Version des spirituellen Evolutionsprozesses zu meistern – damit zu leben, mit vielen verschiedenen Wirklichkeiten zu verschmelzen, und zuzulassen, daß sich Realitäten durch euch herausbilden.

Zum Schluß werdet ihr auf das Bewußtsein der Schöpfergötter, deren Abkömmlinge ihr seid, eingestimmt sein. Es wird so aussehen, als ob man am Senderknopf eines Radios dreht, um verschiedene Frequenzen zu empfangen. Erlaubt euch zu verstehen, daß der spezielle physische Körper, den ihr jetzt einnehmt, ein Sende- und Empfangszentrum ist, eine Rundfunkstation, die in vielen Wirklichkeiten existiert. Die gesamte Schöpfung ist so angelegt, daß sie beeinflußt werden kann – wie Puzzleteile, die haargenau zu anderen Teilen des Puzzles passen. Als Menschen hat man euch im unklaren darüber gelassen, wie viele Anschlußstellen für andere Realitäten ihr besitzt. Ihr habt keine Vorstellung von den intelligenten Quellen in anderen Wirklichkeiten, die sich auf euch einstimmen und euch beeinflussen.

Es gibt nichts, das nicht Teil des Ganzen ist, und das Ganze ist als eine Zone des freien Willens entworfen, die unendlichen Austausch und Einfluß erzeugt. Eure Aufgabe und Verantwortung liegt darin, Verbindungen einzugehen und eine Auswahl zu treffen. Eure Eltern sagten vielleicht zu euch: »Spiel nur mit den braven Kindern. Spiel nicht mit Kindern, die zuschlagen, spucken, beißen, treten oder fluchen. Du willst doch gute Freunde haben.« Sie lehrten euch, wie ihr Freunde aussucht. Ein Teil ihrer Elternrolle bestand darin, euch beizubringen, worauf ihr bei Menschen schauen sollt. Es hat euch allerdings niemand je beigebracht, wie ihr mit den unsichtbaren Welten um euch herum Freundschaft schließen und Verbindungen eingehen könnt.

Als Menschen besteht euer Job darin, die Lebendige Bibliothek zu besitzen und euch um sie zu kümmern. In der Vergangenheit blickten diejenigen, die die Lebendige Bibliothek erfahren wollten, erlaubterweise aus den Augen der menschlichen Wesen. Dadurch wurden die Menschen zu verantwortlichen Göttern und Göttinnen, sozusagen zu Reiseleitern in dieser Wirklichkeit. Die Menschen hatten einmal auf der Erde sehr geachtete und hochstehende Positionen inne. Ihr hattet glanzvolle, strahlende Formen, die Energie und Licht aussandten. Ebenso wie Küchenchefs Spezialitäten zubereiten können, so hatten die Menschen besondere Arten, die Lebendige Bibliothek zu erfahren und an die Information heranzukommen. Diejenigen, die nach Wissen strebten, kamen, um die Bibliothek der Erde zu erfahren und zu entdekken. Sie verschmolzen mit den Menschen, die als Bibliotheksausweise für die Erde in ihrer ganzen Pracht und Herrlichkeit dienten. Es war ein göttlicher Zweck, eins mit anderen Energien zu werden und ihnen zu erlauben, aus euren Augen zu blicken, damit sie mehr erfahren konnten. Die Menschen stellten sich für diesen Prozeß zur Verfügung.

Energien aus weit entfernten Sternensystemen, die zur Bibliothek beigetragen hatten, sagten: »Wir möchten in die Bibliothek gehen, um einige Dinge zu studieren und einige Informationen zu bekommen.« Sie mußten eine Erlaubnis erhalten und die Liebesfrequenz verkörpern, um mit den Menschen verschmelzen zu können. Die Menschen wußten, daß eine Verschmelzung besonderer Art stattfand, ein Zusammentreffen der Liebesfrequenz. Die anderen Energien benutzten die Körper, Augen, Sinne, das gesamte Wesen der Menschen, um die Lebendige Bibliothek zu erforschen. Verschiedene Menschen hatten natürlich Vorlieben für bestimmte Aspekte der Lebendigen Bibliothek, und die hereinkommenden Götter und Göttinnen, wenn ihr sie so nennen wollt, waren hinter bestimmten Daten her. Es war also eine recht interessante Sache, Verwalter der Lebendigen Bibliothek zu sein, denn ihr wußtet nicht, welcher Gott oder welche Göttin zu Besuch kommen würde und welche Informationen er oder sie suchte. Ihr wart wie Fremdenführer, und die Besucher beauftragten euch, ihnen die gewünschten Informationen zugänglich zu machen. Es war eine symbiotische Beziehung, und ihr Erfolg basierte auf der Liebesfrequenz.

Es gibt herausragende Informationen, die im Dasein verzweifelt gebraucht werden, und sie sind hier auf Erden gespeichert. Da nun die Neuordnung des Lichts auf der Erde stattfindet, wird es zu einer Massenverschmelzung von Wesen kommen, die sehr wohlmeinend, sehr erhebend und liebevoll sind. Sie werden durch euren Körper kommen und durch ihn operieren. Ihr werdet eure Ganzheit und eure Identität behalten; sie werden sich jedoch mit euch vermischen, so wie wir uns mit unserem Medium vermischen. Sie werden Zugriff zu den Codes und Meisterzahlen in eurem Körper haben können.

Indem die Erde in eine Frequenz katapultiert wird, durch die die Lebendige Bibliothek wieder ihre volle Funktion aufzunehmen vermag, werden alle die notwendigen Erfahrungen teilen. Um von vielen kosmischen Gesichtspunkten aus wieder eine wertvolle Stütze für den Zugang in die Lebendige Bibliothek darzustellen, werdet ihr eine zwölfstrangige DNS und Verfügung über eure volle Gehirnkapazität haben. Damit ihr als Bibliotheksausweise zu Partnern werden könnt, müßt ihr verstehen, daß ihr mehr als menschlich seid. In der gesamten Existenz, wo ihr in eurer wahren Form multidimensional seid, habt ihr viele Verkleidungen. Ihr seid Ansammlungen empfindungsfähiger Energien, die überall in diesem universellen System ausgesät sind. Ihr bildet einen Bewußtseinspool, der sich mit anderem Bewußtsein zusammenschließt, das Absichten und Zwecke verfolgt und Dinge entdeckt.

Die Erde befindet sich auf einem Kurs, dessen Richtung sich radikal verändern wird. Sie erfährt gerade einen beschleunigenden Stoß im laufenden Evolutionsprozeß. Ein Zyklus nähert sich seiner Vollendung, und ein neues Zeitalter oder ein neues Thema ist dabei, auf der Erde vorherrschend zu werden. Ihr helft diesem neuen Zeitalter, ins Bewußtsein der Gesellschaft zu gelangen. Zur Zeit verstehen die Menschen kaum, daß sie viele Male als Menschen leben, geschweige denn, daß es viel mehr Identitäten des Selbst gibt.

Das Selbst ist eine Zusammensetzung vieler verschiedener Lebensformen, die zusammen eine zentrale Seele bilden. Wenn die Erde in eine neue Richtung katapultiert wird, verschwinden die Bewohner vielleicht, weil sie der neuen Geschwindigkeit, mit der die Erde schwingen wird, nicht entsprechen. Oder sie werden die Veränderungen in Angriff nehmen, die sie für die Fähigkeit vorbereiten, sich in die verschiedenen Persönlichkeiten der Zentralseele ein- und auszublenden. Ihr seid dabei Vorreiter und trefft mit vielen Teilen eures Selbst zusammen, die für euch am wichtigsten zu verstehen sind. Es gibt viele dieser Selbste kennenzulernen.

Denkt daran, daß ihr Teil einer größeren Intelligenzansammlung seid, die sich in vielen Wirklichkeiten auszudrücken sucht. Um alle Versionen der Realität besser verstehen zu können, besitzt eure Zentralseele viele verschiedene Persönlichkeiten, Tentakel und Greifarme. Glaubt also nicht, daß ihr in allen Versionen der Wirklichkeit die »Guten« seid. Tatsächlich ist es so, daß ihr als »Böse« manchmal zu mehr Informationen kommt als in der »guten« Rolle. Wenn ihr gute Menschen seid, seid ihr manchmal so naiv, daß ihr keine Ahnung habt, was vorgeht. Eure Entdeckungen müssen euch nicht mit Schwierigkeiten belasten. Nehmt euch vor, daß sie in euch Interesse wecken, mehr Wissen vermitteln und etwas Gewinnbringendes für euch haben.

Ihr versteckt eure Klugheit vor euch selbst. Ihr müßt lernen zu beobachten, wie ihr eure Wirklichkeit erschafft, in wie vielen Dimensionen des Denkens ihr wirklich seid und dabei vorgebt, nur herumzuhängen und auf etwas zu warten. Gedanken jagen jede Sekunde durch euren Kopf und bringen eine Fülle von Informationen, und ihr erkennt nicht, daß ihr die ganze Zeit über eure Wirklichkeit erschafft. Ihr versteckt eure Glaubensvorstellungen vor euch. Ihr versteckt eure Macht vor euch. Denkt daran, daß ihr als Spezies durch euer Fernsehen und Bildungssystem programmiert seid, an eure eigene Machtlosigkeit zu glauben.

Tappt nicht in die Falle und denkt, ihr würdet eure Wirklichkeit nur manchmal erschaffen, während ihr ein andermal oder in bestimmten Situationen keine Macht habt. Ihr müßt euch an die Unermeßlichkeit eurer Erfahrung erinnern. Ihr müßt daran denken, daß ihr bestimmte Abmachungen trefft, um an scheinbar schwierigen oder schlechten Dingen teilzunehmen, denn oft sind hinter Erfahrungen, die ihr als schwierig bezeichnet, erhebende Ereignisse verborgen. Denkt daran, daß in *allen Dingen,* die ihr erschafft, Möglichkeiten liegen.

Ihr seid selbst Spielleiter, die die Wiederherstellung der Freiheit der Erde und die Aussaat von Zivilisationen inszenierten. Diese Zivilisationen wurden lebendig und aktiviert, und nun lebt ihr an einem der aufregendsten Orte und in der aufregendsten Zeit des Daseins. Es gibt viele, die euch unterstützen und mit euch verschmelzen, die durch euch wirken und euch bei der kommenden Aufgabe zur Hand gehen wollen. Um diese Aufgabe zu bewältigen, müßt ihr nicht viel lesen oder Computerausdrucke durchwühlen. Ihr braucht bloß auf euch zu vertrauen und eure Wirklichkeit geistreich zu gestalten, indem ihr euch das, was ihr als menschliche Wesen erreichen wollt, klar vornehmt. Was für ein Zeichen ihr auch immer setzen wollt in dieser Welt – es wird sein. Habt also große Träume.

Menschliche Wesen haben als Bibliotheksausweise zu einzigartiger Information Zugang, die sich von der durch das Pflanzen- oder Tierreich erfahrenen stark unterscheidet. Die Lebendige Bibliothek wurde so angelegt, daß man mit ihr verschmilzt, und indem andere Wesen durch Lebensformen der Erde hereinkommen, können sie eine Version der Wirklichkeit der Erde erfahren und Informationen sammeln. Die Absicht des Gesuchten wählt die Art der stattfindenden Verschmelzung.

Die Menschen sind so angelegt, daß sie vollen Zugang zur Lebendigen Bibliothek gewähren. Wenn andere Energien mit Menschen verschmelzen, können sie Formeln und Blaupausen finden, zu denen sie nicht gelangen, wenn sie sich, zum Beispiel, mit Fröschen verbinden.

Die Menschen wurden als Bibliotheksausweise von Energien benutzt, die das menschliche Medium nicht ganz verstehen, und dies hat bei den Menschen zu Ungleichgewicht und Wahnsinn geführt.

Wenn auch bestimmte Wesenheiten den Menschen absichtlich schaden, so tun es viele nur aus Unwissenheit. Es ist äußerst wichtig, daß ihr euren Körper für die Energie der Verschmelzung vorbereitet, Normen aufstellt, wofür ihr zur Verfügung steht, und Unterscheidungsfähigkeit entwickelt. Denkt daran, daß ihr die Unterstützung eures höheren Selbst habt, der Version von euch, die eure Erfahrung durch die universellen Gesetze von Ursache und Wirkung hindurchsteuert. Das höhere Selbst dient auch als Wächter und Sekretär für eure gesellschaftlichen Angelegenheiten, denn es reguliert die aufgrund eurer dreidimensionalen Handlungen und Glaubensvorstellungen getroffenen Verabredungen, da die Wirklichkeit ständig von einem Bereich in den anderen übersetzt wird.

Die Uranus-Neptun-Konjunktion von 1993 schickte als Galaktische Flutwelle des Lichts einen elektrischen Energiestrahl auf euren Planeten und aktivierte in den Menschen das Potential für die dritte Helix. Sie regte die codierten Lichtfäden an, sich zusammenzufügen und diese dritte Helix zu bündeln. Dies schloß den elektrischen Stromkreislauf in eurem Körper, wodurch das Selbst, so wie ihr es kennt, zum multidimensionalen Selbst Zugang erhalten wird.

Euch stehen enorm beschleunigte Zeiten bevor. Jeder einzelne von euch ist ein persönlicher Energiewirbel. Indem ihr mit uns dieses Spiel der zwölf Chakras spielt, öffnet ihr sie und erzeugt Eingänge, durch die die gesamte unbegrenzte Zahl eurer multidimensionaler. Persönlichkeiten operieren kann. Diese Persönlichkeiten können sich vermischen und eine harmonische Einheit bilden. Es gibt Versionen von euch, die nicht mit euch im Einklang stehen, und wenn sie hereinkommen, seid ihr herausgefordert zu lernen, wie ihr ihnen beibringen könnt, die gleiche Wellenlänge zu erlangen, damit ihr diese harmonische Einheit erschaffen könnt. Im tiefsten Kern eures Seins müßt ihr wissen, wer ihr seid und was euer Maßstab als dreidimensionale Persönlichkeit auf dem Weg in die Multidimensionalität ist. Indem ihr den Maßstab festlegt, richten sich eure Erfahrungen und alle Wesen, die mit euch verschmelzen möchten, nach dieser Entscheidung.

Wenn ihr eine multidimensionale Verschmelzung erfahrt, ist es ganz angebracht zu sagen: »He, hört mal her. Ich arbeite für die Verbesserung der menschlichen Rasse, denn ich gehöre selbst dazu. Ich strebe nach meiner eigenen Höherentwicklung, um größere Fähigkeiten zu haben und mich wohler zu fühlen. Ich beabsichtige, diese Fähigkeiten so anzuwenden, daß ich selbst davon profitiere und daß alle Menschen, mit denen ich in Kontakt bin, davon profitieren, das heißt die gesamte menschliche Rasse sowie dieser Planet, Mutter Erde, der uns einen Platz zur Entwicklung bietet.« Wenn eine andere Energie mit diesen Zielen nicht übereinstimmt, wird sie sich zurückziehen oder, im besten Fall, bereit sein, sich zu verändern und eine neue Betrachtungsweise in Erwägung zu ziehen. Oft kommt eine Energie, um geheilt zu werden, Liebe zu suchen und zu lernen, was sie noch nicht kennt. Ihr seid wie eine Kerzenflamme und zieht Versionen eures Selbst wie Motten an. Sie fliegen ins Feuer, ihr wandelt sie um, und sie werden neu geboren.

Ihr könnt sagen: »Es ist meine Absicht, besser zu verstehen, wie ich diese multidimensionalen Erfahrungen anwenden kann. Es ist meine Absicht herauszufinden, wie ich davon mehr profitieren und damit mehr Spaß haben kann.« Dies bestimmt die Erfahrung aufgrund von Absicht. Absicht ist eine bewußte Feststellung dessen, was ihr in die Wirklichkeit manifestieren wollt. Wenn ihr also etwas wollt, dann beabsichtigt es zuerst, denn so erschafft ihr eure Realität.

Ihr lebt in einer Zeit, in der die Wirklichkeit neu definiert wird, und ihr seid es, die das tun. Wagt mit euch selbst das

Abenteuer einer Entdeckungsreise, indem ihr festlegt, was ihr wollt, und bittet dann um Information und Beistand bei der Interpretation eurer Erfahrungen.

Was heißt es, ein Bibliotheksausweis zu sein? Es bedeutet, daß ihr euch auf dem ersten Schritt zur Zulassung befindet – zum Verstehen, Verbinden, Vermischen und Verschmelzen mit anderen Energien, um ihnen zu erlauben, durch euch in die Lebendige Bibliothek zu gelangen. Wenn ihr bestimmte Bewußtseinszustände erreicht, sendet ihr wie Radiostationen einen elektromagnetischen Impuls aus, und andere können sich darauf einstimmen. Ihr werdet dann sehr wertvoll, denn andere können mit euch verschmelzen und haben Zugang zu den Codes. Die Codes enthalten Formeln zur Nachbildung von Leben. Es wurden viele Sicherheitsmaßnahmen eingebaut, damit die wichtigsten in den Menschen gespeicherten Daten nur bei einem bestimmten Bewußtseinszustand existieren und durch ihn erreicht werden können. Wenn das nicht der Fall ist, zeigen sich die Formeln nicht einmal. Sie existieren durch die Aufrechterhaltung einer hohen Bewußtseinsebene in den Menschen. Wenn die Qualität des Lebens und des Daseins beeinträchtigt wird, können die Menschen die Formeln nicht erzeugen.

Wir bitten euch, die Energien dieser Wesen, die mit euch verschmelzen möchten, *zu fühlen*. Bittet sie, euch ein Zeichen zu geben. Sagt: »Ich arbeite für meine eigene Höherwerdung und die des Planeten. Wenn ihr auf dieser Linie liegt, seid ihr willkommen. Wenn nicht, braucht ihr nicht einmal in meine Nähe zu gehen. Ich stehe für solchen Unsinn nicht zur Verfügung.« Das müßt ihr festlegen.

Ihr könnt auch sagen: »Energien, die ihr durch mich arbeiten wollt, ich bin bereit, eine eurer Lebensmanifestationen auf dem Planeten zu sein. Ich möchte erfahren, wer ihr seid, und euch verstehen. Ich möchte durch eure Gegenwart energetisiert werden. Wenn ihr die Fähigkeit habt, an Energien heranzukommen, die ich nicht erreichen kann, und ich bereit bin, diesen Energien in meinem Körper Raum zu geben, dann teilt diese Fähigkeit bitte mit mir.«

Wenn die auftretenden Energien nicht euer Gefallen finden, scheut euch nicht zu sagen: »Die Türen sind verschlossen. Ihr liegt mir nicht. Ich werde jemand anders finden.« Und ihr werdet jemand anders finden, denn eure Maßstäbe werden eure Erfahrung erschaffen. Wenn ihr euch einmal im Aufbau von Freundschaften mit den sogenannten Unsichtbaren wohl fühlt, könnt ihr die »Nicht-meine-Sache«-Typen erforschen und verstehen lernen. Tatsächlich sind alle Teil der einen Beziehung.

Übernehmt mehr Verantwortung. Es sind viele Dinge notwendig, um euren Körper darauf vorzübereiten, die Bewußtheit der multidimensionalen Energie zu beherbergen. Yoga, Stretching, bewußtes Atmen sowie Algen und Kräuter als Unterstützung des Körpers schaffen Raum, in dem die Energie operieren kann. Es bedarf eines Körpers, der die Schwingung der multidimensionalen Intelligenz beherbergen kann, vielleicht beschäftigt ihr euch also auch mit der Vorbereitung darauf. Hinterfragt die Energien, die mit euch arbeiten wollen. Auf der Erde wird es als ungehörig bezeichnet, einen Gott oder eine Göttin zu hinterfragen, so wie es als Kind vielleicht ungehörig war, Erwachsene zu hinterfragen. »Man soll Kinder nur sehen, nicht hören.« Als Kinder der Götter wendet ihr das gleiche Prinzip an, nämlich Älteren gegenüber nicht aufzufallen und keine Fragen zu stellen. Wir schlagen vor, daß ihr alles hinterfragt – auch das, was wir sagen –, denn ihr habt nicht nur das *Recht,* sondern auch die Verantwortung zu fragen. Dies ist ein Schlüssel zu Souveränität, nämlich euren Körper in Besitz zu nehmen und eure Realität ins Sein zu befehlen.

Lernt Spiralen zu erzeugen, die aus eurem Solarplexus heraustreten und in die Antlitze eurer verschiedenen Selbste reichen. Ihr werdet herausfinden, daß die Spiralen euch mit eurem Zweck verbinden. Urteilt nicht über die Selbste, die ihr von eurem dreidimensionalen Gesichtspunkt aus seht, denn Urteile erzeugen Fallen und Realitätsschleifen, die dasselbe Thema in verschiedenen Verkleidungen pausenlos wiederholen. Eine Abmachung vieler von euch war, auf dieser Reise über das Urteilen hinauszugehen, und es ist wichtig, diesen Standpunkt beizubehalten.

Eure multidimensionalen Selbste können euch Entwicklung verordnen. Ihr seid euer eigenes Licht und euer eigener Schatten. Natürlich spielt ihr auch das Spiel der Trennung. Jetzt spielt ihr aber das Spiel, ein Mitglied der Lichtfamilie zu sein und zu den Guten zu gehören. Wir sagen, daß es Teams gibt – das helle und das dunkle Team –, und ihr möchtet vielleicht gern glauben, daß ihr nur zum hellen Team gehört. Wir erinnern euch daran, daß Urschöpfer alle Teams aufstellt, und wenn ihr in Urschöpfers Universum seid, gehört ihr auch allen Teams an.

Euer natürlicher Seinszustand – und darauf entwickelt ihr euch hin – ist eine multidimensionale Gestalt, die Frieden auf diesem Planeten schaffen und ihn auch in andere Welten tragen kann. Denkt daran, daß Friede mit einer Entscheidung zu tun hat, die ein für euer Leben ausgewählter Maßstab ist. Eines Tages wird es viele parallele Erinnerungen zu integrieren geben, und es werden plötzlich viele Vorstellungen auftreten. Ihr werdet erkennen, daß es sehr viele *Erfahrung sammelnde* Schichten von euch gibt, während ein Teil von euch sich so sicher ist, daß rein gar nichts abläuft. Diese Schichten der Wirklichkeit beginnen zu reißen und zu zersplittern, und ihr taucht in neue Aspekte eurer Fähigkeiten und eures Ausdrucks ein. Der Trick besteht jetzt darin, diese Dinge anzuerkennen – mehr Zeit für das zu verwenden, was ihr im Laufe der Jahre aufgrund eurer Inspiration entdeckt habt.

Ihr seid hierhergekommen, um die Wahrscheinlichkeiten

der Erde zu verändern. Ihr tut viel mehr Dinge außerhalb eures Körpers, als euch bewußt ist. Der Tag wird kommen, an dem ihr euch bewußt seid, wohin ihr geht, wenn ihr mal kurz einnickt, vor euch hin döst oder schlaft. Vor Äonen mußte man hart trainieren, um diese Fähigkeit zu entwickeln. Heute werdet ihr ständig mit Licht überflutet, und je mehr Licht ihr im Körper habt, desto mehr wird die Neuanordnung eurer größeren Identität angeregt. Behaltet in diesem Prozeß ein starkes eigenes Verständnis für das Wesen, das ihr jetzt seid. Zeigt Liebe und Wohlwollen für das Gefährt, das ihr erschaffen habt.

Glaubt ihr, daß die Erde diese Veränderungen durchmacht, ohne daß jemand davon profitiert? Es gibt Millionen, die geduldig darauf warten, daß die Erde Licht wird, damit sie in Liebe kommen können, zum hier Vorhandenen Zutritt haben und den Gang der Ereignisse verändern können. Damit ihr diese wertvolle Stellung erreichen könnt, müssen alle erkennen und fühlen, wer sie sind. Es wird Energie auf die Erde geschickt, um eine Bewegung und eine tiefe innere Veränderung zu erzeugen. Dies ist Teil des Entwurfs der Zeiten, und indem alles sich fügt, beginnt ihr zu wissen, euch zu erinnern und zu fühlen. Plötzlich ist nichts mehr so, wie es war.

Diese in euch aufgewühlten Erinnerungen können körperliche Reaktionen hervorrufen, denn sie stecken in den Zellen eures physischen, mentalen, emotionalen und spirituellen Körpers, und sie müssen verstanden werden. Ihr wachst in etwas Neues hinein, und ihr seid jetzt dabei, das Gerüst dafür zu bauen. Wir ermutigen euch, euren Körper auszurichten, ganz gleich welche Methode euch dabei am meisten zusagt. Ihr könnt Shiatsu, Massage, Rolfing, Rebirthing oder irgendeine andere Methode anwenden, durch die ihr an alle eure Körper herankommt – an den mentalen, den physischen, den spirituellen und den emotionalen. Bewegt mit diesen Methoden die Energie über alle etwaigen Blockaden hinaus. Wir empfehlen euch, viel Wasser zu trinken, bewußt zu atmen und Sauerstoff aufzunehmen, mit Tönen zu arbeiten und zu erlauben, daß Ton und Klang sich durch euren Körper ausdrücken. Laßt euren Körper aktiv und lebendig sein. Nehmt euch Zeit, um zu kommunizieren, in Frieden zu meditieren und dem zu lauschen, was aus eurem Inneren spricht. Flechtet eure Entdeckungen in eure Lebensstruktur ein, und laßt immer wieder das von euch Gewünschte euer festes Ziel sein.

Ihr könnt wie ein Kind diese Spiele spielen und Spaß dabei haben, doch versteht, daß ihr auf einer tieferen Ebene die Kunst des Schamanismus erforscht und praktiziert – die Fähigkeit, viele Welten zu verstehen und zu beeinflussen. Der Schamane lebt nicht in nur einer Welt. Wenn ihr lernt, den Beistand anderer Welten zu rufen und durch Harmonie und Zusammenarbeit schöpferisch Energie auszutauschen, verändert ihr euch. Kehrt immer zum Heimatstützpunkt zurück – eurem »Ich« der Erde, einer starken Einzelidentität, die die sich entfaltende Beziehung zu allem Seienden entdeckt.

Ihr werdet geprüft, wie konsequent, verläßlich und stabil ihr seid, denn in den nächsten zwanzig Jahren werdet ihr von den aus anderen Dimensionen auftretenden Anomalien schokkiert sein. Verschiedene Dimensionseingänge sind weit offen, und dadurch können Dinge hereinsickern, sich bewegen und verschieben, die separat gehalten wurden. Dadurch entdeckt ihr womöglich Objekte, Kreaturen, Schöpfungen und Ereignisse, die da, wo sie sind, nichts zu suchen haben. Ihr entdeckt vielleicht, daß ausgerottet geglaubte Geschöpfe wiederkehren, Tiere plötzlich spurlos verschwinden und verschiedene Vegetationsarten auf dem gesamten Planeten auftauchen. Persönliche Dinge aus eurem Besitz können eines Tages einfach verschwinden, durch einen Riß hindurchrutschen. Dies sind einige der Anomalien, die auftreten werden, wenn ihr neu überdenkt, wer und was ihr seid in Beziehung zu allem Seienden. Ihr werdet jetzt viel leichter denn je durch negative Gedankenformen beeinflußt. Warum? Weil die Menschen mehr denn je Negativität erzeugen. Regen euch eure Zeitungen an, Freude zu empfinden oder Negativität? Die auf den Planeten gelangenden höheren Energiefrequenzen verursachen eine Zerrüttung der Astralebene, die so stark mit Gedankenformen der Angst überladen ist, daß sie sich nicht mehr länger ruhighalten kann.

Der Zusammenbruch des Astralbereiches mit seiner eigenen Bevölkerungsexplosion wirkt eindeutig intensivierend auf den Planeten. Die Menschen sind ängstlicher und fühlen eine schwerere Last. Gedankenformen streben danach, sich an Negativität anzuhängen, was heißt, daß ihr eher Leid empfindet als Freude und eher Sorgen als Hochgefühl, Vertrauen und göttliche Unbekümmertheit. Dies ist jedoch eine Sache der Entscheidung. Was wählt ihr euch aus? Worauf werdet ihr euren Fokus richten?

In diesem Spiel geht es um Klarheit. Wenn ihr euch ohne Klarheit zur Verfügung stellt, ist es sehr leicht, Energien anzuziehen, die euren Schwingungen keinen Raum bieten. Das heißt nicht, daß diese Energien schlecht sind; es heißt einfach, daß sie nicht mit der Schwingung eurer Absicht in Einklang stehen. Und eure Absicht kann euch natürlich unklar sein. Wenn ihr selbst keine feste Haltung einnehmt, kommt Verwirrung auf, denn die Energien integrieren sich nicht. Eure Emotionen erschaffen als euch umgebende Gedankenformen die Qualität eurer Erfahrungen. Jederzeit glücklich und perfekt erscheinen zu wollen ist keine Lösung. Erlaubt euch, die emotionalen Erfahrungen zu durchleben, und lernt davon. Schlechte Laune und Energien, an denen ihr festhaltet, werden zur Gewohnheit oder zum Muster, was extreme Schwierigkeiten bringen kann. Ihr könnt auf den kosmischen Strich gehen, wie wir es nennen, und ein offenes Tor für jede nur denkbare unqualifizierte Energie sein. Mit dem Wissen, daß Urschöpfer in allen Dingen ist, kann dies tatsächlich zum Dilemma werden.

Seid euch bewußt, daß ihr in den Prozeß der Selbstentdeckung bezüglich alles Seienden eintaucht. Da Wirklichkeit und Ideen sich durch euch entfalten, werdet ihr durch Liebe, Mitgefühl und Verständnis mehr von der großen Dualität und Polarisierung erfahren können, die einen Aspekt des Daseins charakterisieren. Der Schlüssel besteht darin, die Entdeckungsreise zu genießen und das darin enthaltene Juwel zu finden.

Stellt euch selbst als einen Eingang vor und eure Emotionen als Wächter, die die Art der Energie bestimmen, die jetzt auf die Erdenebene gelangen darf, denn ihr seid die Torwächter für andere Dimensionen. Ihr müßt euch selbst lieben, denn ihr operiert in dieser Wirklichkeit aus euch heraus. Der von euch eingenommene physische Körper ist eure Heimatbasis. Seine gesamte Geschichte hat euch zu genau diesem Punkt der Bewußtheit gebracht, wo ihr erkennt, daß ihr bedeutend seid. Euer Körper ist euer Beförderungsmittel, euer Mercedes, und das steht außer Frage, zumindest in dieser Runde. Ihr definiert eure Grenzen, ihr selbst sagt: »Dies fühlt sich gut an, das nicht. Dies ist in Ordnung, das nicht.« Lernt, ohne Schuldgefühle zu vorzugehen, indem ihr euch liebt und darauf vertraut, daß alles, was ihr geschaffen habt, eine Gelegenheit für spirituelles Wachstum ist.

Jeder einzelne eurer Gedanken kommt ins Leben und in die Form, ähnlich wie ein Bäcker Teig knetet und Plätzchen formt. Jedesmal, wenn ihr an etwas denkt, wird eine Gedankenform ins Sein entlassen. Diese Gedankenform arbeitet mit euch und erhält Lebenskraft in den Äthern der kollektiven Gedankenformen. Was ihr in Gang gesetzt habt, werdet ihr, wohl oder übel, erfahren. Ihr seid Schöpfer. Jetzt erkennt ihr vielleicht die Tiefe dessen, was ihr durch eure grundsätzlichen Gedanken und Glaubensvorstellungen ausgelöst habt. Es zahlt sich weder aus, eifersüchtig zu sein, noch Haß, Rache oder ähnliche Dinge zu energetisieren, denn wenn ihr ihnen Leben verleiht, kehren sie zurück und verfolgen euch, damit ihr eure Schöpferkraft persönlich erfahren könnt.

Wenn ihr euren Körper und euch selbst liebt, kommt ihr zu bestimmten Schlußfolgerungen darüber, wofür ihr zur Verfügung steht. Ihr lernt, es selbst in der Hand zu haben, wofür eure Moleküle verfügbar sind, indem eure Absicht aus den Zellen eures Seins heraus laut verkündet wird.

Wir bringen euch die Regeln bei, Eigner eurer selbst zu sein. Ihr müßt souverän werden, um stark genug zu sein, eine Zusammenkunft eures multidimensionalen Selbst zu beherbergen. Wenn eure Schwingung der Absicht klar und kräftig ist, kann etwas, was dieser Schwingung nicht entspricht, nicht magnetisch in eure Nähe gelangen. Denkt daran, daß jeder einzelne seine Wirklichkeit in seiner eigenen Glaubensversion erschafft.

Energien leben von eurer Lebenskraft – der Kundalini-Energie, die am unteren Ende eurer Wirbelsäule eingerollt liegt und im Idealfall durch euren gesamten physischen Körper nach oben steigt. Oft kommt die Leidenschaft des sexuellen Verlangens dem Verständnis der Menschen über die Kundalini am nächsten. Denkt daran, daß diese Kraft, die man sexuelles Verlangen nennt, Leben erschaffen kann. Auf ihre eigene Weise befruchtet euch eure Leidenschaft und bringt euch dazu, Leben entstehen zu lassen. Auch wenn ihr euch der Vitalität und lebenspendenden Eigenschaften dieser Kraft nicht bewußt seid, kann sie euch auf unterschiedliche Arten weggesaugt oder abgezogen werden.

Eure Verantwortung besteht darin, eure Kundalini durch alle Chakras nach oben zu leiten – zuerst durch den Körper und dann darüber hinaus – und diese Kraft zum Erschaffen zu verwenden. Die Lebenskraft in euch verleiht euch den Mut, die Güte und das Vertrauen, euer gärtnerisches Talent zu verwenden, um mit dem Geist auszusäen.

Oft erfahren Menschen, die an Besessenheit leiden, ihre eigenen Gedankenformen, die zu ihnen zurückkehren. Psychische Angriffe bestehen darin, daß Menschen absichtlich etwas an andere aussenden, um sie durcheinanderzubringen; beide Parteien sind daran beteiligt, daß es zu diesem Vorgang kommt. Die Gesamtsumme jeder Evolutionsreise besteht in der Integration aller Dinge, die ihr je getan habt, und im Annehmen von Licht und Schatten. Ihr müßt die Verantwortung für eure Schöpfungen übernehmen – und das könnt ihr nur durch Wissen.

Eine Energie, die euch ihre Anwesenheit wissen lassen will, macht manchmal etwas, damit ihr erkennt, daß ihr euch nicht in eurem normalen Seinszustand befindet. Damit ihr ihre Gegenwart erkennt, wird sie etwas übertreiben, um zu sehen, ob sie eure Aufmerksamkeit erlangen kann. Ihr könnt sagen: »Ist ja schon gut, ich weiß, daß du da bist. Ich hab's kapiert. Ich fühle deine Anwesenheit. Du brauchst nicht mehr extrem zu werden.« Die Energie wird lernen, wie sie sich anpassen muß, um mit euch zu verschmelzen. Ihr müßt eure Kommunikationswege offen halten. Glaubt nicht, daß die Energie, nur weil sie nicht dreidimensional vor euch erscheint, nicht versteht, was ihr ihr mitteilt. Tiere sind Meister auf dem Gebiet der Multidimensionalität und Verschmelzung. Sie bewegen sich durch Dimensionen. Habt ihr schon einmal ein Tier, zum Beispiel einen Vogel beobachtet, der eben noch da war und im nächsten Augenblick schon verschwunden? Tiere sind stark auf die Qualität des Lebens bezogen – viel mehr als ihr. Wenn die Qualität des Lebens in Frage gestellt ist, wandern die Tiere automatisch in eine Wirklichkeit ab, die sie besser trägt. Sie begeben sich in andere Existenzbereiche, denn sie sind auf Überleben programmiert.

Tiere sind intelligent und flexibel und erleben viel mehr Abenteuer als die Menschen. Sie brauchen keine Einkaufszentren, Friedhöfe, Fernseher und Kinos, und sie zerstreuen sich nicht mit oberflächlichen Formen der Unterhaltung. Glaubt ihr, daß Tiere sich jemals langweilen? Glaubt ihr, daß Tiere sich jemals fragen, was sie mal tun könnten? Sie erleben viele, viele Abenteuer, die ihr noch nicht recht verstehen könnt, doch eines Tages wird es euch gelingen.

Insekten und Frösche zum Beispiel öffnen mit ihren Geräuschen Dimensionsstraßen. Andere können auf Klängen reisen. Alles träumt und reist in viele Wirklichkeiten. Ihr könnt das Konzept des Träumens am besten verstehen, wenn ihr wißt, daß ihr im Schlaf in eine andere Welt geht. Alles existiert, weil es verbunden ist – ganz gleich ob das erinnert wird oder nicht. Käfer, Regenwürmer und Frösche wissen, daß sie von einer Realität in die andere gehen. Sie gehen in andere Welten, und doch sind sie auch hier.

Insekten sind die häufigste Tierart auf eurem Planeten, und sie brauchen am wenigsten Platz. Sie halten ein Gleichgewicht aufrecht, denn ohne Insekten könnte euer Planet nicht sein. Insekten sind multidimensional und arbeiten für viele Welten als unsichtbare Wächter. Einige der Schöpfergötter ähneln in ihrem Aussehen und Charakter Insekten. Es gibt Menschen, die Wesen begegnet sind und photographiert haben, die teils menschlich, teils insektoid aussehen. Die Schöpfergötter haben sich in zahlreichen Formen vervielfacht, um als schweigende Vertreter ihrer eigenen Spezies hier zu sein.

Die Insekten arbeiten mit euch auf eine Art, die ihr jetzt noch nicht verstehen könnt. Ihr glaubt, daß sie zufällig auf euch landen oder krabbeln, doch in Wahrheit stellen sie eure elektromagnetische Frequenz fest. Für Insekten seht ihr anders aus. Ihr seid ein Kraftfeld, und manche Teile von euch sind für sie sehr interessant, weil ihr Pheromone abgebt. Wenn sie euch hie und da ein wenig zwicken, gewöhnt ihr euch vielleicht an ihr Wesen.

Viele Lebensformen werden in die Bewußtheit und das Dasein kommen. Ihr werdet sie einfangen und in den Zoo stecken wollen. Für sie hingegen befindet ihr euch in einem Zoo, hinter Gittern wie in einem Gefängnis. Sie möchten euch helfen und euch zurück zur Kommunikation zwischen den Spezies führen. Sie warten darauf zu sehen, ob ihr mit bestimmten Tieren oder Spezies eine Verbindung herstellen könnt. Wenn ihr zeigt, daß ihr die Intelligenz in allen Lebensformen anerkennt, qualifiziert ihr euch allmählich als Botschafter oder diplomatische Vertreter dieser unterschiedlichen Spezies. Das Leben wird wirklich sehr seltsam werden.

Wenn ein Frosch quakt, erzeugt das eine Öffnung in andere Dimensionen für die Tiere – besonders für Insekten, aber auch für viele andere Angehörige des Tierreichs. Frösche und Insekten halten Frequenzen und haben bestimmte Fähigkeiten. Wenn Frösche quaken, erzeugen sie Obertöne und eine Drehbewegung. Umliegende Energien können sich in diesen Klang hineinbewegen und auf einfache Weise erleben, wie es ist, eine andere Lebensform zu sein.

Alle Tiere sind viel mehr als die Menschen auf mehrere Wirklichkeiten eingestimmt, und ihr könnt von ihnen über diese Realitäten lernen. Einige Menschen können mit Tieren verschmelzen und das Tierreich erkunden, um zu entdecken, wie es ist, in der Lebendigen Bibliothek zu sein. Viele sehr intelligente Lebensformen können sich manifestieren, indem sie mit dem Tier- und Pflanzenreich verschmelzen. So können sie hereinkommen und einen Blick in eure Wirklichkeit erhaschen. Jetzt wollen diese vielen intelligenten Lebensformen mit euch, den Bibliotheksausweisen, verschmelzen. Der Zugang zur Lebendigen Bibliothek durch euch als Menschen unterscheidet sich ziemlich von dem durch Eichhörnchen. Ihr seid komplex. Ihr habt eine riesige Menge Wissen in euch. Und indem ihr euch auf die Verschmelzung mit anderen Formen des fühlenden Daseins vorbereitet, werdet ihr Frieden auf euren Planeten bringen können. Ihr werdet eine großartige Höherentwicklung bringen können, eine neue Art des Seins, ein neues Gebet. Es wird so scheinen, als ob es durch euch käme, und doch werdet ihr wissen, daß mehr dahintersteckt. Versteht, daß allen Lebensformen große Intelligenz inneliegt, und die Erfahrung allen Lebens wartet auf euch. Öffnet euer emotionales Selbst, und wendet die vitale Kraft der Liebe als Schlüssel zu eurer eigenen spirituellen Entwicklung an.

## *Energieübung*

*Mach es dir bequem, nimm einige tiefe, bewußte Atemzüge, entspann dich, und sei im Augenblick. Visualisiere dich mit einer Gruppe von Menschen, die du liebst und denen du vertraust. Ihr habt euch versammelt, um ein Lichttor zu öffnen und andere Welten kennenzulernen. Stell dir vor, wie von oben eine Lichtsäule kommt und in deinen Körper und die Gruppe eindringt. Auf dieser Lichtsäule bewegen sich viele Energien, die eine Öffnung oder einen Torweg erschaffen, durch die sich Wirklichkeiten treffen können.*

*Sende aus, daß es deine Absicht ist, dieses Tor zu öffnen, und gib deine Anwesenheit bekannt. Signalisiere allen Energien und Realitäten, daß für ein Verschmelzen mit dir eine Schwingungsgleichheit notwendig ist, um deiner Version der Liebesfrequenz, so wie du sie zur Zeit verstehst, zu entsprechen.*

*Stell dir vor, wie ihr als Gruppe einen Ring um diese Öffnung erzeugt, indem ihr Hand in Hand und Arm in Arm dasteht. Ihr lacht und freut euch darüber, was ihr erreicht habt, und fühlt die Einheit, die euch erlaubt weiterzugehen.*

*Geht nun als Gruppe durch die Öffnung im Lichttor. Geht hinauf, und lokalisiert die Stelle, an der euer Tor euch mit den anderen Toren eures Planeten verbindet. Seht, wie ihr zu anderen Dimensionseingängen geht und Lichtringe erzeugt. Nehmt euer Licht, und webt es in so viele Torwege hinein, wie ihr euch mir vorstellen könnt. Visualisiert und sendet den Gedanken aus, daß Energien, die auf die Erde gelangen wollen, mit der Frequenz übereinstimmen müssen, die ihr gerade entdeckt und haltet, nämlich der Liebesfrequenz.*

*Stell dir vor, wie du selbst mit der Gruppe weit über dem Planeten verteilt Lichtringe erschaffst und dich mit anderen Lichtkreisen verbunden fühlst. Du fühlst dich von der Liebesfrequenz unterstützt, die du jetzt fasziniert trägst.*

*Indem du nun um den Planeten reist und diese Ringe bildest, fühlst du die Energien, die dich dabei unterstützen. Fühl über deinen Planeten hinaus. Fühl, wer wir sind. Fühl, wie die plejadische Energie in dein persönliches Chakrasystem eindringt und es einhüllt. Laß unsere Liebe der Liebesfrequenz entsprechen, so wie du sie zur Zeit verstehst. Laß es zu, daß du dich einige Augenblicke lang unterstützt, genährt und geschätzt fühlst von Energien, die dein Dasein ehren. Wir lieben die Essenz deines Seins.*

*Stell dir nun ein Tor in deiner Galaxie vor, das wir besitzen und betreiben. Als deine plejadischen Freunde agieren wir als Torhüter für die passierenden Frequenzen. Wir halten nun dieses Tor für dich offen und schleusen Liebe aus anderen Systemen hindurch. Indem sich die Tore auf deinem Planeten öffnen, fühl, wie diese Liebe heruntersickert.*

*Stell dir sanfte goldene Lichtstrahlen vor, und fühl, wie die Zellen deines Körpers prickeln. Fühl dich von diesem Licht umgeben und eingehüllt. Laß zu, daß diese Liebe auf den Planeten einströmt und daß all jene, die ihr begegnen, an eine alternative Lebensart erinnert werden. Laß diese Liebe an eine neue Blaupause, ein neues Ideal erinnern.*

*In deiner eigenen Identität, derjenigen, die du entdecken und verstehen möchtest, sieh dich selbst vor einem Spiegel stehen. Sieh, wie dein physischer Körper sich verändert. Du siehst, wie die Moleküle sich bewegen, da die Liebe dich transformiert. Halte diese Liebe, denn sie ist dein Reichtum und dein Wert. Diese Liebe bist du in lebendiger Form. Die Liebe, die du bestimmt bist zu halten, ist der Schlüssel zur Vereinigung verschiedener Fragmente von Energie – um diese Energien in einen neuen schöpferischen Ausdruck für euer Universum zu bringen.*

*Stell dir vor, wie du schwerelos durch Energiewellen gleitest und Eingänge öffnest. Stell dir vor, wie du in menschlicher Form an die vorderste Linie des Daseins katapultiert bist und die Verpflichtung der Liebe trägst. Mach einen bewußten Atemzug, und fühl beim Einatmen die Liebesfrequenz um dich herum. Sie wird in jeden Körperteil geschickt, und du kannst damit machen, was immer du willst. Fühl, wie sie dich nun mit satter Ruhe erfüllt.*

*Stell dir deinen Planeten mit dieser Liebe umgeben vor, die durch dich strömt, während du deine Frequenz über den Toren rund um euren Planeten hältst.*

*Und nun stell dir vor, daß du dich von dem Ort, an dem du dich gerade befindest, zu drehen und in einer Spirale zu bewegen beginnst. Während die Drehungen immer schneller und schneller werden, vereinige sie mit deinem physischen Körper, wo immer du auch bist. Fühl, daß diese Liebe sich aus dir herausdreht und jede Lebensform berührt – alles, was erschaffen wurde. Fühl, wie sie im Hinausdrehen alles berührt, wo du auch immer hingehen magst. Stell dir vor, wie das Drehen immer schneller und dein Wissen immer klarer wird.*

*Bleib einige Zeit in dieser Energie. Fühl diese Liebe – kenne sie, teile sie, sei auf sie neugierig, streb danach, und sie wird dir gehören. Wir vertrauen darauf, daß du weißt, daß du die Welt mit jedem deiner Gedanken veränderst. Wir danken dir, daß du so bereitwillig Gedanken der Liebe und des Friedens für die Erde ausgesendet hast. Es wird das gesamte Dasein beeinflussen.*

# *KAPITEL 8*

## *Das Geschenk der Götter*

*Die orgastische Erfahrung schickt Energien der Heilung und Verjüngung in euren Körper.*

Der Eingang der Lebendigen Bibliothek in euren Körper sind die Genitalien, und wenn ihr lernt, diesen Eingang zu benutzen, dient er als Einstieg in die Aufzeichnungen der Zeit. Im allgemeinen kommen die Menschen zusammen und kopulieren innerhalb von Minuten. Oft nehmen sie sich nicht die Zeit, ihre Sexualität zu erforschen, denn lustvolle Erfahrung wird manchmal mit tiefem emotionalem Schmerz verbunden. Viele von euch haben eine Prägung von Scham, was das Streben nach diesem lustvollen Vergnügen betrifft. Denkt daran, wovon die Legende spricht: daß ihr das Geschenk der Götter erhieltet.

Für uns ist es interessant, wie viele Denkschulen auf der Erde verbreiten, daß die höchste Leistung darin bestehe, die Sexualität hinter sich zu lassen. Seid vorsichtig mit Ideen, die euch von der gesamten Essenz dessen, was ihr seid, ablenken. Diese Ideen und Vorstellungen klingen erhaben; sie bringen euch jedoch von der Erdigkeit und dem Reichtum eurer physischen Form ab. Eure Sekretionen und Mysterien sind Geschenke, die ihr durch eine hingebungsvolle feste Partnerbeziehung mit Würde, Anmut, Ehrfurcht und Respekt zu erforschen habt.

Es ist unsere Absicht, euch zu einer Neuinterpretation eurer Sexualität anzuregen. Versteht bitte, daß ihr im Laufe der Erdveränderungen auf allen möglichen Gebieten aufgerüttelt und neu ausgerichtet werdet. Ihr braucht euch nicht vor dem Alleinsein zu fürchten – ihr habt die Fähigkeit, die innigste feste Partnerbeziehung, die ihr euch nur wünscht, zu manifestieren. Die Sexualität bringt euren Körper in einen Heilungszustand und öffnet Tore zu den Sternen. Sex in einer festen Liebesbeziehung kann tiefgreifend sein, euch in andere Welten tragen, den Körper revitalisieren und ihn an seine idealen Muster erinnern.

Im sexuellen Ausdruck können sowohl der spirituelle als auch der körperliche Bereich erforscht werden. Ein Gleichgewicht ist hier erforderlich. Ihr befindet euch in einem physischen Körper, der essentiell durch den sexuellen Ausdruck eurer Eltern zustande kam. Seid entspannt in eurer sexuellen Energie; achtet und akzeptiert diese Lebenskraft, die durch euch fließt. Wir möchten euch belebt und bereichert sehen und möchten, daß ihr das Gefährt, das ihr seid, versteht.

Auf eurem Planeten seid ihr über den Sex in Unwissenheit gehalten worden. Für euch ist das ein örtlich begrenztes Ereignis, das sich im Idealfall gut anfühlt. Doch in Wahrheit ist es ein kosmisches Ereignis. Immer wenn ihr mit jemandem Sex habt, verbindet euch sofort ein Energiemuster und zieht unsichtbare Energien an. Die Götter und Göttinnen sind so betört von euren Hormonen, daß sie euch einst – wenn ihr bestimmte Hormone abgabt – lebendig zu verschlingen pflegten. Ihr mögt diese Information vielleicht nicht hören, weil ihr dadurch mehr Verantwortung für euch übernehmen müßt. Sie läßt euch darauf zurückblicken, was ihr mit eurem Leben gemacht habt. Im Idealfall urteilt ihr nicht darüber, was ihr getan habt und wie weit ihr gegangen seid, und idealerweise werdet ihr aus euren Erinnerungen – aus diesem oder einem anderen Leben – lernen.

Die Verwendung des sexuellen Ausdrucks zu eurer Regeneration und nicht zur Degeneration wird das von euch verfolgte Ideal werden. Sich mit Sex zu beschäftigen hat mit Hormonen zu tun. Sex geht bis in den Kern eurer Zellen – und die codierten Lichtfäden verflechten sich ineinander. Bei einem Magnet ordnen sich die Energien und streben alle in die gleiche Richtung. Wenn ihr erregt seid und eure Hormone ausgeschüttet werden, richtet sich euer ganzer Körper aus. Wenn ihr und eine andere Person ausgerichtet seid, zeigt ihr eine Art Nord- und Südpol. Gewöhnlich ähneln eure Körperzellen einem Menschengewimmel am Hauptbahnhof. Beim Sex ist es dann, als ob jemand pfeifen würde, und alle drehten sich um und blickten in dieselbe Richtung. Wenn ihr beim Sex einen Zustand der wahren Verbindung mit jemandem erreicht, beeinflußt ihr euch gegenseitig, daß alle eure Zellenergien auf eine Linie kommen. Euer Körper wird zu einem Magnet. Wenn ihr beide einen erhöhten Zustand elektromagnetischer Kraft erreicht, zieht ihr gegenseitig aneinander und erzeugt so ein Gleichgewicht zwischen euch. Wenn ihr darin wirklich gut seid, braucht ihr euch nicht einmal zu berühren. Ihr könnt dieses Liebesgeflecht zwischen euch erzeugen, und durch dieses Kraftfeld erheben sich eure inneren Körper und gehen in andere Welten.

Die meisten von euch sind beim Essen wählerisch. Seid auch wählerisch dabei, wie ihr euren Körper befriedigt. Erlaubt euch, Lust zu entdecken, über sie zu sprechen und sie zu fühlen. Schaut euren Körper an – steht nackt da, und betrachtet ihn von allen Seiten, um die Göttlichkeit in jeder Falte und jedem Winkel wahrzunehmen. Wenn ihr ein Auto habt, sagt ihr auch nicht: »O nein, in den Kofferraum schaue ich nicht.« Ihr akzeptiert das ganze Gefährt. Alle Teile des Autos arbeiten zusammen, um euch zu befördern. So ist es auch mit dem Körper.

Wir glauben, daß die Sexualität eine eurer aufregendsten Gaben ist, und wir möchten euch auf dieser Reise weiterführen, damit es euch hier auf der Erde bessergeht. Liebt die Erde und euch selbst, denn das ist ein und dasselbe, und das heißt auch: jeden Teil eures Körpers. Ihr müßt über Sex sprechen. Verpflichtet euch, jeden Teil eures Körpers zu akzeptieren und einen Partner anzuziehen, der jeden Bereich eures Körpers achten wird. Wißt, daß euer Partner oder eure Partnerin diesen herrlichen Teil eurer Gottes-/Göttinnenkraft bereitwillig erforschen möchte.

Es ist äußerst wichtig für uns, mit euch über Sex zu sprechen. Unsere Vorfahren waren dafür verantwortlich, euch von eurer eigenen Sexualität abzulenken, und sie halfen euch dabei, sie zu mißverstehen. Wenn ihr beginnt, eure Prioritäten im Leben zu sehen, indem ihr diese Lebenskraft – die Sexualität – versteht, wird eure Heilung stattfinden. Die Sexualität ist eines der wichtigsten und entscheidendsten Dinge, die auf dem Planeten geheilt werden müssen.

Wir können euch einige Vorschläge machen. Sie haben damit zu tun, wie ihr einem Partner oder einer Partnerin begegnet und eure Körper bei der Erforschung der Geheimnisse achtet. Denkt daran, daß ihr erkundet, wieviel Energie ihr zwischen euch und dem anderen halten könnt und wie euch diese Energie wohin bringt.

Wenn die Hormone der Anziehung in Bewegung geraten, erfahrt ihr einen Energieaustausch zwischen euren Chakras und denen des Partners. Eure Energien verschmelzen. Wenn ihr die Energie nach oben leitet, statt sie in den Genitalien festzuhalten, könnt ihr den Energiefluß erhöhen und mit neuem Bewußtsein handeln. Lernt, die Energie gegenseitig entlang der Wirbelsäule hinaufzuleiten und durch den Körper zu bewegen, ohne es zum Orgasmus kommen zu lassen. Während des Sexualaktes selbst entdeckt ihr vielleicht, daß die Zeit in sich zusammenfällt.

Wenn ihr als Paar Sexualenergie teilt, öffnet ihr euch für eine Verschmelzung mit anderen Kräften. Für äußere Energien ist das Verschmelzen mit Menschen, die gerade Sex haben, ein besonderer und aufregender Teil der Lebendigen Bibliothek. Es wurde einmal als höchste Ehre angesehen, wenn ein Gott oder eine Göttin mit einem Paar verschmolz, das gerade Sex hatte. Die höchste Erfahrung bestand darin, mit hochentwickelten Wesen zu verschmelzen, die euch achteten und die Liebesfrequenz trugen, so daß es zu einer multidimensionalen sexuellen Erfahrung kam. Wie viele Menschen kennt ihr, die vor dem Sex hohe Schwingungen an sich ziehen? Einige betrinken sich, andere nehmen Drogen oder was immer sie auch brauchen, um den Mut aufzubringen, mit einem anderen zu schlafen. Ihr müßt den nichtphysischen Bereichen die Werte, Maßstäbe und Bedingungen eurer Sexualität klarmachen, so daß nur diejenigen zu euch kommen, die euren Vorgaben entsprechen.

Seid klar gegenüber diesen Energien, die mit euch arbeiten wollen. Sagt ihnen, daß sie sich dem anpassen müssen, wofür ihr euch zur Verfügung stellt. Ihr gebt den Ton an – für die Plejadier, für alle Außerirdischen, für die Götter und Göttinnen. Ihr entscheidet und sagt: »He, hört mal zu, was euch betrifft, so bin ich noch am Lernen. Ich verstehe das jetzt nicht. Ich möchte euch aber kennenlernen. Dies sind meine Maßstäbe. Ich habe nur mit jemandem Sex, den ich liebe. Ich achte meinen Körper. Ich achte die Erde. Integrität steht bei mir an erster Stelle. Wenn ihr meine Werte achtet, heiße ich euch in meinem Leben willkommen, um euch über die menschliche Sexualität zu lehren.« Das ist eine mögliche Annäherung.

Ihr habt gelernt, unsere plejadische Schwingung zu erkennen, nicht wahr? Würde etwas anderes hereinkommen und sich als Plejadier ausgeben, würdet ihr das erkennen. Vielleicht habt ihr jedoch nicht gelernt, die anderen Energien zu identifizieren, so daß ihr nicht wißt, wer sie sind. Die höheren Bereiche sind nicht über Täuschung erhaben. Wenn ihr euch auf der Erde mit jemandem anfreundet, wie wißt ihr, ob das ein guter Mensch ist? Ihr habt ein Gefühl für die Person. Wir möchten, daß ihr die gleichen Fähigkeiten der Wahrnehmung auch bei den nichtphysischen Bereichen anwendet.

Wenn ihr erkundet, wie es ist, mit Wesenheiten zu arbeiten und zu spielen, die einen Menschen suchen, der ihnen hilft hereinzukommen, dann schlagen wir vor, daß ihr auf euren Werten besteht und klar definiert, wofür ihr bereit seid. Betont diese Werte und eure Klarheit immer wieder. Achtet euren Körper, achtet den Körper eures Partners oder eurer Partnerin, und macht nur dann Sex, wenn ihr euch liebt – das ist ein Schlüssel. Die sexuelle Energie in eurem Körper ist eure Lebenskraft. Es ist die Kraft des Gottes oder der Göttin in euch. Sie enthält das Geheimnis der Geheimnisse – sie ist die Schöpfungskraft.

Die meisten Menschen verwenden ihre Sexualität so, daß sie dabei eher verkümmern, als sich zu regenerieren. Vor langer Zeit stand die Göttin so sehr in Einklang mit den Naturkräften, daß sie Schwingungsraten erzeugte, von denen sich diese Kräfte der Natur nährten. Denkt daran, daß alle Dinge ineinander verflochten sind – nichts ist getrennt, und alles ist mit allem verbunden. Was ihr heute hier macht, betrifft den gesamten Globus.

Ihr übernehmt die Blaupause von jeder Person, mit der ihr Sex habt, also müßt ihr euch nicht nur um euren eigenen Kram kümmern, sondern auch um den des anderen. Wenn euer Körper mit einem zweiten zusammenkommt, werden eure Chakras angeregt, und eure Kundalini gerät in Bewegung. Wenn sich eure Kundalini nur in den beiden unteren Chakras bewegt und nicht in den gesamten Körper strömt, könnt ihr im aurischen Feld des anderen »Haken« haben und er hat welche in eurem. Deshalb ist es wichtig, äußerst wählerisch zu sein, mit wem man schlafen will. Wenn ihr euch dann entschlossen habt, stellt sicher, daß eure Beziehung von Treue und Verbindlichkeit geprägt ist und daß ihr vorhabt, Klarheit walten zu lassen, denn in diesen Tagen der beschleunigten Zeit und schnellen Energie könnt ihr alles von einem anderen übernehmen.

Wir raten euch, euren Körper von allen alten Anhaftungen zu klären. Seht ihn als gereinigt und gesegnet an und wie er alle sexuelle Energie aus früheren Verbindungen losläßt. Tut alles, was ihr könnt, um frühere sexuelle Beziehungen, die eurem Leben anhaften, liebevoll loszulassen. Sprecht nicht mehr über die Vergangenheit, und energetisiert alte Partner nicht mehr. Laßt das Alte ziehen. Wenn ihr noch immer über Menschen sprecht, mit denen ihr vor Jahren etwas hattet, energetisiert ihr ihre Gedankenformen in eurem Aurafeld, vor allem wenn es sich um eine sexuelle Verbindung handelte. Dies hält euch davon ab, ein neues jetzt zu erfahren.

Dies ähnelt der Besessenheit insofern, als ihr für die Energie dieser Menschen wie ein Magnet oder eine Einladung seid, auch wenn ihr schon zwanzig Jahre keinen Kontakt mehr zu ihnen hattet. Ihr kreist durch ihre Energie. Sie sind vielleicht nicht mehr im geringsten so, wie ihr sie in Erinnerung habt, aber ihr erschafft eure Erfahrung mit ihnen neu. Die heutige Zeit ist kompliziert. Vor zwanzig Jahren ging es noch gemütlich zu. Am Samstagabend seid ihr auf Partys gegangen oder bliebt faul zu Hause. Das Leben war etwas Überschaubares und Geradliniges, ein einziges großes Fest. Die Dinge haben sich geändert. Damals hattet ihr die Muße, Tagträumen nachzuhängen. Es gab einen großen Zeitabstand zwischen dem Gedanken und dem Moment, in dem ihr schließlich das bekamt, woran ihr gedacht hattet. Es dauerte Äonen, bis ihr manifestieren konntet, was ihr wolltet. Jetzt ist das nicht so.

Sobald ihr jetzt etwas denkt, stoßt ihr auch schon beim nächsten Schritt darauf. So schnell geht es. Seid wählerisch. Respektiert diese Zeitkapsel, in der ihr euch befindet. Die Zeit bricht in sich zusammen, und es verändert sich die Art, wie jeder die Wirklichkeit sieht.

Wenn ihr euch schneuzen müßt, nehmt ihr ein Papiertaschentuch, verwendet es und werft es weg. Mit Menschen geht das nicht. Da läuft es nicht so glatt und schnell. Bei jeder sexuellen Beziehung mit einer Person bindet ihr euch an sie. Wenn zwei Körper zusammenkommen – auch wenn es nur für eine Nacht ist –, bleibt die Verschmelzung der beiden Aurafelder bestehen. Vielleicht habt ihr das bis jetzt nicht verstanden.

Sex ist großartig. Sex ist wirklich eine der wunderbarsten Gaben, die ihr als menschliche Wesen besitzt, um eure Identität zu entdecken. Ihr müßt jedoch lernen, damit umzugehen. Niemand hat euch je über die Verflechtungen der Energieverbindung beim Sex aufgeklärt. Ihr könntet einige Zeremonien und Rituale mit der Absicht durchführen, die Energie eines Menschen aus eurem Feld zu entlassen. Räuchern ist ein sehr gutes Ritual, um das Energiefeld zu reinigen. Alle Kirchen wenden es an. Viele benutzen Weihrauch oder anderes Räucherwerk, um die Energie zu reinigen. Rauch ist multidimensional. Wenn ihr räuchert, ist das ein Hinweis darauf, daß ihr einen Schritt unternehmt, um die Energie zu reinigen, zu klären und loszulassen, so daß es keine Anhaftungen mehr gibt. Ihr könnt euren Körper und euer Heim mit Rauch reinigen. Wenn ihr euch von Menschen loslöst, müßt ihr in diesen Prozeß ebenso Energie investieren, wie ihr Energie in das Zusammentreffen investiert hattet. Ihr könnt es nicht wie mit dem Papiertaschentuch machen, das ihr einfach wegwerft; es muß einen Abschluß geben. Wie macht ihr das, besonders dann, wenn die anderen nicht auch dazu bereit sind? Ihr arbeitet mit ihrer Energie auf der ätherischen Ebene. Liebevoll segnet ihr sie, laßt sie los, bittet sie, sich aus eurem Feld zu entfernen, und dankt für die gemeinsamen Lektionen.

Falls ihr es noch nicht bemerkt habt: Dieser Tage ist Sex intensiver. Und solltet ihr keinen Sex haben, ist das wahrscheinlich eine angemessene Phase eurer Entwicklung. Falls ihr jedoch schon sehr, sehr lange keinen Sex mehr hattet, würden wir sagen: Wovor versteckt ihr euch, und was denkt ihr über euch, daß ihr meint, nicht mehr für Sex in Frage zu kommen? Die orgastische Erfahrung schickt Energien der Heilung und Verjüngung in euren Körper. Oft kann sie intensive Emotionen freisetzen, und ihr werdet von Gefühlen überflutet.

Das endokrine System setzt alle möglichen Hormone und chemischen Substanzen in eurem Körper frei. Einige dieser Substanzen sollen ausgestoßen werden, andere sind dazu bestimmt, im Körper zu bleiben. Wenn sie im Körper bleiben, absorbiert er sie und gelangt in eine höhere Ordnung. Ihr werdet autonomer, allwissender. Wenn die Lebenskraft in Form von Samen bewußt nach außen gelenkt wird, wird sie zur Zeugung benutzt. Ebenso wie man den Frauen weisgemacht hat, daß sie eine unerwünschte Schwangerschaft nicht verhindern könnten, hat man den Männern eingeredet, daß der Orgasmus nur mit einer Ejakulation möglich sei. Der Orgasmus kann geschehen, doch die Samenflüssigkeit verteilt sich im Körper. Das ist eine höhere Form der Sexualität, die im Osten seit Äonen praktiziert wird. Wenn Männer bei jedem Orgasmus ejakulieren, verlieren sie in einer Version der Wirklichkeit ihre Lebenskraft.

Wenn ihr Männer Sex habt, könnt ihr lernen, das Sperma zurückzuhalten und nicht zu ejakulieren. Es gibt bestimmte Techniken dafür. Durch Drücken auf den Damm, den kleinen Bereich zwischen Anus und Hodensack, bleibt die Lebenskraft im Körper, und der Orgasmus verändert sich. Die Menschen sind der Idee auf den Leim gegangen, daß sie nur genitale Orgasmen haben können, die begrenzte und nicht ganzkörperliche, kosmische Erfahrungen sind. Wenn ihr darüber nachdenkt, wie viele Körper ihr seid, werdet ihr erkennen, daß ihr in all diesen Körpern Orgasmen erfahren könnt. Indem ihr also überdenkt und neu definiert, wie ihr Lust erlebt, beginnt ihr andere Arten des Lusterlebens zu erfahren, und ihr bewegt euch aus dem begrenzten Genitalbereich heraus.

Sperma ist eine katalytische Daseinskraft, und jedesmal, wenn ein Mann Spermen ausschüttet, erschöpft er in gewissem Maß seinen Körper. Idealerweise ejakuliert ein Mann willentlich, wenn der Bedarf nach Fortpflanzung besteht oder wenn er die Erfahrung machen will. Man hat euch Ideen eingegeben, die euch in einer sehr niedrigen Schwingung halten, was euch eher abbaut als verjüngt. Zuerst einmal wurde euch der Gedanke eingehämmert, Sex sei schlecht. Dann wurden Institutionen geschaffen, um euch diese bösen Dinge zu vergeben. Zwischen diesen Polen springt ihr ständig hin und her. Viele Männer und Frauen, besonders in der westlichen Welt, verstehen nicht, wie tief der Gedanke, daß Sex schlecht sei, in ihnen steckt. Er bestimmt so sehr ihr Verhalten, daß sie sich durch die sexuelle Erfahrung hetzen, denn wenn sie etwas Böses tun, wollen sie dabei nicht ertappt werden.

Es gibt ein Gleichgewicht, das gut und richtig für euch ist. Ihr fühlt dann nach dem Sex keine Scham oder Schuld. Deshalb betonen wir die Wichtigkeit, mit dem Partner oder der Partnerin in einer tiefen liebevollen Verbindung zu stehen. Im allgemeinen läßt es diese Liebe nicht zu Schuld- und Schamgefühlen kommen. Aber ohne Liebe gibt es oft zu große Schuld- und Schamgefühle, und es kann emotional viel kaputtgemacht werden.

Es gibt so viele Dinge im männlichen und weiblichen Genitalbereich zu erforschen. Eure Körperöffnungen haben verschiedene Punkte, Akupressurpunkte, die angeregt werden können. Das hat sehr wenig mit genitalem Eindringen zu tun.

Es kann außerordentlich erregend sein, sich in die Augen zu sehen und die DNS-Stränge auszutauschen. Das ist die Herzverbindung in die Augen der Seele – das Herz der Seele. Selbstverständlich könnt ihr beim Sex die Augen auch schließen; ausgedehnter Augenkontakt verändert jedoch die Erfahrung. Ihr könnt auch mit euren Chakras arbeiten und besonders das Herzchakra gegenseitig berühren. Legt eure Hand auf das Herzchakra eures Partners oder eurer Partnerin, und haltet euer Herz geöffnet.

Indem ihr euch mit den Augen stimuliert, die Chakras verwendet und die Akupressurpunkte des Genitalbereichs aktiviert, kommt in diese Stellen Leben. Wenn ihr sie berührt, findet eine chemische Reaktion statt, die euch in einen Orgasmus bringt, der in eure vielen Körper strömt. Dadurch könnt ihr die Stufen zu höherem Bewußtsein erklimmen und in eure Göttlichkeit gelangen. Es hat auch damit zu tun, daß ihr euch erlaubt, eure Körper gegenseitig zu erkunden – völlig frei mit der Form und dem Ausdruck eures Körpers umzugehen. Das ist der nächste Schritt.

Erforscht, wer ihr seid, stellt ganz bewußt fest, was ihr wollt, und gestaltet die Zeit eures sexuellen Ausdrucks als eine Zeit der Freude. Beim Sex geht es nicht um Leistung; es geht um die intimste Verbindung und den intimsten Austausch, die nur möglich sind. Es ist nicht nur: »ja, du warst großartig.« Es geht um Intimität, mit jemandem eins zu werden und dabei seine Souveränität zu behalten. Es geht um Unterstütztwerden und Unterstützen, denn das wird sehr wichtig sein, wenn ihr eure Souveränität wahrt und neu entdeckt, was Lust und Freude sind. Euer Körper wird sich allmählich erinnern.

Vielleicht könnt ihr beim Sex euren Fokus ändern und nicht gleich zum Höhepunkt gelangen. Habt Spaß, und erreicht den Punkt knapp vor dem Orgasmus, dann haltet diese Frequenz, geht ein wenig zurück, und baut sie dann wieder und wieder auf. Laßt euch dabei etwas Zeit. Wenn ihr achtsam seid, verbringt ihr Stunden damit, denn dies erzeugt tiefe Intimität und eine Erfahrung, die viel länger anhält. Verjüngung und Erneuerung der Lebenskraft finden statt, wenn es stundenlang zu Intimität mit offenen Augen kommt und ihr lernt, euren Körper das tun zu lassen, was ihr wollt.

Ein Orgasmus ist nicht örtlich begrenzt. Manche Menschen kommen durch ein Kitzeln an den Ohren zum Orgasmus, anderen braucht man nur die Handgelenke zu streicheln. Ihr könnt im Traum Orgasmen haben. Ihr könnt einen Orgasmus haben, wenn ihr euch außerhalb des Körpers befindet. Der Orgasmus wird mißverstanden. Ihr denkt dabei an ein lokales Ereignis im Genitalbereich. Das ist es nicht. Es ist ein kosmisches Ereignis, das man als lokal begrenzt interpretiert hat, damit ihr an der Sache vorbeigeht. Es ist ein ständiges Pulsieren der Göttlichkeit – der Lust und der Verbindung mit dem Puls des Daseins. Also kann ein Orgasmus überall auftreten. Wärt ihr wirklich auf eure Sexualität eingestimmt und frei, dann könnte ein Bissen einer köstlichen Speise einen Orgasmus durch euch schicken. Er ist die höchste Wertschätzung der Göttlichkeit in allen Dingen.

Es gibt nichts Schlechtes am Masturbieren. Es ist eine ausgezeichnete Praktik, wenn ihr dabei lernt, den Körper zu achten, und erkennt, daß es in Ordnung ist, bestimmte Empfindungen in ihm zu stimulieren. Masturbiert, ohne zu projizieren, ohne Scham und ohne durch eure Gedanken eine Menge Unbekanntes an euch zu ziehen. Wie alles hat auch das Masturbieren seine Fallstricke. Es ist eine feine Kunst, aber es sollte nicht bloß zur Erleichterung benutzt werden. Wenn ihr masturbiert, um Spannungen zu lösen, müßt ihr das neu überdenken. Doch wenn ihr nie masturbiert habt, wie könnt ihr dann mit jemandem schlafen und von dieser Person erwarten, daß sie euren Körper kennt, wenn nicht einmal ihr selbst ihn kennt? Wenn ihr das Bedürfnis habt, eure Sexualenergie auszudrücken, fühlt ihr vielleicht: »Hoppla, wenn ich mich jetzt entscheide, diesem Verlangen zu folgen, und masturbiere, wäre es diesmal so, daß ich nur eine Erleichterung möchte. Ich möchte einfach die Spannung abbauen.« Wenn ihr das fühlt, sagt euch: »Gut, wie gehe ich nun mit dieser aufgestauten Energie um? Statt jetzt einfach auf mein altes Muster der Masturbation zurückzugreifen, die Energie abzubauen und mich für einige Momente gut zu fühlen, werde ich diesmal nach Höherem streben und mich vielleicht etwas unbequemer fühlen. Ich werde diese Energie halten. Statt zu masturbieren, setze ich mich irgendwo hin, verwende Kristalle, mache Atemübungen und ziehe die Lichtsäule herein.« Zieht das Licht vor eurem geistigen Auge hoch, und fühlt, wie es euren Körper durchflutet.

Dies wird euch enorm helfen, denn ihr wollt Wissen und Selbstwert erlangen und eure Grenzen erkunden. Ihr wollt größere Entspannung und eine weitere Sicht, doch ihr bringt eure Energie ständig nur bis zu bestimmten Ebenen. Indem ihr eure Sexualenergie haltet, werdet ihr allmählich euren Solarplexus, euer Herz, euren Kehlkopf und das Dritte Auge verwenden. Euer Scheitelchakra wird sich öffnen, und ihr werdet feststellen: »Aha, ich werde klüger. Wie kommt es, daß ich intelligenter werde?« Die Antwort liegt darin, daß ihr eure Lebenskraft auf verschiedene Arten anwendet und nicht nur einem Rezept folgt. Ihr habt für die Energie, die ihr Sexualität nennt, nur ein Rezept. Sie ist eure Lebenskraft. Man kann sie auf viele Arten verwenden.

Es ist eine Sache, eure Sinnlichkeit zu erkunden und Orgasmen zu erleben, weil ihr euch gut fühlen und eure Sexualität verstehen wollt, damit ihr wißt, wer ihr seid. Es ist aber eine andere, geil zu sein (um euren Ausdruck zu verwenden), diese sexuelle Erregung zu spüren und einfach zu masturbieren, um die Spannung abzubauen und zum Höhepunkt zu gelangen. Sex ist ein heiliges Geschenk des Körpers, etwas Persönliches und Sinnliches. Dadurch könnt ihr diese Kraft in euch verstehen, die euch Lust bringt.

Viele Menschen leben in diesen Tagen enthaltsam, weil sie erkennen, daß die Art der sexuellen Aktivität, die sie früher praktizierten, ihnen Energie abzog. Vielleicht geschah dies deshalb, weil sie mit jemandem Sex hatten, den sie nicht liebten, dem sie sich nicht anvertrauten und mit dem es keine spirituelle Verbindung gab. Wie schon erwähnt, verschmelzen eure elektromagnetischen Körper und Aurafelder. Telepathisch geht es vor und zurück: »Du besitzt mich.« – »Ich besitze dich.« Dies spielt sich auf der ätherischen Ebene ab.

Wenn ihr eine Phase der Enthaltsamkeit durchmacht, ist das wunderbar, denn es heißt, daß ihr eure Energie behaltet. Wenn ihr Sex habt und in euren Chakras nicht ganz ausbalanciert seid, laugt es sehr aus. Auch wenn es anregend ist, arbeitet die Energie nur mit den ersten beiden Chakras, die wiederum mit dem ersten und zweiten Strang eurer DNS arbeiten.

Wenn ihr mit dem Sex aufhört, könnt ihr euch noch immer erregt fühlen. Ihr möchtet Sex, aber ihr lernt, diese Energie zu behalten und in eurem Körper zu kanalisieren, statt einfach Sex zu haben, um sie rauszulassen. Indem ihr diese Energie in euren Körper fließen laßt, meßt ihr ihm größeren Wert bei, denn die Energie zeigt euch plötzlich, daß ihr wertvoller seid und mehr könnt, als ihr je dachtet.

Das Ideal besteht nicht darin, Sex zu vermeiden oder zu transzendieren. Das Ideal ist, eure Sexualität neu schätzen zu lernen, die Essenz dessen schätzen zu lernen, was euer physischer Körper macht, wenn ihr Sex habt und einen Orgasmus erlebt. Es wird im sexuellen Ausdruck mehr Spielraum und Experimentierfreude geben. Erinnert ihr euch an die sechziger Jahre? Wer könnte sie vergessen! Die Frauen warfen ihre BHs weg, und Brüste waren »in«. Seit den letzten fünfzehn bis dreißig Jahren fühlen sich die Frauen immer wohler, nackt oder oben ohne in der Sonne zu liegen. Ihr habt euch selbst sexuell erkundet, und sexuelle Dinge kultivierten und entwikkelten sich allmählich.

In den letzten Jahren ist es zu einem Rückfall, einer Angst vor Sexualität gekommen. Die Menschen wenden sich vom Sex ab: »Ich verstehe diese Kraft nicht. Ich komme mit jemandem zusammen, und im Augenblick fühlt es sich absolut toll an. Ich fühle mich, als könnte ich hundert Sahnetörtchen essen und dabei kein einziges Gramm zunehmen. Nachher fühle ich mich dann nicht mehr so gut.« Intimität, Ehrlichkeit und Bindungsbereitschaft sind die wichtigsten Bestandteile guter sexueller Erfahrungen. Ihr müßt gegenseitig verletzlich und offen sein können; dann enthält der Sex eine höhere Schwingung. Ebenso wie mit der in den sechziger Jahren freigesetzten Energie viel experimentiert wurde, so werden die neunziger Jahre auch große Experimentierfreude in der Sexualität bringen, und zum großen Teil wird es sich um spirituelle Experimente handeln.

Enthaltsam zu leben ist fein, wenn es für euch nicht bedeutet, daß Sex ganz gestrichen ist. Es ist gut, wenn es heißt, daß über die sexuelle Erfahrung nachgedacht und sie neu betrachtet wird. Sie wird einige Zeit auf Eis gelegt, weil sie mißverstanden wurde, und wenn man sich von ihr etwas entfernt, kann sie vielleicht überhaupt erst wahrgenommen werden. Wenn ihr je auf einen Berg gestiegen seid, wißt ihr, daß er von oben ganz anders aussieht als aus der Ebene. Das machen einige Menschen jetzt durch. Sie blicken von der Ebene auf den Berg und bedauern es nicht, nicht oben zu stehen. Sie unternehmen eine neue Bewertung der Sexualität, der Liebe und von sich selbst, und sie überdenken, welche Werte sie für sich festlegen wollen. Die Sexualität ist einer der intimsten Aspekte eures Lebens. Und doch haben die meisten Menschen auf dem Planeten Sex ohne auch nur die geringste Intimität. Er ist für sie wie eine Funktion, wie das Nachfüllen von Öl in ein Auto: »Ich brauche Sex, komm her.« Das gilt sowohl für Männer als auch für Frauen. Wir sind immer der Ansicht gewesen, daß der Grund, warum ihr von angstlosem Sex abgebracht wurdet, darin liegt, daß ihr entdecken könntet, daß Sex ein Tor zu höherem Bewußtsein ist. Dieselbe Lebenskraft, die zum Zeugen von Kindern gebraucht wird, kann auch als Zauberteppich verwendet werden, um in andere Daseinsbereiche zu fliegen. Die DNS-Stränge werden schließlich in der Iris der Augen lesbar sein. Wenn ihr Sex habt und euch in die Augen seht, setzt ihr euch gegenseitig in andere Wirklichkeiten frei. Ihr könnt auch mit Atem und Visualisierung die Energie kreisen lassen. Die Energien können mit den Kräften verglichen werden, die eure sogenannten Raumfahrzeuge abheben lassen und sie auf Reisen schicken. Die Energie des sexuellen Ausdrucks vermag euch zu befreien und auf die Reise zu schicken.

Sex ist das ultimative Ereignis, das man zu etwas Besonderem ausbauen kann. Sex muß auch sehr spontan sein, doch selbst in seiner Spontaneität hat er seinen eigenen rituellen Wert und Zugang. Liebe ist der Stoff, der Körper zusammenbringt, seien es nun zwei männliche, zwei weibliche oder ein männlicher und ein weiblicher. Der Körper wurde so angelegt, daß er ein männliches oder weibliches Gegenstück hat. Es ist ganz offensichtlich: Die Polaritäten treffen aufeinander. Das ist eine Sache der Biologie. Dennoch ist nichts Schlimmes dabei, wenn sich zwei gleiche Schwingungen angezogen fühlen. Sie arbeiten daran, genau das für sich zu lernen; alles Urteilen wäre hier fehl am Platz. Die elementare Erfahrung kommt, wenn Liebe da ist, die Augen offen sind und es beide ernst meinen. Dann könnt ihr auf die Reise gehen. Die Sexualität wird einen ganz anderen Stellenwert bekommen und zu einer der meistdiskutierten Kräfte werden, wenn die Erdveränderungen deutlicher zutage treten.

Da sich eure Gesellschaft auflöst, werdet ihr alles neu bewerten wollen. Ihr werdet euch nahe sein, euch anvertrauen und einen Partner haben wollen, auf den ihr zählen könnt. Indem ihr euch der Lebensverlängerung bewußt werdet und versteht, daß sich alles beschleunigt, werdet ihr schließlich große Augenblicke der Verjüngung erfahren. Die Partner, die ihr euch aussucht, werdet ihr bereits seit Zehntausenden von Jahren kennen.

In den meisten Fällen ist es für Frauen leichter, sich für Intimität zu öffnen als für Männer, und zwar einfach deshalb, weil sich Frauen mit ihren Emotionen wohler fühlen. Als Menschen sucht ihr immer nach der Schwingung der Ekstase, Liebe und Verbundenheit, die durch emotionalen Ausdruck hervortritt. Ihr könnt die sexuelle Frequenz der Ekstase und Liebe nicht ohne Gefühl erlangen, denn Sexualität *ist* Gefühl. Viele Menschen suchen verzweifelt nach dieser Frequenz, und sie wissen es nicht einmal. In ihrer naiven Art läuft der einzige Weg, den sie kennen, über Sex.

Als Frau könnt ihr eurem männlichen Partner helfen, sich zu öffnen, indem ihr euch selbst und euren Körper akzeptiert und für euch einen Maßstab festlegt, für welche Art von Mann ihr zur Verfügung steht. Ihr werdet diesen Mann magnetisch an euch heranziehen, denn er wird bereit sein, zu lernen und sich zu verändern. Die männlichen Schwingungen sind im allgemeinen zur Zeit recht verwirrt, denn sie wissen nicht ganz genau, was ihre Identität ist. Sie werden herausfinden, daß sie jene an sich ziehen müssen, die ihnen helfen, diese Veränderungen zu integrieren.

Je mehr ihr in eurer Liebe zu eurem Körper gefestigt seid und in eurer Bereitschaft zu wissen, was ihr wirklich wollt und was eure Ziele sind, desto leichter wird es für die Männer sein.

Zu viele Frauen haben zu lange nichts gesagt und haben sich mit einem Stelldichein am Samstagabend zufriedengegeben. Die Frauen haben keine Maßstäbe geschaffen, nach denen die Männer streben konnten. Mit der Aktivierung der

Göttinnenenergie und dem Verständnis der vollkommenen weiblichen Form wird ein neuer Maßstab festgelegt. Die Frauen müssen lernen, über ihre Gefühle und Wünsche zu sprechen, um einen neuen Erfahrungsmaßstab zu erschaffen. Dann wird es den Männern leichter fallen, ihre Gefühlszentren zu öffnen, ihre Emotionen zu erfahren, ihre Sexualenergie durch die Chakras hinaufzuleiten und auf angenehme Weise größere Intimität zu erfahren, als sie es je für möglich hielten. Diese Dinge werden Zeit brauchen. Die Frauen sind so sehr zum Schweigen verdammt und die Männer in der Gefühllosigkeit eingesperrt gewesen, daß diese Veränderungen nicht über Nacht geschehen werden. Habt Geduld miteinander. Habt großes Mitgefühl für alle Menschen und das, was sie durchmachen. Ihr habt viel miteinander zu teilen und voneinander zu lernen.

Eines der großen Tabus in eurer Gesellschaft ist oraler Sex. Wir haben gesagt, daß die Machtsubstanz der Frau Blut und die der Männer Sperma ist. Sperma trägt eine enorme Menge an Daten, während Blut als Heilungselixier, als eine Quelle des Lebens angesehen werden kann; beide bieten Revitalisierung und Verjüngung. Wenn ihr diese Substanzen in einer festen Liebesbeziehung teilt, so ist es das höchste Teilen eurer geheimen Macht. Es ist die elementare Vermischung eurer Identitäten, so daß ihr euch erinnern könnt, wer ihr seid und warum ihr in diesem Leben zusammenkommt.

Wenn sich die Frauen der Mysterien des Blutes bewußt werden, können viele von ihnen außergewöhnlich kreative Dinge damit tun. Sie werden lernen, daß Blut nicht eine schreckliche, übelriechende, häßliche oder schlechte Sache ist, und sie werden erkennen, daß es viele Geheimnisse birgt. Sie werden schöpferisch, respektvoll und ohne Scham mit dieser Substanz spielen, um zu sehen, was sich damit machen läßt. Das wird auch für Sperma gelten.

Wenn ihr diese Substanzen zu euch nehmt, erzeugt ihr eine

sehr tiefe Bindung. Es ist, als ob ihr die Gesamtsumme des Menschen, von dem sie kommen, getrunken hättet. Wir stellen hier wieder einmal fest, daß ihr ohne Liebe diese Gipfelerfahrung nie erlangen werdet.

Wenn ihr euch im Zustand der Liebe und des Vertrauens befindet, öffnet das miteinander Teilen, Hineinnehmen und Anwenden dieser Flüssigkeiten die tiefsten Tore der Erinnerung, der Bindung und der Intimität. Ihr macht einen Schritt über das hinaus, was als Geheimnis bezeichnet wird. Die meisten Menschen können diesen Zustand nicht über längere Zeit aufrechterhalten. Sie kommen nahe heran und können ihn vielleicht erfahren; sie können jedoch die nächste Phase der Intimität, die über das Physische hinausgeht, nicht vollkommen durchlaufen.

Die aus diesem miteinander Teilen resultierende Intimität ist nachhaltig. Die Erfahrungen und Offenbarungen gehen sehr tief. Es verlangt Liebe und viel Vorbereitung, um diese Substanzen angemessen zu verwenden. Seid in euren Absichten klar, wenn ihr mit diesen Dingen experimentiert, und ihr werdet euch für neue Wege des Reisens öffnen.

Wir schlagen vor, daß Paare ihre sexuelle Aktivität auf die Basis klarer Absicht stellen. Dies geht nicht auf Kosten der Spontaneität. Es bedeutet nicht, daß ihr vorher alles organisieren, strukturieren, Termine festlegen und vorbereiten müßt. Wenn ihr Intimität entwickelt, findet sexuelle Aktivität nicht nur statt, wenn die Hormone in Schwung kommen. Sexueller Ausdruck findet ständig statt. Beim Einkaufen könnt ihr über eure Sexualität sprechen. Ihr braucht diese Erfahrung nicht ins Schlafzimmer oder in bestimmte kleine Schubladen zu verbannen oder sie nur auf Situationen zu beschränken, in denen ihr etwas getrunken habt. Ihr werdet von dieser Energie überströmt werden. Sie ist Teil dessen, was euch auf eure Göttlichkeit hintrainiert. Sie ist äußerst wichtig.

Ohne eure sexuelle Erfahrung werdet ihr nicht vollkommen verstehen, wie es ist, Gott oder Göttin zu sein, denn ihr seid Menschen, und Sex ist Teil dessen, wie euer Körper angelegt ist. Alle Geschöpfe auf diesem Planeten haben eine Art des sexuellen Ausdrucks – eine Methode, sich zu erregen und zu vermehren. Ihr versteht nicht, wie zwei Fliegen einfach ihre Fühler berühren und sich erregen können. Die Geschöpfe auf der Erde – Tiere und Pflanzen – stimulieren sich gegenseitig und bringen sich in einen erhöhten Energiezustand, ohne daß es unbedingt um Fortpflanzung geht.

Haltet dieses Bild. Es ist erforderlich, daß ihr eure Sexualität versteht und euch nicht davor fürchtet. Tut sie nicht ab, nur weil ihr vor eurer eigenen Lebenskraft Angst habt.

Wenn ihr euch als Paare trefft, werdet ihr viel freier sprechen und über die Sexualität lernen. Ihr werdet bald herausfinden, daß ihr euch dabei wohl fühlen könnt. Niemand wird sich dabei mit Fragen der sogenannten Moral aufhalten, denn ihr werdet euch erst gar nicht für Lernlektionen qualifizieren, wenn ihr nicht versteht, worum es geht: Es geht um spirituellen Sex. Ihr könnt euch auf viele Dinge sexueller Natur freuen. Bleibt offen, bewertet eure die Sexualität betreffenden Glaubensmuster neu, und erkundet eure Grenzen. Sexualität ist euer Geburtsrecht und euer Erbe als Menschen. Es ist euer Geschenk der Götter.

## Energieübung

*Mach einen tiefen Atemzug, und entspann dich. Stell dir vor, wie mit Teilchen angereichertes Licht deine Lungen füllt und sich in deinen Körper hineinbewegt. Finde den Platz, an dem du mit deiner Aufmerksamkeit verbunden bist, und finde den Teil von dir, der beobachtet, wer du bist. Und nun beweg dich durch deinen Atem auf dieser Energie, und geh bis auf die subatomare Ebene deines Körpers. Erfüll diesen Ort mit Licht. Gleichzeitig fühlst du die Energie um dich herum, während du ruhig und aufmerksam dasitzt und von deinen Idealen erfüllt bist. Stell dir zwölf Chakras vor, die sich, in Licht und Farbe erblüht, innerhalb und außerhalb deines Körpers drehen. Spür die Energie, die zwischen deinen Chakras fließt, und nimm dir vor, die sexuellen Codes, die Mysterien und Geheimnisse in deinem Sein durch die umwandelnden Eigenschaften des Goldes zu erschließen.*

*Hör genau hin, um alle Geräusche, mit denen dein Körper mitschwingt, zu unterscheiden. Geh diesen Klängen nach, und stell dir vor, daß du auf einem Tisch aus reinem Gold liegst. Welches Bild auch immer in dir hochkommt, bleib dabei. Schau dir den Tisch genau an. Fühl, wie dein Körper auf dem Tisch liegt und die Wärme des Goldes aufnimmt. Gold ist ein vorzüglicher Leiter. Stell dir vor, daß der goldene Tisch codierte Elektroimpulse in deine Körperzellen überträgt. Du liegst ganz friedlich auf diesem Tisch. Deine Führer und dein höheres Selbst stehen um dich herum und beobachten dich. Du bist sehr entspannt, an einem Platz in deinem Körper, wo es tiefen Raum gibt. In diesem Raum fühlst du das goldene Licht, und du siehst die elektrischen Pulsationen, wie sie sich durch einen gut beleuchteten Raum in deinem Körper bewegen, während du auf dem goldenen Tisch liegst.*

*Die vier Ecken dieses Tisches dienen als Ankerpunkte, durch die Energie eintritt. Bleib in diesem subatomaren Bewußtsein, und erfahr die Übertragung der elektrischen Energie auf einer subatomaren Ebene. Es ist, als ob sich riesige Blitze von Planet zu Planet bewegen würden. Dies sind die elektrischen Blitze zwischen den Atomen. Dir ist angenehm warm, und du wirst durch einen Ton stimuliert, der dich ruft und in einem ent-*

*spannten Zustand hält. Du bist ganz verzaubert von diesem Raum in deinem Körper, so als ob du Blitze in freier Natur beobachten würdest. Die Lichter und Blitze dieser elektrischen Energie laden die kleinsten Teilchen in deinem Körper auf, die wieder lebendig werden und sich an ihre Identität erinnern; sie lassen dich wissen, daß sie Bewußtsein haben. Du spürst dich durch deinen Körper wirbeln und voller Begeisterung die erwachenden Atome kennenlernen. Fühl, wie dein Körper die Entscheidung trifft, in jeder von dir angegebenen Richtung bereitwillig, intelligent und freudig mit dir zusammenzuarbeiten. Fühl deine Erregung bei dieser Entdeckung, da sich endlos neue Möglichkeiten eröffnen.*

*Laß es zu, daß du dich immer tiefer fallen läßt in die Entspannung, das Vertrauen und Geschehenlassen eines Prozesses, der dich neu ordnen und deinem sexuellen, sinnlichen Selbst größeren Sinn und Zweck vermitteln wird. Drifte in eine weiche Wolke der Erinnerung ab, erfahr dich als wertvoll, und spiegle deinen Wert und die Wertschätzung anderer wider. In diesem Augenblick des Loslassens stell dir etwas vor, das Sinn in dein Leben bringt, ein Beitrag für den Planeten ist und viele Menschen aufrüttelt. Fühl die ständige sanfte elektrische Stimulierung, und wenn du heute Abend schlafen gehst, träum, daß du auf dem goldenen Tisch liegst und in die umwandelnden Sichtweisen sexueller Wertschätzung reist.*

# *KAPITEL 9*

## *Unterwegs auf den Zeitkorridoren*

*Die Lebendige Bibliothek Erde wird es euch erleichtern, einen Schwingungswandel hinsichtlich des Teilens und Fließens mit der Energie zu erreichen. Von der Natur, dem großartigen Spielplatz der Erde, werdet ihr lernen, zu verschmelzen und euch in den Zeitkorridoren zu tummeln.*

Die Zeit ist eine Hilfskonstruktion. Auf der Erde seid ihr der Auffassung, daß sich die Gegenwart aus der Vergangenheit ergibt. Wir geben zu bedenken, daß die Gegenwart auch aus der Zukunft kommt. Es gibt viele Torwege durch die Zeit, und sowohl die Vergangenheit als auch die Zukunft haben ihre eigene Wertigkeit und Bedeutung. Es ist alles Teil des sich ständig erweiternden Jetzt. In ihrem Jetzt beeinflußt die Vergangenheit noch immer ihr stattfindendes Jetzt. Diese stattfindenden Jetzte wachsen und reifen ebenso wie ihre Entsprechungen in der Zukunft. Eure Aufgabe bringt mit sich, daß ihr eure Vergangenheit verändert, indem ihr aus der Zukunft kommt, um ein anderes jetzt zu erschaffen.

Die Zeit bricht in sich selbst zusammen. Im Augenblick

scheint es euch, daß Raum Entfernung bedingt – daß er euch trennt. Wenn ihr an einen Freund in einem anderen Teil der Welt denkt, ist Raum zwischen euch. Durch den Zusammenbruch der Zeit werden die Grenzen der Frequenzkontrolle als Definition der Welt, in der ihr wirkt, zerschlagen. Da eure Sonne kosmische Strahlen auffängt und in euer Sonnensystem energetisiert, wird alles beschleunigt. Das bringt mehr Möglichkeiten ins jetzt und sprengt die Grenzen der dreidimensionalen Zeit, die die Bühne bestimmen, auf der sich Ereignisse abspielen müssen. Die Struktur der dreidimensionalen Zeit grenzt euch von eurem übersinnlichen Selbst aus und isoliert euch von diesem Selbst, das sich jenseits der Zeit bewegt. Euer übersinnliches Selbst weiß viel mehr, als im Moment gerade offensichtlich ist.

Ihr werdet von Zyklen und Rhythmen regiert. Der Mond stellt einen Haupteinfluß dar, der den Puls des Lebens vorgibt. Durch die Mondzyklen, die Drehung der Erde um ihre eigene Achse und ihren Umlauf um die Sonne erzeugt und definiert ihr Zeit. Der Mond agiert durch seine Bahn um die Erde naturgemäß als ihr himmlischer Begleiter auf den zyklischen Reisen. Vor der Elektrizität waren dies Tausende Jahre lang die Rhythmen, nach denen das Leben gelebt und definiert wurde. Die Menschen konnten sehen, wie die Zeit verging. Der Tag wurde zur Nacht, und auf die Nacht folgte der Tag. Die Zeit konnte unterschieden werden. Die Menschen *sahen* die Jahreszeiten kommen und gehen, und Zeit gründete sich auf etwas Überprüfbares. Mit der Elektrizität wurden diese Rhythmen gebrochen, denn es konnte nach Sonnenuntergang hell sein. Die Menschen begannen, die Zeit anders zu nutzen, denn in der Dunkelheit Licht machen zu können eröffnete einen radikal anderen Zugang zum 24-Stunden-Tag, da das elektrische Licht mehr Augenblicke bot, in die man sich ausdehnen konnte.

Mit der Erfindung des Computers kam ein weiterer

grundlegender Wandel der Wahrnehmung. Die Zeit wurde so zusammengepreßt, daß innerhalb von Nanosekunden Milliarden getrennter Zeitsegmente von einer Maschine erkannt werden konnten. Das menschliche Auge hingegen vermochte die Sekunde nicht zu unterteilen. Immer mehr Menschen arbeiteten mit Computern, und diese wurden immer schneller.

Als die Menschen anfingen, mit Computern zu arbeiten, veränderte sich ihre Vorstellung von Zeit komplett, doch sie konnten nur mit einem bestimmten Ausmaß an Verzerrung umgehen. Jetzt, da sie im Umgang mit Computern geschult sind, wird ihre veränderte Zeitwahrnehmung über die Generationen weitergegeben, und die Zeit beschleunigt sich. Der Computer ist jedoch eine dreidimensionale Manifestation, die den Zusammenbruch und die Verzerrung der Zeit widerspiegelt, und die Menschen speisten die daraus gewonnenen Erfahrungen in die Massenpsyche ein. Dadurch können Leute wie ihr Dinge ineinanderflechten und die Wirklichkeit von einem ausgesprochen übersinnlichen Standpunkt aus wahrnehmen – von einem anderen Punkt in der Zeit. Das Aufsplittern der Sekunde und die Überflutung mit Computern kündigten den technologischen Aufschwung dieses Jahrhunderts an, der alles verändert und euer Bewußtsein für unsagbare Wahrscheinlichkeiten beschleunigt. Die Sekunde und der Augenblick beinhalten ständig mehr Ereignisse.

Weil die Zeit zusammenbricht, befindet sich die dreidimensionale Struktur nicht mehr an ihrem Platz. Immer mehr Dinge geschehen im Augenblick und bereiten euch auf übersinnliche Durchbrüche vor. Zum Großteil läuft jetzt alles sehr spielerisch ab. In eurem täglichen Leben sind viele Energien um euch herum und bringen euch dazu, sie kennenzulernen und eure grundlegenden Überzeugungen von der Wirklichkeit neu zu interpretieren.

Ihr seid alle der Ansicht, daß Zeit mit einer Uhr gemessen werden kann. Jeder stimmt zu, daß es die Zeit gibt. Wir sagen, daß sie eine Hilfskonstruktion ist. In Wahrheit müßt ihr alle paar Jahre Angleichungen an die Greenwich-Zeit vornehmen, weil Zeit fehlt oder zuviel Zeit da ist. Eine Sache, die ihr alle zu eurem Vorteil verändern könnt, ist eure gesamte Wahrnehmung der Zeit. Laßt euch eure Zeit nicht mehr von anderen definieren, und vergeßt den Satz: »Ich habe nicht genug Zeit.« Wenn die Zeit zusammenbricht, fühlt es sich vielleicht an, als ob sie euch davonlaufen würde. Wenn ihr diese Botschaft an euren Körper sendet, beginnt ihm tatsächlich die Zeit davonzulaufen, so als ob ihr eine Stoppuhr eingeschaltet hättet. Viele Menschen hetzen heute wie verrückt herum, weil sie den Zusammenbruch der Zeit spüren und nicht wissen, wie sie das interpretieren sollen. Erinnert euch daran, in den Augenblick zu gehen, in das sich ständig erweiternde Jetzt, um euch zu entdecken und im Gleichgewicht zu bleiben. Das ist die von den kosmischen Strahlen gebotene Richtung – ein anfängliches chaotisches Durcheinander, das eure Wahrnehmung und Vorstellung der Welt, in der ihr lebt, neu ordnet.

Die Zeit hat jetzt eine Variable. Sie kann nicht mehr gemessen und mit der Uhr eingeteilt werden. Ihr verändert, biegt und bewegt die Zeit. Mit dem Zusammenbruch der Zeit wird die Massenpsyche des Planeten alle paar Augenblicke mit neuen Vorstellungen, Ideen, Erfindungen und Alternativen bombardiert. Wahrscheinlichkeiten des Augenblicks erwachen und dehnen sich durch eure Erfahrung der Selbsterkenntnis aus. Weil ihr die Gabe, euch mit Intelligenzen außerhalb des Planeten zu verbinden, in den Griff bekommen habt, qualifiziert sich der Planet allmählich kollektiv für ein höheres Maß an Intelligenz und Verantwortung. Seid euch bitte der Gleichzeitigkeit beider Polaritäten bewußt, wenn es scheint, daß die Niedertracht in eurer Welt zum Himmel schreit. Die Lichtträger werden sehr mächtig, und in ein paar Jahren werdet ihr euch über die Kraft dieser Menschen wundern, denn ihr seid es. Eine Überzeugung, die ihr dann teilt, besteht in einer neuen Version der Wirklichkeit, in der Menschen ihre Freiheit respektvoll, harmonisch und gemeinschaftlich ausdrücken und in der die Erde und jede Lebensform – Tiere, Pflanzen, Mineralien, Menschen – wertvoll sind.

Erinnert euch, daß die Hüter der Zeit euer Universum auf einem bestimmten Kurs halten und sich durch sogenannte Zeitbarrieren hindurchbewegen können. Sie erschaffen Teile oder Abschnitte eures Universums, wodurch es verbunden werden kann. Energien bewegen sich von einem Segment zum anderen, und bestimmte Abschnitte werden abgesondert gehalten – dies ist die Zeit, so wie ihr sie kennt. Denkt daran, daß allen Dingen Energie innewohnt und daß ihr Teil von Urschöpfer seid. Urschöpfer ist auf einer Reise der Getrenntheit, um zu einem größeren Verständnis seiner selbst zu gelangen. Daher halten die Hüter der Zeit das Universum lebendig, indem sie es trennen.

Die Maya nannten sich die Hüter des Tages. Wir nennen sie Hüter der Zeit. Sie stehen natürlich mit dem plejadischen System in Verbindung. Sie können meisterhaft in Zeitereignisse hinein- und wieder hinausgehen. Sie sind auch Meister im Erzeugen von Zeitsperren – sie schirmen Dinge ab, so daß etwas direkt vor eurer Nase geschehen kann und ihr es wegen der Zeitsperre nicht seht. Zeitsperren halten euer Bewußtsein davon ab, gleichzeitige Zeit wahrzunehmen.

Was die Zeit betrifft, legten die Maya den Grundstein für Ereignisse, die jetzt anstehen. Die alten Ägypter leisteten eine andere Art von Vorarbeit und die Inka und die amerikanischen Ureinwohner jeweils wieder eine andere. Jede Zivilisation spielte ihre Rolle im Erschaffen der zeitversperrten Ereignisse, die jetzt, in diesem Kern- oder Existenzsegment, in dem ihr euch befindet, bereit sind, sich zu öffnen. Atlantis ist eine weitere Zivilisation, die ein Informationsgitter für den jetzigen Zeitrahmen auslegte. Erinnert euch, daß alles kontinuierlich fließt und Zivilisationen nie aufhören. Ihr glaubt, Atlantis wurde zerstört und existiert nicht mehr, also muß es in der Vergangenheit liegen. Das ist nur eine Version der Wirklichkeit. Doch gibt es eine atlantische Zivilisation, die nie zerstört wurde – eine atlantische Zivilisation, die ihr Dilemma überwand, Lösungen fand und sich nicht durch Energiemißbrauch auslöschte. Ähnlich werden Versionen eurer Welt Lösungen finden und sich ins Goldene Zeitalter bewegen, ebenso wie Versionen eurer Welt zerstört werden.

So kann Atlantis oder jede andere Zivilisation auch in der Zukunft existieren. Zivilisationen gehen weiter, außerhalb der Beschränkungen der Zeit. Daher möchte die atlantische Version der Zukunft, die ihre eigenen Lösungen fand, der atlantischen Energie der Vergangenheit helfen, denn es ist alles dieselbe Energie, und es handelt sich um von Reinkarnation bestimmte Versionen des Selbst. Der Zweck für das Zurückgehen liegt im Heilen, im Ganzmachen und Lehren der angemessenen Verwendung von Energie. Zivilisationen, die in allen ihren Versionen recht erfolgreich sind, gehen immer zurück – wenn ihr es so nennen wollt –, um ihren Versionen zu helfen, die nicht die gleichen Möglichkeiten hatten oder keine Lösungen fanden. Eine erfolgreiche Zivilisation kann als ein bewußtes Kollektiv angesehen werden, das seinen Zweck und seine Wirkung im großen Daseinsgeflecht kennt.

Die Hüter der Zeit, die Ereignisse inszenieren, sind wie Lichtbälle mit Strahlen, die in viele verschiedene Realitäten und Richtungen reisen. Die Hüter der Zeit der Maya waren multidimensional und konnten deshalb Daten auf der Erde verankern, die für zukünftige Generationen einen Sinn ergeben würden. Sie konnten in der Zeit nach vorn, zurück und seitwärts wandern, und ihre Zivilisation gründete sich auf Zeitreisen. Sie hinterließen im Boden von ganz Mexiko Hinweise auf diese Geschichte. Ihr jetzt wurde sinnvoller, weil ihr Zweck darin bestand, ein Jetzt wachsen zu lassen, von dem

Jetzte außerhalb ihres eigenen profitieren würden. Die Maya wollten das Paradigma erschaffen – die Beschreibung des Kommenden, die Zyklen, die eure Erde durchläuft, und die auf kosmischen Torwegen beruhenden Zyklen der Zeit.

Die Erdzyklen im Verhältnis zur Sonne, zum Mond und zu den Planeten eures Sonnensystems haben eine maßgebliche Wirkung auf euren physischen elektromagnetischen Körper. Die Maya verstanden, daß die Erde in einem größeren Rotationssystem als nur in dem der Sonne eingebunden ist. Dieses Rotationssystem basiert auf verschiedenen numerischen Unterteilungen. Die Maya erschufen und definierten Zeit in eurem Sonnensystem aufgrund ihres Wissens, daß ihr ein Teil von viel größeren Zyklen seid.

Es gab viele Versionen der Maya – viele unterschiedliche Gruppen von Hütern der Zeit, die an verschiedenen Schnittpunkten hereinkamen, um mit der dreidimensionalen Zeit zu arbeiten und zu spielen. Die Maya traten sicherlich nicht zum ersten Mal in der von euch angenommenen Zeitperiode auf. Sie waren schon früher mehrfach auf der Erde gewesen, vor Abertausenden von Jahren. Genaugenommen können sie sich ebenso leicht zur Vollendung des Universums als auch zu seinem Anfang bewegen. Ihre Aufgabe besteht darin sicherzustellen, daß alle Teile des Universums funktionieren und zur richtigen Zeit zum Zusammenbruch gelangen. Sie sorgen dafür, daß dies nicht vorzeitig geschieht. Fühlt eure Verbindung mit diesen Maya-Zeithütern, und öffnet euch für die Entdeckung der Schlüssel, die sie für euch vorbereitet haben.

Zeitsperren für Wirklichkeiten funktionieren genauso wie Lichtschalter in eurem Heim. Elektromagnetisch betrachtet pulsiert Bewußtsein und deutet so auf seine Gegenwart hin, ganz gleich wo es sich befindet. Bewußtsein ist in allen Dingen, und je nachdem, wie es gebündelt ist, gibt es ein einzigartiges, definitives Signal ab.

Es gibt welche, die wissen, wie Bewußtsein zeitversperrt

werden kann. Sie verändern die modulierende Frequenz so,, daß andere sie nicht finden können, wenn sie das Dasein absuchen, um zu sehen, wo oder wie sich bestimmte Energien verbunden und gebündelt haben. Wegen der Zeitsperren auf den Torwegen hier und weil die Zeitkorridore in jemandes Besitz sind, können jene draußen im Kosmos die Erde nicht finden. Das wahre Lebenslicht der Erde war ausradiert. Ein anderes – harmloses – elektromagnetisches Spektrum, das die Art des Bewußtseins der Erde nicht in sich trägt, wurde hierhergelegt, damit die Erde nicht entdeckt werden konnte. Die Erde wurde geheimgehalten – unter Quarantäne gesetzt.

Der Zweck der Maya bestand darin, auf den Planeten zu kommen und ein Paradigma für die Zukunft zu setzen. Verschiedene Zivilisationen halten durch kollektives Bewußtsein Energiezugänge geöffnet. Energien, die andere Arten von Realität unterstützen oder tragen, können in begrenzter Zahl auf den Planeten gezogen werden. Allerdings muß eine Zivilisation vorbereitet und ausgebildet sein, um diese Lichtsäule zu verankern. Wo Licht ist, da ist Information.

Die Maya waren eine dieser Zivilisationen. Heute gehört die balinesische Kultur dazu. Diese Kulturen existieren vereinzelt und in Abgeschiedenheit auf der ganzen Welt. Es können Gemeinschaften in Staaten oder Stadtgebieten sein, wo es große Harmonie, Zusammenarbeit, Zuwendung, Unterstützung und Kreativität gibt. Die Maya waren ein Experiment, um die Zukunft zu beeinflussen und einen Samen in diesen lange Zeit sehr dunklen Planeten zu legen.

Die Maya kannten ihren Zweck. Sie wußten, wann ihr Niedergang kommen würde, ebenso wie die Tibeter die Invasion ihres Landes vorhersahen und viele ihrer bedeutendsten Dokumente und Gegenstände verbargen, bevor die Chinesen Jahre später einfielen und ein offenbar greuliches Gemetzel verursachten. Weil die Maya Hüter der Zeit waren, konnten sie die Erde verlassen, als sie wußten, daß ihr Zweck sich erfüllt hatte. Das ist eines ihrer größten Geheimnisse – sie kannten Tag und Stunde.

Der Maya-Kalender gibt die Zyklen der Himmel und der Höllen genau an. Die Maya kannten den Tag ihres Abtretens, und sie bereiteten sich auf dieses Abschließen vor. Von ihrem Standpunkt aus wurden sie in eine andere physische Dimension transportiert. In Wahrheit existieren die Maya hier aber noch immer; es geht ihnen prächtig.

Die Maya wußten, daß eines Tages ihre Zeit kommen würde und sie den Planeten verlassen müßten. Sie wußten auch, daß eines Tages ihr Wissen – ihre Schlüssel – von der Lichtfamilie – von euch – aufgedeckt und gefunden würde. Wir nehmen an, daß einige Menschen diese Schlüssel schon entdeckt haben. Die Maya kannten die gesamte Geschichte ihrer Bestimmung und warum sie hergekommen waren, um Hinweise auf eine Zukunft, die jetzt ist, auszusäen.

Eure Schlüssel des Bewußtseins bewegen sich durch die Zeitsperren, die die Maya für euch aufheben. Weil sie die Hüter der Zeit sind, heben die Maya viele Zeitsperren auf dem gesamten Planeten auf.

Ihr fragt euch vielleicht, wie diese Geheimnisse vor euch verborgen bleiben konnten – wie ihr so kontrolliert und isoliert gehalten werden konntet. Wenn all diese anderen Geschöpfe und Wirklichkeiten existieren, warum seid ihr dann nicht auf sie gestoßen? Wegen des Geflechts und der Zeitsperren rund um dieses Geflecht, in dem ihr euch befindet. Eure Zivilisation ist größtenteils in dem Primärgeflecht, das die Zeitkorridore beherbergt, eingesperrt gewesen. Euer Korridor ist in der Dreidimensionalität gefangen gewesen.

Dieser spezielle Zeitkorridor konnte auf unterschiedliche Arten entwickelt werden: Man konnte eine einzige Fernverbindung bauen oder zahlreiche kleinere Wege erforschen, vergleichbar mit den vielen Straßen, die in eure Städte und Gemeinden führen. Wenn es nur eine Zufahrtsstraße gibt und diese gesperrt ist, wird ein Austausch in diesem Zeitkorridor untersagt, und er ist von allen anderen Einflüssen völlig abgeschnitten. In eurer Wirklichkeit belegen eure Regierungen – meist als Strafmaßnahme – andere Länder mit Sanktionen und erzeugen auf diese Weise genauso Isolation und Boykott wie die Zeitspieler auf den Zeitkorridoren.

Wenn die Straße offen ist – die Zeitsperren aufgehoben sind –, werden Wirklichkeiten verschmelzen, sich vermischen und verändern, und ihr werdet mit eurer höheren Identität stark verbunden sein. In den nächsten Jahren müßt ihr euch auf dieses Einströmen von Wissen vorbereiten. Ihr befindet euch auf einer beschleunigten Reise, die euch für die Öffnung der Zeitsperren und die Verschmelzung eurer Identität vorbereitet.

Zeitsperren halten Zivilisationen oder Wirklichkeiten davon ab, sich zu vermischen. Indem sie nun aufgehoben werden und ihr in die Geburt der neuen Welt gelangt, werden viele Realitäten verschmelzen. Wenn dies auf reife Weise und im Verständnis für die Anwendung von Licht geschieht, kann es eine ziemlich erhebende Periode sein.

Alle Zeit ist gleichzeitig. Um einen Planeten herum gibt es Schichten von Energiegittern, wodurch er von seinen unterschiedlichen Zeitrahmen aus erfahren werden kann. Damit ihr einen Planetenkörper betreten könnt, müßt ihr die Tore oder Öffnungen finden, die euch zu den Realitäten mit empfindungsfähigem Leben bringen. Wenn ihr nicht durch eine Toröffnung geht, könnt ihr in einer Welt landen, die womöglich vollkommen leer aussieht. Indem ihr ein Tor benutzt, erreicht ihr all die verschiedenen Wirklichkeiten, Zeitrahmen und Korridore, die davon abzweigen. Daher kann also jemand zu einer Erde zurückkehren, die vor zweihundert oder fünfhundert Jahren existierte – diese Wirklichkeiten gibt es.

Welten sind von zahlreichen Schichten von Gitternetzen umgeben. Indem diese Gitternetze verschoben und bewegt werden, erzeugen sie unterschiedliche Wirklichkeiten und unterschiedliche Energien. Wenn ihr die Gitter bewegt oder verschiebt und durch ein Tor geht, könnt ihr gleichzeitig vergangene, gegenwärtige und zukünftige Welten betreten.

Tore sind Schutzeinrichtungen, die um Planeten gelegt werden. Ein Tor zu besitzen oder zu erschaffen ist eine ehrfurchtgebietende Aufgabe. Eine bestimmte Frequenz ist notwendig, um dieses Tor offen zu halten. Es gibt auf der Erde viele davon, wir erwähnen nur einige. Ein Tor liegt im Gebiet von Mexiko, eines im Sinai und eines über Tibet. Dies sind die drei Haupttore, durch die Energien auf den Planeten gelangen und ihn wieder verlassen. Uralte Kristallschädel werden oft in Torgebieten gefunden oder aufbewahrt. Wenn Menschen ein Tor bewachen oder besitzen, haben sie auch Zugang zu den Zeitkorridoren. In Tibet konnten sie die zukünftige Invasion ihres Landes sehen, also bereiteten sie sich auf die kommenden Zeiten vor. Sie konnten sehen, wofür man ihre Samen – das Sperma der tibetischen Mönche – verwenden würde. Sie konnten auch sehen, warum ihre Gegenstände versteckt werden und sie selbst ins Exil gehen mußten.

Das Tor im Nahen Osten ist eine der Hauptöffnungen auf den Planeten. Das Bermuda-Dreieck, das Tor des alten atlantischen Gebiets, diente ebenfalls als wichtiger Zugang zum Planeten. Jetzt aber sind die Energien dort chaotisch, und es ist kein sicheres Tor. Wegen der Konflikte und des Durcheinanders, die dort herrschten, kann man steckenbleiben oder sich verirren. Andere Torgebiete sind die Osterinseln, der Fuji, der Mount Shasta, der Titicacasee, die Linien von Nazca und der Uluru (Ayers Rock).

Es gibt welche, die die Zeitkorridore lesen und sie bereisen können, und solche, die das nicht beherrschen. Es bilden sich Bewußtseinsimperien, um verschiedene Fraktionen der Existenz im Kosmos und im Universum zu übernehmen. Wenn sie auf den Zeitkorridoren reisen können, besitzen sie unglaubliches Wissen über Wahrscheinlichkeiten und die Art, sich in die Variable der elektromagnetischen Tore einblenden können. Wenn die Zeitkorridore nicht mit dem nötigen Wissen bereist werden, können viele Ereignisse blind durch die Zeit brechen, sich wie Flutwellen von einem Ort zum anderen bewegen und das Dasein zermalmen. Diese Ereignisse scheinen sich nicht darum zu kümmern, durch welche Öffnung oder Wahrscheinlichkeit sie hereinkommen; sie schlagen überall ziellos zu. Und doch wißt ihr, daß alle Ereignisse synchronistisch mit einer tiefen Ordnung und einem sinnvollen Plan verbunden sind – es ist tatsächlich eine von der Göttin inszenierte Show.

Damit eine neue Zeitlinie und ein ganz neues Geflecht etabliert werden können, muß das ursprüngliche Ereignis, das dieses Geflecht verankert, eines von solch tiefgreifender Implosion sein, daß es das gesamte Dasein betrifft. Andernfalls hat das Geflecht keine Ankerpunkte. Diejenigen, die die Zeitlinie zur Erde besitzen, haben diese abgeschirmt und nicht zugelassen, daß auf der Zeitlinie freier Austausch herrscht. Es gibt welche in der Zukunft, die Zweit- und Drittgeflechte konstruieren. Ein Zweitgeflecht ist ein zweites Gewebe, mit dem Ziel, die Energie um den Hauptkorridor der Zeit herumzuleiten. Ein Drittgeflecht dient als Fangnetz, falls das zweite nicht funktioniert.

Zeitlinien, das Gewebe der Zeit und die Röhren, die dieses Zeitgeflecht durchziehen, sind alle in Primärereignisse eingehakt. Ohne ein Primärereignis könnt ihr euch nicht in eine Zeitlinie einklinken. Mit anderen Worten, die Zweit- und Drittgeflechte müssen in ein Primärereignis eingehakt werden, so daß andere Zeitlinien es als Anker verwenden können. Die Spaltung des Atoms war ein Primärereignis, ebenso waren es die Aufspaltung der Sekunde und die Harmonische Konvergenz. Primärereignisse können gesellschaftliche oder private Geschehnisse sein; durch sie wird der Lauf der Geschichte drastisch beeinflußt. Damit also eine neue Zeitlinie auf dem Planeten verankert werden kann, muß ein Massenereignis stattfinden.

Euer Zeitkorridor wird jetzt von außen – aus der Zukunft – von diesen Geflechten durchdrungen. Wenn ihr ein Zweit- oder Drittgeflecht baut und in einen versperrten Korridor gehen wollt, müßt ihr ein Primärereignis finden. Wenn nicht, könnt ihr euch nirgendwo einhaken. Es ist wie beim Angeln. Ihr könnt einen Haken in den Teich werfen; wenn nichts anbeißt, habt ihr kein Primärereignis.

Ein Primärereignis ist ein Geschehnis, das innerhalb des Hauptgeflechts in den Zeitkorridoren als eine entscheidende Schnittstelle registriert wird und an dem die gesamte Wirklichkeit vorbeizieht. Es kann als Wendepunkt für den Bereich, in dem es geschieht, angesehen werden. Die Harmonische Konvergenz war ein inszeniertes Ereignis, hervorgerufen durch Impulse aus der Zukunft. Sie wurde aus der Zukunft in die Vergangenheit geschickt und dann neu in der Gegenwart organisiert, um ein Loch zu erzeugen, durch das die Zweit- und Drittnetze gebaut werden und eine Verbindung zum Planeten finden konnten. Worin bestand die Verbindung? Wenn diese Netze ein Primärereignis zum Einklinken brauchten, was gab ihnen dann in dem Primärereignis einen Halt? Das Bewußtsein der Menschen.

Es gibt diejenigen, die sich auf das Studium von Primärereignissen in bestimmten Sektoren des Daseins spezialisieren. Sie kennen den Spielraum, mit dem eine bestimmte Zeitschiene verändert werden kann, ohne die gesamte Zeit zu verändern – weil untergeordnete Zeiten um das Ereignis herum verändert werden. Es gibt welche, die sich auf parallel ablaufende Ereignisse in verschiedenen Welten spezialisieren. Sie erzeugen geometrische Wirbel, indem sie Primärereignisse aus verschiedenen Sternensystemen und Galaxien nehmen, sie zusammenschalten und neue Kommunikationsstraßen erschaffen. Es ist eine großartige Sache, wenn ihr euch einmal von der Erden-»Zeit« befreit.

Die Hauptkorridore werden zur Zeit umgebaut, damit ein größerer Energiefluß auf euren Planeten strömen kann. Wir helfen in der Zukunft beim Bau der grundlegenden Netzwerke, damit bei einem inszenierten Primärereignis die Geflechte verbunden werden können und sich auf der Erde alles wandelt. Dies wird die gesamte Zeit verändern. Es wird in gewissem Maße ein riesiges Loch in das Gewebe reißen, in dem ihr lebt.

Als vor langer Zeit diese Korridore in anderen Zivilisationen entdeckt und entwickelt wurden, gab es Millionen Welten, die nicht in Weisheit lebten. Es gibt Raumgebiete, die als Chaosbälle funktionieren, weil zu viele Löcher in das Gewebe gerissen wurden, das ihre Wirklichkeit darstellte. Es ist die gleiche Lektion, die ihr in bezug auf eure Umwelt lernt – mißbraucht sie, verschmutzt sie, und sie wird stumpf und verliert ihre ursprüngliche Lebendigkeit. Das gesamte Dasein ist lebendig, und es wird zu einer wichtigen Aufgabe, in allem Seienden zu existieren und es zu fördern, statt es zu benutzen und zu zerstören. Es gibt große Universen wie dieses, an denen gearbeitet wird und die gereinigt werden. Ihr glaubt, daß eure Erde verschmutzt ist? Dann stellt euch mal ein wegen seiner nicht verbundenen Zeitlinien total chaotisch verschmutztes Universum vor. Ihr könntet dort zum Einkaufen gehen, und wenn ihr zurückkehrtet, dürfte euer Haus verschwunden sein – weil es durch ein Loch rutschte. Es existiert dann an dieser Stelle eine andere Realität. Das ist verrückt.

Eines Tages wird dies alles integriert sein. Das ist unsere Herausforderung: Wie integrieren wir das Bewußtsein jener, die überhaupt erst die Falle erschufen, indem sie die Schöpfung nicht respektierten? Sie achteten das Geflecht nicht, gingen durch die Zeitkorridore und machten, was sie wollten. Wir spielen ein gefährliches Spiel, und doch ist es aus unserer

Sicht notwendig, Ereignisse zu verändern. Nicht, daß wir es allein in der Hand hätten. Wir operieren unter der Führung unserer Lehrer, den Hütern der Zeit. Aus einer größeren Perspektive spiegeln wir euch die enorme Verantwortung wider, Anspruch auf Bewußtsein zu erheben. Die Aufgabe, in den Zeitkorridoren die Gesetze von Ursache und Wirkung auszujonglieren, ist wahrlich ehrfurchtgebietend.

Die Bibliotheken befinden sich in einer Version des Primärgeflechts, das gesperrt und nicht aktiviert ist. Die Bibliotheken werden bewacht. Dieser Tage ist es nicht einfach, eine der Bibliotheken zu betreten, besonders wenn man aus der Zukunft kommt. Also werden die zugrundeliegenden Zeitkorridore gebaut. Viele führen bestimmte Zeitlinien zusammen, damit sie gewisse Gebiete in Besitz nehmen oder größeren Einfluß auf sie ausüben können. Sie verbinden so viele Zeitlinien wie nur möglich, oder sie umgehen möglichst viele, je nachdem, was ihr Vorhaben ist.

Von einem bestimmten Standpunkt aus gibt es welche, die die Zeitkorridore besitzen oder das glauben. Sie bauen die Hauptkorridore um und organisieren neue Zeitalter der Existenz. Wenn diese Korridore einmal gebaut sind, werden sich viele Intelligenzformen vor- und zurückbewegen können, wobei die sogenannten Besitzer dieser Korridore bestimmen, welche Kräfte hineindürfen. Auf dieses Problem steuert die Erde zu, und das ist der Grund, warum es ein so großes Einströmen von Lebensformen gegeben hat, die die menschliche Spezies für Experimente verwenden. Es werden Zweit- und Drittzeitlinien gebaut, damit bei einem Überfall auf die zweite noch eine andere offen bleibt.

Wenn die Zweit- und Drittereignisse eingerichtet und aufgebaut werden, bedeutet das, daß es zu einer größeren Öffnung im Zeitkorridor kommt. Diese Öffnung wird vielen gestatten, durch die sogenannten offiziell anerkannten Kanäle zu kommen. Sie werden auf eine Untergrundbewegung und

Torwege stoßen, die sich gleichzeitig in viele Richtungen öffnen.

Die Maya, diese meisterhaften Trickspieler der Zeit, haben euch zahlreiche Hinweise hinterlassen, mit denen ihr das Spiel spielen könnt. Der Maya-Kalender verdient nähere Betrachtung, da er zur Wintersonnenwende im Dezember 2012 eine Zeit des Beendens und Abschließens angibt. Die Spielleiter schauen zu und fragen sich, was ihr angesichts der damit verbundenen wilden Spekulationen tun werdet! Die Vorstellung vom Ende eurer Zeit bedeutet, daß ein Zyklus sich vollendet. Es bedeutet nicht, daß es mit der Erde zu Ende sein wird. Ein bestimmtes, zum spirituellen Wachstum erforderliches Thema ähnelt einer über Jahre laufenden Broadway-Show; ihr habt noch knapp zwanzig Jahre Zeit, um die vereinbarten Vorstellungen hinter euch zu bringen.

Wenn dieser letzte Zeitabschnitt abgelaufen ist, wird es auf diesem Planeten zu einer Dimensionsverschiebung kommen. Diejenigen, die sich jetzt daran anpassen können, gehen bereits in der vierten und sogar in der fünften Dimension ein und aus. Während der nächsten zwanzig Jahre wird die neue Frequenz auf dem Planeten so vorherrschend sein, daß sie eine Version eurer Welt in einen neuen Zyklus katapultiert und eine andere in Untergang und Zerstörung.

Im neuen Zyklus wird Energie aus der Lebendigen Bibliothek hervorbrechen und ein einzigartiges Aufblühen aller Lebensformen auslösen. Ihr könnt keinen Zugang zu den anderen Lebendigen Bibliotheken erlangen, bis ihr nicht diese hier nutzen könnt. Ihr werdet fühlen, wie ein Teil von euch sich ausdehnt und hineinspäht, um zu sehen, wie ihr mit eurer neuerworbenen Bewußtheit umgeht. Ihr riskiert vielleicht auch einen Blick darauf, was andere mit ihren Schöpfungen tun, obwohl ihr die Lebensformen einer anderen Lebendigen Bibliothek womöglich nicht versteht. In anderen Lebendigen Bibliotheken, wo das Wissen in geometrischen Formen gespeichert ist, könnten die Welten sehr anders sein und für euch vielleicht wie ein verlassener kosmischer Spielplatz aussehen. Denkt daran, daß ein Spielplatz nur durch Spielende lebendig wird. Die Lebendige Bibliothek Erde wird es euch erleichtern, einen Schwingungswandel hinsichtlich des Teilens und Fließens mit der Energie zu erreichen. Von der Natur, dem großartigen Spielplatz der Erde, werdet ihr lernen, zu verschmelzen und euch in den Zeitkorridoren zu tummeln.

Wir entdeckten, daß Ereignisse aus der Zukunft kommen. Sie können sowohl der Zukunft als auch der Vergangenheit entspringen. Dies ist das ständige Spiel. Wir sind hier, um die Veränderung der Vergangenheit zu erleichtern, damit wir unsere Gegenwart auf den Plejaden, unsere Version des Jetzt, ändern. Es geschieht, damit eine tyrannische Übernahme, die weit in der Zukunft existiert, umgeleitet und neu organisiert wird. In Wirklichkeit eilt eure Vergangenheit auf unsere Gegenwart zu, und doch gingen wir in die Zukunft, um sie zu verändern.

Ihr werdet schließlich eine ganz andere Folge von Erinnerungen wahrnehmen, denn ihr werdet die Vergangenheit eures Universums verändern. So liegen die Dinge. Wir haben euch gesagt, daß wir aus eurer Zukunft kommen und daß wir zurückkehrten, um die Vergangenheit zu verändern. Wir sind sehr klug. Wir verändern die Geschichte des gesamten Universums, indem wir ein Paralleluniversum erschaffen. Paralleluniversen sind nichts anderes als Pläne, die die Zeitmechanismen von einem Punkt verschieben, indem sie die Erinnerung und das Ereignis verändern. Ihr könnt das gleiche in eurem persönlichen Leben machen. Ihr könnt auch diese Vergangenheit verändern. Seid flexibel, wenn ihr das Spiel zu spielen lernt.

## Energieübung

*Richte deine Aufmerksamkeit auf deine Atmung, folge dem Luftstrom in deinem Körper, und deine Lungen füllen sich mit Licht. Du siehst, wie dein Blutkreislauf diese aufgeladene Energie aufnimmt und sie im ganzen Körper verteilt. Mit jedem Ausatmen fühlst du, wie sich dein Körper entspannt und losläßt. Atme so weiter, und stell dir vor, daß dich zwölf Energien umgeben, die deinem Wohlergehen dienen. Du verspürst ein angenehmes Gefühl der Sicherheit, wenn du sie erforschst. Schau jeder Energie tief in die Augen, dann verschieb deinen Blick, und lies das umgebende Energiefeld.*

*Stell dir Lichtfasern und -strahlen vor, die von deinem Körper aus tanzen, während du ein bekanntes Ziehen in Bauch und Herz fühlst. Ein Wiedererkennen läßt deinen Körper vibrieren, wenn die zwölf Führer dir einen Blick in ein anderes jetzt anbieten. Gestatte dir, in die Zeit und Wirklichkeit zu blicken, die jeder der Führer darstellt, und erfahre alle zwölf vollkommen kraftvoll. Laß deine Erinnerungen schweben, fühl die Zeitlinien wie Landkarten für Wirklichkeiten, die dir den Weg zeigen. Folg den Lichtfasern, die sich von deinen Chakrazentren aus in das Energiefeld jedes Führers bewegen. Wo findest du dich wieder? Erfahre und beobachte.*

*Vielleicht hörst du den süßen Klang eines sanften Regens oder das Heulen des Windes auf einer einsamen Straße. Es können Dschungel, Regenwälder, schneebedeckte Gipfel, Wüsten, Flüsse, Ozeane oder Ebenen sein. Jeder Winkel der Erde enthält Erinnerungen und geheimnisvolle Hinweise über dich. Laß dich von den Zeitlinien tief in ein anderes Jetzt tragen. Erfahr die Erde von zwölf Zeitlinien aus, und bitte, daß du diejenige siehst, die für dein eigenes Verständnis und für deine Verbindung mit den Sternen am bedeutendsten ist.*

*Fühl das Netz des Lichts, das als entscheidendes Gitter das Dasein verbindet, das überall lebendig ist. Und nun stell dir vor, daß die Netzfäden Intelligenz transportieren, da Leben nach Leben sucht. Stell dir die Erde als blau-weißes, im Raum schwebendes Juwel vor und wie sie in ihrem eigenen Zeitbereich Hof hält, ein Edelstein zum Haltmachen ent-*

*lang dieser großen Lichtkorridore. Schau dir die Erde vom Weltraum aus an, und fühl ein heftiges Ziehen von den Zeitepochen, die dich zum Erinnern einladen. Sind es vergangene Ereignisse, an die du dich erinnerst? Sei neugierig auf sie, während deine Vorstellungen von Zeit, Raum und Erde auf dem Netz von Licht durcheinanderwirbeln.*
*Und nun blick durch die Energielinien, die sich etwas hinter dem Mond kreuzen. Was steht auf den Wegweisern? Und auf welche stellaren Nebenstraßen zeigen deine treuen Führer? Laß deinen Geist die Vitalität des Augenblicks aufnehmen; ehre die Erde und dich selbst für die grenzenlosen Möglichkeiten, die es auszudrücken und zu erkunden gibt. Zoll dem Netz des Lichts besondere Hochachtung, dieser großen Daseinskraft, mit der wir alle lernen, das Spiel zu spielen.*

# KAPITEL 10

## Die Himmel sprechen

*Ihr habt euch selbst einen Zeitpunkt und eine Abstammungslinie ausgesucht – eine Blutlinie, in die ihr hineingeboren wurdet, um in diesem Leben aus eurer Sicht ideale Erfahrungsmöglichkeiten vorzufinden.*

Bevor ihr in diese Realität kamt, bewarbt ihr euch um ein Stück Zeit – den Moment eurer Geburt. Genau zu eurer Geburt befanden sich die Sterne, Planeten, der Mond und die Sonne in einer bestimmten Konfiguration. In dem Augenblick, als ihr aus dem Bauch eurer Mutter kamt, prägte die Energie von den Sternen und Planeten euer Fleisch, ganz gleich wo ihr wart, denn die Energie berührte zu dem Zeitpunkt auch die Erde.

In diesem Augenblick wurden bestimmte Wahrscheinlichkeiten, besondere Gelegenheiten und konkrete Herausforderungen festgeschrieben. Die Sprache der Sterne erklärt eure Welt auf eine Art, die euch hilft, das größere Bild zu verstehen. Alles steht in geometrischer Beziehung zueinander und erzeugt energetische Muster. Ihr habt euch selbst einen Zeitpunkt und eine Abstammungslinie ausgesucht – eine Blutlinie, in die ihr hineingeboren wurdet, um in diesem Leben aus eurer Sicht ideale Erfahrungsmöglichkeiten vorzufinden. Ihr bestimmtet diese Erfahrungen aufgrund dessen, was ihr lernen mußtet, und zwar basierend darauf, was ihr erschaffen hattet, erschaffen werdet und gleichzeitig an anderen Orten erschafft.

Die Himmel sprechen zu euch über eure majestätische Pracht und spielen durch euch ihre Geschichte aus. Die Planeten senden ihre Lebenskraft als elektromagnetische Wellen aus, die Zyklen erzeugen, in denen herausragende Leistungen in Form von Herausforderungen und Siegen bestimmte Epochen oder Zeitalter definieren. Wenn diese Zyklen verstanden werden, wird der Planet automatisch davon profitieren. Die Zyklen sind ignoriert und bagatellisiert worden, damit ihr in Unwissenheit bleibt und nicht zu der enormen Selbsterkenntnis vordringt, die Teil des Lebenssinns ist. Ein Grund, warum die Lehren von den Zyklen verlorengingen, war der akademische Kampf gegen die Astrologie. Man hat euch gesagt, daß die Astrologie ein bedeutungsloses Studium sei, doch in Wahrheit sind Astrologie und Astronomie die Sprachen des Universums. In seiner klarsten Form übersetzt das Wissen über die Himmel den Makrokosmos in den Mikrokosmos und erkennt euch innerhalb eines bedeutsamen Daseinsabschnitts an.

Im Jahre 1993 erlebtet ihr etwas, was wir die Galaktische Flutwelle des Lichts bezeichnen, anders ausgedrückt: eine planetare Konstellation, die einen Energieweg erzeugte. Jeder Planet eures Sonnensystems besitzt ein eigenes Bewußtseinsfeld, das – wie Datenautobahnen – pulsiert und Energiestrahlen aussendet. Wenn sich Planeten in bestimmten geometrischen Verhältnissen anordnen, erzeugen sie mit dem Verschmelzen ihrer unabhängigen Kräfte komplexe energetische Gebilde. Wenn zwei Planeten in Konjunktion stehen, erscheint euch das von der Erde aus, als lägen sie übereinander. In Wahrheit sind ihre Energiebahnen verschmolzen, während sie selbst sich weit voneinander entfernt in den Tiefen des Weltraums befinden. Die Energie, die aus dem einen Planeten strömt, verschmilzt mit der des anderen.

Die Galaktische Flutwelle des Lichts kann durch die beiden Planeten Uranus und Neptun verstanden werden, die zu drei verschiedenen Zeitpunkten – im Februar, August und Oktober 1993 – in Konjunktion traten und das Zeichen Steinbock bei achtzehn bis neunzehn Grad ausrichteten und energetisierten. Jeder Planet besitzt seine eigene Identität, seinen Einflußbereich. Jeder Planet ist ein fühlendes Wesen, eine eigene intelligente Kraft. Als sich diese beiden Intelligenzformen am Himmel trafen, übertrugen sie einen gemeinsamen Strahl auf die Erde und wirkten auf die vom Steinbock beeinflußten Teile der Erde ein. Das Zeichen Steinbock wird vom Saturn regiert, der für Form, Struktur, Autorität, Einschränkung und Zeit steht. Unter anderem hat der Saturn mit Steinen und Kristallen zu tun. Weil sich diese beiden Planeten im Steinbock trafen, mystifizierten, elektrisierten, energetisierten und veränderten sie die Steine der Erde.

Auf planetarer Ebene führt euch die Energie dieser Konjunktion zu einer Öffnung des Gefühlszentrums und bietet euch eine Lösung für das sich zusammenbrauende Chaos. Wenn also die Systeme zusammenbrechen, benutzt eure Gefühle, um weiterzukommen. Ohne Gefühle, besonders ohne Liebe, seid ihr zum Untergang verdammt. Ihr werdet im Solarplexus aufwühlende Gefühle bemerken. Wenn diese einmal durch die Fäden des Mitgefühls mit dem Herzen verbunden sind, werdet ihr die Wirklichkeit durch eine andere Quelle als den logischen Verstand bestimmen können. Ihr werdet allmählich euren Weg in die Wirklichkeit erfühlen. Dies wird Energie in den unteren Chakras freisetzen – Energie, die auch als nicht erkannte und nicht aufgelöste Erinnerungen blockiert. Diese gelöste Energie wird zum Herzen, zum Kehlkopf, zum

Dritten Auge und zum Scheitel aufsteigen – dem vierten, fünften, sechsten und siebten Verteilungspunkt im Körper. Dieser Vorgang wird die Menschheit verbinden, und ihr werdet merken, daß ihr vieles gemeinsam habt und nicht umgekehrt. Ihr werdet euch an vergangene Leben erinnern, indem ihr sie als fortlaufend und gleichzeitig stattfindend erfahrt. Dies wird viele von euch verwirren, da ihr herausgefordert seid, die in euer Bewußtsein einströmenden Erinnerungen und Erkenntnisse zu verarbeiten.

Diese Öffnung der Energiezentren soll als Lösung dienen. Im Idealfall wird sie einen chaotischen Wirbel erzeugen, der eure Wirklichkeit durcheinanderbringt, so daß ihr nicht mehr genau wissen werdet, was real ist. Da Unsicherheit und Verwirrung um sich greifen, werdet ihr eure blinde Treue gegenüber verschiedenen Institutionen anzweifeln. Einige von euch werden im Zuge dieser Zweifel depressiv werden. Andere werden sagen: »Großartig, ich bin unbelastet. Ich bin frei. Das ist wunderbar.«

Es wird euch bald sehr überraschen, wie viele sich für alternative Versionen der Wirklichkeit interessieren. Ihr findet vielleicht heraus, daß eure beiläufigen Bemerkungen beim Einkaufen in eine metaphysische Konversation münden oder in ein tiefes Gespräch über die Gegenwart von Außerirdischen. Spirit wird euch Impulse senden, Dinge auszusprechen, die ihr früher niemals gesagt hättet. Seid offen dafür und auch für die Öffnung von Menschen aus allen Lebensbereichen. Eure Familienmitglieder können sich um hundertachtzig Grad drehen. Nicht alle, aber doch einige werden allmählich das Licht sehen. Vielleicht habt ihr bei einigen Menschen gedacht: »Ach, da ist's hoffnungslos.« Das wird sich ändern.

Ihr werdet staunen, wer alles Ballast abwirft und aktiviert wird, denn das hat nichts damit zu tun, wieviel Zeit ihr investiert, wie viele Kassetten ihr gehört und welche Bücher ihr gelesen habt. Wenn Spirit an eure Tür klopft und eure Codes ausgelöst werden, geht das Erwachen schnell. Wofür einige von euch zwanzig, dreißig oder fünf Jahre brauchten, werden andere blitzartig wissen. Ihr werdet es nicht lernen, sondern einfach wissen. Seid also vorbereitet, Rat zu geben und anzunehmen und zu lernen, denn ihr lernt am meisten, wenn ihr lehrt. Die Menschen sind eure Spiegel, und wenn ihr sie unterrichtet und ihnen etwas erklärt, lernt ihr von ihnen im Gegenzug über euch selbst und eure Muster sowie darüber, wie Menschen lernen. Die Dynamik der Erweckungsenergie ist eine springflutartige Erfahrung, die mit jedem Augenblick intensiver wird.

Diese Flut der zyklischen Energie ist für die rasche Umwandlung verantwortlich, die innerhalb der menschlichen Spezies stattfinden wird. Ihr, die ihr hier in diesem Augenblick existiert, werdet durch diese Energie gerade verändert und mutiert, und eure Zellen werden ganz anders aussehen. Eine Veränderung auf der zellulären Ebene wird euch zu einer Metamorphose in den spirituellen Dimensionen katapultieren. Die daraus resultierenden Erdveränderungen werden den Bewußtseinswandel vollenden, der notwendig ist, um geistige Gesundheit, Lebenssinn und sinnvolle Existenz in den Dimensionen wiederherzustellen, deren Heimat hier auf der Erde sein soll.

In einem Menschenleben gibt es einige natürliche Zyklen, in denen die Kundalini aufsteigt. Als Menschen funktioniert ihr durch einen Energiestrom, der am unteren Ende eurer Wirbelsäule eingerollt liegt und als Schlangenkraft bezeichnet wird. Sie kommt der Energie von Urschöpfer am nächsten. Ihr verwendet eure Kundalini-Energie zur Fortpflanzung und habt keine Ahnung, daß sie dazu benutzt werden kann, die Sicht der Wirklichkeit zu verändern. In der westlichen Welt habt ihr dies nicht erkannt, weil die Mächtigen den Status quo eurer Konsumgesellschaft nicht ändern wollten.

Die Kundalini steigt meist vom unteren Ende der Wirbelsäule ins zweite Chakra – von Identität und Überleben hinauf zu Schöpfungskraft und sexuellem Ausdruck – und bleibt dann stehen. Ungefähr im Alter von vierzig Jahren, bei der Uranus-Opposition oder sogenannten Midlife-crisis, zieht der Planet Uranus die Energie hinauf. Da der Uranus zur Zeit einen so großen Einfluß auf das globale Bewußtsein hat, wird es zu permanenten Kundalini-Erfahrungen der Masse kommen, und zwar ungeachtet des Alters. Das Niveau der elektromagnetischen kosmischen Energie muß innerhalb der menschlichen Rasse höher werden.

Bevor ihr zustimmt, in die physische Ebene einzutreten, geht ihr detailliert die Parameter eurer erschütterndsten Wahrscheinlichkeiten durch. Ihr stellt eure Blaupausen auf, dann wartet ihr auf den Spalt: das perfekte elektromagnetische Fenster in die physische Realität. Dieses Fenster ist eine Anordnung von Energien, die von den Himmelskörpern gesteuert wird und euch erlaubt, euren genetischen Code zu bereisen. Eines Tages wird die Erstellung eines Horoskops eine Entsprechung zwischen der Planetenstellung und der Anordnung der DNS enthüllen. Gegenwärtig gibt es zwölf Häuser im Tierkreis und zwölf DNS-Stränge. Die zwölf DNS-Stränge werden sich schließlich in der Iris des Auges zeigen, und ihr werdet den genetischen Zweck in der Regenbogenhaut lesen können. Wenn ihr die Iris wie das Rad des Horoskops in zwölf Häuser unterteilt, wird jedes Haus einem Ort im Körper entsprechen, ebenso wie es bei der astrologischen Prägung der planetaren und stellaren Energien bei der Geburt eines Menschen der Fall ist. Durch eine Reflexion im Auge werden die zwölf DNS-Stränge schließlich ihre genetischen Codes des Zwecks und der Absicht gemäß ihrer Speicherung im Blut enthüllen.

Viele sogenannte Geheimnisse werden dann gelüftet und euch von weiterer Irreführung befreien. Durch das Auge könnt ihr in das Fenster der Seele spähen, und im Auge geschieht die tiefste Prägung und der tiefste Austausch unter allen Spezies.

Vor langer Zeit waren Astrologie und Astronomie eins. Als die linke Gehirnhälfte aktiver wurde und der Plan für ein falsches Ego oder einen wissenschaftlichen Geist an die Oberfläche trat, um die Menschen von sich selbst wegzubringen, wurden die Wahrheiten ins Lächerliche gezogen. Uralte Gesetze wurden verlacht, aber ihr wurdet zurück auf den Planeten geschickt, um diese Wahrheiten zu achten und wiederzuerwecken.

Der Mond ist ein künstlicher Satellit. Er wurde gebaut und außerhalb der Erdatmosphäre verankert, um als Vermittlungs- und Überwachungseinrichtung, als Supercomputer oder Auge am Himmel zu dienen. Er beeinflußt alle Lebensformen auf diesem Planeten stärker, als ihr es euch heute vorstellen könnt. In eurer Geschichte tauchen Berichte über zwei Erdmonde auf. Ihr hört das nicht oft, doch es gibt welche, die davon wissen.

Die Erde muß denen gehören, die hier leben; doch das ist im Moment nicht der Fall. Ihr habt äußere Götter, Schöpfungsenergien, die euch als Spezies davon abhalten, eure Kundalini frei einzusetzen. Der Einfluß des Mondes als wichtiger Satellitencomputer betrifft die gesamte Erde. Zur Zeit überqueren mächtige kosmische Strahlen als Photonenwellen den Weltraum und werden durch den Uranus, den Neptun und andere Kräfte übertragen. Dies erzeugt einen überlasteten Stromkreis um die Steuerung herum, die euch daran gehindert hat zu verstehen, daß ihr als menschliche Wesen die Verwaltung eures Planeten übernehmen müßt.

Warum seid ihr in einer festen Zeitformel gefangen, die an jedem anderen Ort belanglos ist? Welche Bedeutung hat die Zwölf in diesem Meß- und Teilungsprozeß? Wer wärt ihr ohne all das? Wir möchten, daß ihr euch diese Fragen im Kopf herumgehen laßt. Die Antworten haben selbstverständlich mit der Kontrolle eurer Lebenserwartung und der Kundalini zu tun. Es ist so, daß im Idealfall eure Lebenszeit viel länger als jetzt wäre und eure Gesellschaft den Erwerb von Weisheit durch Erfahrung achten würde. In einer Gesellschaft, die so strukturiert und aufgebaut wäre, daß die Kundalini-Erfahrung mit vierzig ideal erlebt wird, käme es zu einer Reifung des einzelnen. Gegenwärtig betrachtet ihr euch im Alter von einundzwanzig als reif. Seid euch bitte bewußt, daß ihr zahlreiche Energiezyklen durch euren Körper erfahrt, damit ihr neue Perspektiven der Reife lernt. Es ist entscheidend für eure Entwicklung, daß ihr euch dieses Prozesses bewußt seid. Ihr seid herausgefordert, ständig mehr Verantwortung zu übernehmen, ohne euch dadurch belastet zu fühlen.

Es hat viele, viele Schlachten um den Mond gegeben. Teile von ihm werden als Eigentum betrachtet, andere benutzt. Es gibt einen Plan, stufenweise andere Einflußprogramme für die Erde einzuschieben, wenn der Mond von Kräften besetzt sein wird, die euch in eurem Wachstum unterstützen statt behindern. Seit Äonen haben die Mondprogramme den menschlichen Wesen große Begrenzungen auferlegt. Die Geschichten über den Einfluß des Vollmondes auf Wahnsinn, Verrücktheit und verstärktes Bluten stimmen. Der Mond erzeugt wiederkehrende Zyklen, auf die ihr ansprecht. Ihr wißt, daß euch das Fernsehen stark beeinflußt. Das gilt auch für den Mond. Ihr habt einfach nicht gelernt, euch auf seine Programme einzustimmen und sie abzuschalten. Es gelingt euch nicht. Andere müssen den Mond für euch abschalten oder neu programmieren, und das geschieht gerade jetzt.

Zur Zeit wird der Mond stark kontrolliert. Einige Menschen erleiden Wahnsinn und Verrücktheit durch den Mond. Außerirdische und andere haben viele Basen auf dem Mond, und wenn es darauf ankommt, haben die von der Erde wenig Einfluß. In Wirklichkeit wird alles von den Außerirdischen betrieben. Auch wenn eure Technologie rasche Fortschritte macht, so steckt sie im Vergleich zur Biotechnologie von gefühlsbegabten Weltraumreisenden noch nicht einmal in den Kinderschuhen. Ihr seid neu im Spiel, und ihr geht an einem sehr wichtigen Schlüssel vorbei, denn eure Sinne und die Essenz eurer physischen Welt strukturieren die Wirklichkeit *auf eine bestimmte Weise*. Ihr übersetzt ständig Daten, und wie beim Deuten eines Traums preßt ihr die Erfahrung in ein physisches Korsett, wodurch ihr immer weniger erklären könnt. Alles ist Gedanke – geistige Architektur – mit einem Bautrupp in vielen Wirklichkeiten.

Die Sonne regiert euer Sonnensystem und ist der Sitz der Intelligenz, die diesen speziellen, von euch bewohnten Ort beherrscht. Die Sonne reicht bis in eure Zone, und wenn sie eure Haut berührt, liest sie eure Schwingung. Sie ist sehr eng mit jedem Lebensaspekt, wie ihr ihn kennt, verbunden. Sie ist eine Intelligenzkraft, die eure eigentliche Existenz antreibt und die Umwelt erschafft, in der ihr euch entwickeln könnt. Die Sonne ist sehr an eurer Evolution interessiert, denn im Zuge eurer Entwicklung leitet ihr alles, was ihr tut, an sie zurück, während sie euch berührt.

In vielen Kulturen wird die Sonne wie ein Gott als die intelligente Kraft verehrt, die diese Welt regiert. Ihr wärt erstaunt darüber, wer und was in der Sonne lebt. Die Sonne ist eine Illusion. Äußerst fortgeschrittene Welten können sich als Sonnen tarnen, um sich durch die Kraft des Lichts vor Invasion und Durchdringung zu schützen. Für einige ist die Sonne ein Ort großen Lernens, während sie für andere einfach eine Initiation darstellt, durch die sie jenseits davon gelangen. Sie ist nicht einfach nur brennende Gase, wie eure Wissenschaftler sagen.

Die Wissenschaft hat in großem Maße euren Interpretationen des Lebens die Luft rausgelassen. Sie hat dem Leben all den Spaß, die Vitalität, das Aufregende und Geheimnisvolle genommen. Das Leben ist sehr alltäglich und langweilig geworden, als ob es sinnlos sei. Könnt ihr euch vorstellen, daß die Sonne sinnlos ist? Denkt einen Augenblick darüber nach. Und doch gibt es heute eine Kampagne der Angst und Ablehnung gegen die Sonne. Die Menschen fühlen sich nicht mehr mit der Natur verbunden, weil die Wissenschaft gesagt hat, daß die Natur nicht mehr sicher sei. Das Mißtrauen gegenüber der Sonne, der Natur und der Erde hat zu eurer gegenwärtigen Krise beigetragen: eurer mangelnden Bereitschaft, eure Heimat zu ehren und wertzuschätzen. Innerhalb der Wissenschaft gibt es zur Zeit eine tiefe Krise durch sich widersprechende Überzeugungen – Gott und der Göttin sei Dank.

Die Sonne und der Mond sind die Lichtspender in eurem System, durch die ihr tiefgreifend beeinflußt werdet und die große Auswirkungen auf euch haben. Die Sonne erzeugt ihr eigenes Licht und beleuchtet dann ihrerseits den Mond. Der Mond ist ein Subsatellit der Sonne, der als ein Computer die Erde umläuft und von vielen Göttergenerationen gebaut und erhalten wurde. Himmelskörper werden in Form von Asteroiden, Monden und Planeten konstruiert, und durch diese Lichtspender werden Strahlen der Intelligenz, Radiowellen und Gammastrahlen vom jeweiligen Stern an die Sonne übertragen und zur Erde gesendet. Durch diese Strahlen werden eure Handlungen auch gelesen und zurück zur Sonne, dem Mond und dem ausstrahlenden System – in diesem Fall sind das die Plejaden – geschickt.

Wenn ihr euch an einen anderen Ort bewegen und das Sonnensystem und den Himmel von einem anderen Bezugspunkt aus sehen könntet, würdet ihr erkennen, daß die Erde, die Sterne und alles übrige sich dramatisch verschieben. Eines der Systeme, mit dem ihr euch dreht, ist das System der Plejaden mit seiner Zentralsonne Alkyone. Euer Sonnensystem befindet sich am Rand der galaktischen Spirale.

Stellt euch vor, ihr zieht eine Linie von der Erde zu Alkyone mit der Absicht, euch mit der Zentralsonne zu verbinden. Wenn ihr dann bei Alkyone angelangt seid, sagt jemand: »Es gibt noch eine andere Sonne, um die wir uns hier drehen.« Also zieht ihr eine Linie dorthin. Dann sagt wieder jemand: »Hier drüben gibt es viele weitere Zentralsonnen.« Also geht ihr hierhin und dorthin und zieht eure Linien. In eurem Universum gibt es Milliarden von Galaxien, und ihr befindet euch in einer davon. Wenn ihr all diese Linien zieht, ergibt sich eine geometrische Form. Wir stellen das jetzt sehr einfach dar, das ist es aber nicht. Wir entwerfen lediglich ein Bild, das euch hilft zu verstehen. Wenn ihr Linien zieht und die Sonnen untereinander energetisch verbindet, beschreibt ihr ein Intelligenzkollektiv. Das kann als Standort von Urschöpfer bezeichnet werden, obwohl es das nicht ist. Es könnte ein Ort eines der Schöpfergötter oder Vertreters sein – oder auch die Heimat eines Experiments der Spielleiter. Stellt euch vor, daß ein intelligentes, durch viele Dimensionen des Daseins operierendes Wesen aus Zentralsonnen besteht, die aus eurem gesamten Universum über seinen sogenannten Körper verteilt sind.

Alle Welten werden von Sonnen regiert. Das Wachstum orientiert sich an diesen Sonnen. Eure Sonne gibt euch Licht, und durch Licht könnt ihr eure Reflexionen in der äußeren Welt sehen. Was könntet ihr euch ohne Licht spiegeln? Was würdet ihr wahrnehmen?

Die Sonne beherrscht und regiert euer spezielles System, wie es sich euch darstellt. Sie ist der sensible Punkt eurer besonderen Bühne im Weltraum. Die Sonne kennt ihre Schöpfungen und nährt sie ihrerseits mit dem, was sie brauchen. Wenn ihr also euch selbst und die Erde liebt, verstehen die Sonnenstrahlen euer Bewußtsein vollkommen. Wenn ihr Angst vor der Erde habt, verstehen das die Sonnenstrahlen, und sie schubsen euch in diese Erfahrungen hinein.

Wenn die Intensität sich auf eurem Planeten verstärkt und als Energiemißbrauch ausgesendet wird, liest die Sonne das.

Die Sonne ist das fühlende Herzzentrum. Sie erlaubt und aktiviert Leben, denn sie berührt und liest alles. Ihr könnt nicht verbergen, wer ihr seid, weil die Sonnenstrahlen eure Schwingung lesen. Manche Menschen unternehmen den Versuch, sich vor der Sonne zu verstecken, und gehen unter die Erde, um ihre Aktivitäten geheimzuhalten.

Denkt über das Bewußtsein der Sonne nach, wie sie auf ihren Herrschaftsbereich blickt. Sie berührt alle Punkte mit wechselnden Lichtzyklen, um zu überprüfen, was in jeder kleinsten Ritze und Spalte geschieht. Sie fühlt und bringt die Energie zu sich zurück, und dann entscheidet sie über ihren eigenen Ausdruck. Sie lernt, Gleichgewicht und Ungleichgewicht in ihren eigenen Schöpfungen zu korrigieren. Die Sonne verändert sich. Sie und ihre vielen Kräfte brüten phänomenale Verschiebungen aus und senden sie an jeden Aspekt eures Seins. Es gibt Pläne innerhalb von Plänen innerhalb von Plänen. Versteht, daß euch immer der höchste mögliche Plan zur Verfügung steht, wenn ihr euch für ihn entscheidet.

Es wird zu einer enormen Zunahme an Sonnenfackeln kommen; die Energie der Sonne wird hervorbrechen und brennen und dabei massive Mengen an Gammastrahlen aussenden. Manchmal ist die Sonne recht zahm und zart wie ein kleines Baby, und ein andermal zeigt sie Perioden explosiver Aktivität, als ob eine Million Vulkane gleichzeitig ausbrechen würden. Wenn ihr jedoch das entsprechend eingestimmte Bewußtsein habt, könnt ihr euch durch diese Aktivität direkt in den Bereich bewegen, der hinter dieser jeweiligen Illusion liegt. Die Form der Sonne ist eine Illusion, die fest in der Essenz jeder Facette dieses Sonnensystems und in jedem Teil der DNS des Universums verankert ist. Innerhalb der Gesamtblaupause und dem Entwurf der grundlegenden Glaubensvorstellungen ist festgelegt, daß bestimmte Illusionen wahrgenommen werden und andere nicht. Die Sonne ist eine vereinbarte Grundannahme, die in vielen Wirklichkeiten

Geltung hat und auch zuläßt, daß Realitäten verschmelzen.

Die Polargebiete der Erde werden durch vom Bewußtsein der Erdbewohner hervorgerufene Veränderungen der Sonnenstrahlen und durch freigesetzte solare Ausbrüche berührt. Die ausgesendeten Sonnenfackeln sind wie Atomexplosionen oder elektrische Schläge, die Millionen von Meilen in die Tiefe des Weltraumes gehen. Die magnetischen Pole der Erde fangen diese Energie auf. Sie greifen nach der Energie, die aus dem Weltraum zum Planeten kommt. Aufgrund der magnetischen Kraft wird sie entweder als Bogen um den Äquator oder nach innen zum Erdkern geleitet. Jeder Pol schnappt nach der Sonnenenergie, zieht sie herein und erzeugt einen riesigen Zylinder von Schwingungsenergie. Während nun diese Schwingungsenergie zwecks Anpassung rüttelt und schüttelt, muß sie sich in das Energiegitter der Erde einfügen, das über den Polen zusammengeknüpft ist. Dieses Gitternetz wird von euch festgelegt, und in gewissem Maße entsprechen alle Energien, die durch eure Version der Erde verschmelzen oder auftreten, diesem Gitter von Überzeugungen.

Natürlich sind viele Dinge aus dem Gleichgewicht geraten, und deshalb wird es zu einer Verlagerung der Pole kommen, damit das Gitternetz die Energie leichter auffangen kann. Zum jetzigen Zeitpunkt kann die besondere Ausrichtung der Pole nicht als elektrische Erdung oder Blitzableiter dienen, was aber zur Vermeidung eines Durchbrennens erforderlich ist. Die Pole bilden einen Blitzableiter durch die Erde, doch im gegenwärtigen Zustand würden sie alles kurzschließen. Um also eine völlige Zerstörung zu verhindern, wird eine Verschiebung stattfinden. Die Pole werden ihre Position ändern, was sie auch schon oft getan haben, wenn das Gleichgewicht der Erde gefährdet war. Vom Weltraum aus gesehen wird es nur eine kleinere Verschiebung sein. Aus eurer Perspektive jedoch wird sie gewaltige Ausmaße annehmen.

Die Sonnenenergie erzeugt eine neue Schwingung, die mit störenden und zerstörenden Energien nicht zusammenpassen wird. Damit sie sich qualifizieren und wieder dazugehören, werden Energien ihr Recht auf eine bestimmte Frequenz der Liebe einfordern müssen. Die Sonne sagt: »Es reicht. Wir werden euch wieder ins Lot bringen, aber stellt euch danach geschickter an.«

Nur die mit einem geordneten Bewußtsein werden fähig sein, diese Energie in ihrem Körper zu beherbergen. Jene mit negativen Gedanken empfinden sie als pures Gift; ihre Gedanken werden zu ihnen zurückkehren und ihren Körper möglicherweise zerstören. Die Lösung besteht darin, klare Gedanken und einen ausgerichteten Körper zu haben, der diese Energie vollkommen angstfrei aufnehmen kann. Jedesmal, wenn ihr euch diesen phantastischen Energieschüben aussetzt, verstärkt ihr eure Intuition, euer übersinnliches Potential und eure Fähigkeit, die DNS zu entschlüsseln. All diese Fähigkeiten werden abertausendmal vergrößert. Dies ist Teil dessen, wie die Sonne auf euch reagiert, also vertraut darauf, daß sie in euch liest. Bringt ihr und allen euch umgebenden Elementen ehrliche, offene und wohltuende Energie entgegen.

Intelligenz stellt sich als Licht dar. Wir wiederholen: Intelligenz stellt sich als Licht dar. Es ist die Intelligenz eurer Sonne, die euer Sonnensystem in seinem energetischen Feld hält. Zur Zeit erreichen euch Auswirkungen von jenseits eurer Sonne. Es ist fast so, als ob die Wirkung eurer Sonne die Geschehnisse auf der Erde nicht durchdringen konnte, also kommen andere Sonnen eurer Sonne zu Hilfe. Eure Sonne erzeugt Sonnenfackeln, die die kosmischen Strahlen anziehen und sie in diesem Sonnensystem verankern. Stellt euch die Sonne als gigantischen Magnet vor. Ihre Sonnenfackeln schicken Greifarme aus, um die kosmischen Strahlen einzufangen. Die kosmischen Strahlen sind Sonnenfackeln einer Zentralsonne von einem weit entfernten Ort in eurer Galaxie.

Führt euch vor Augen, mit welchen Mitteln ihr in eurer Welt kontrolliert werdet. Es gibt eine bestimmte Gruppe, die nicht unbedingt die Höherwerdung der Menschheit im Sinn hat. Einige verstehen, daß die Menschheit gegenwärtig eine Umwandlung durchmacht und daß die Sonne zum Großteil dafür verantwortlich ist. Um nun dieser Umwandlung oder Veränderung entgegenzuwirken, erzeugen sie ein Bild, wodurch ihr euch vor der Sonne fürchtet. Also folgen die Menschen massenhaft den Eingebungen der Autorität. Es gibt Menschen, die die Bilder, mit denen sie gefüttert werden, so schnell verinnerlichen, daß sie bereits Hautkrebs erzeugen, wenn sie nur im Sonnenschein von ihrem Auto zur Haustür flitzen.

Es gibt eine Verschwörung gegen die Sonne, so als ob die Planer eurer Welt sich geirrt und einen Fehler gemacht hätten, als sie die Sonne in euer Solarsystem plazierten. Das ist die Vorstellung, die man euch Menschen andreht. Und als Menschen glaubt ihr alles, was ihr lest – nur um zu zeigen, wie dumm und leicht zu steuern ihr seid. Weil es schwarz auf weiß geschrieben steht, glaubt ihr es gleich.

Wenn die Pflanzen genug Köpfchen haben, um mit der Sonne zu arbeiten und ein Schutzdach von Energie, Prana und Sauerstoff zu erzeugen, das euch am Leben hält, glaubt ihr dann nicht, daß die Sonne auch für euch Menschen gut ist? Glaubt ihr, daß sie nur für Pflanzen gut ist und die Menschen schädigt?

Wir sagen, daß die Sonne großartig ist. Studien dokumentieren, daß mit der Einführung von Sonnenschutzmitteln der Hautkrebs häufiger wurde. Es ist nichts Schlechtes an der Sonne. In Wahrheit erlaubt euch das Schwinden der Ozonschicht, noch mehr Sonnenstrahlen aufzunehmen. Es gibt welche, die sagen: »Schaut nicht in die Sonne. Sie ist schädlich. Sie wird eure Augen blind machen.« Wir sagen, daß sich eure

Augenstruktur verändern wird. Es wird zu einer Mutation im Sehnerv kommen, die euch eine neue Sichtweise ermöglichen und das freilegen wird, was euch in der Dreidimensionalität festhält. Vertraut darauf, daß niemand einen Fehler machte, als die Sonne am Himmel plaziert wurde.

In der Vergangenheit waren einige dieser Löcher in der Ozonschicht größer als heute. Die Größe der Löcher schwankt; diese Schwankung hat aber nicht die von der Wissenschaft angenommenen Ursachen. Durch diese Ozonlöcher können eine andere Qualität und Erfahrung des Lichtspektrums und der Strahlung in die Erdatmosphäre eindringen. Wenn die Massen ein anderes Spektrum erfahren, kommt es tief im menschlichen Körper zu einer chemischen Reaktion, und er beginnt sich zu verändern. Der menschliche Körper wird vom ausgestrahlten Licht beeinflußt. Tatsächlich verändert ihn die Strahlung dieses Lichts auf einer subatomaren Ebene. Diejenigen von euch, die das verstehen, können im Einklang mit dieser natürlichen Verschiebung sein. Einiges davon ist nicht natürlich; allerdings ist der Großteil so inszeniert, daß ihr davon profitieren werdet. In sehr kurzer Zeit kann es zu einem Ansteigen der evolutionären Intelligenz der Spezies kommen, und sie wird dadurch stärker.

Durch Ozonlöcher kann ausgestrahlte Energie hereinkommen, um den Prozeß zu beschleunigen. Wenn ihr in der Zukunft auf kosmische, himmlische Ereignisse stoßt, werdet ihr der Energie schon ausgesetzt gewesen sein. Was ihr also jetzt bekommt, ist wie eine homöopathische Dosis.

Die Hauptkraft jedes Systems befindet sich in der jeweiligen Sonne, wo das kollektive Bewußtsein der Sonne durch ihre Strahlen dargestellt wird. Wenn also eine Intelligenzform zu den verschiedenen Sternensystemen reist, können die Lichtstrahlen gelesen werden. Sobald die Energien in der Lage sind, die Lichtfrequenz von ihrer Heimat aus zu senden, wird dieses Licht von jedem gelesen, denn es überträgt sich in einem bestimmten Strahlenspektrum. Aus riesigen Entfernungen im Weltraum können andere bestimmte Spektren übersetzen und lesen. Sie verstehen dann, wer in welcher Sonne lebt und was die jeweiligen Vorlieben und Spezialitäten der Existenz sind. Von der Sonne kann sehr, sehr viel Gutes kommen. Sie enthält das tiefste schamanische Wissen.

Indem jeder von euch die Herausforderungen des Lebens als Formen von Beurteilung und Trennung zu erkennen lernt, gelangt ihr idealerweise zu einem größeren Verständnis eures eigenen Einflusses darauf und könnt mehr Licht in euch tragen. Dieses Licht, das ihr euch einzeln verdient, erzeugt durch seine Essenz eine Fusion mit ähnlichen Energien innerhalb des Massenbewußtseins, das anderen als Stern oder Sonne erscheinen wird. Euer Planet wird seine Bewußtseinsveränderung und geistige Bewußtheit als Licht ausstrahlen. So wird die Erde zum Stern am Horizont anderer Welten. Das allein wird andere Welten magnetisch an euch heranziehen. Sie werden die Energie eures Erdenlichts lesen und wissen, wer ihr seid.

Am Anfang war der Ton. Der Ton setzte alles in Bewegung, und er besitzt enorme Macht. Er öffnet Zugänge in andere Wirklichkeiten, denn mit der Erzeugung von Tönen kann sich Energie von einem System in ein anderes bewegen. Wenn ihr Töne verwendet, ist es recht einfach, durch Absicht und Klarheit den logischen Verstand zu umgehen und den Kanal zu wechseln.

Die Entwicklung der neugebündelten DNS drückt sich jenseits von Logik durch Töne aus. Durch Klang kann Materie als Information, die sich innerhalb des Körpers formuliert, außerhalb des Körpers Wissen verkünden. Wenn ihr euch dem Ausdruck von Tönen, besonders durch Toning und Gesang, hingebt, könnt ihr in einen Zustand der Glückseligkeit geraten. In gewissem Maße gründet sich diese

Glückseligkeit auf das Gefühl und das Wissen, daß ihr unbeschränkt seid und als grenzenlose Lichtwesen existiert.

Laßt Töne durch euren Körper fließen, und zwar nicht, indem ihr nur bestimmte Noten singt, sondern euren Körper einfach von Tonkombinationen wie ein Instrument spielen laßt. Diese Klänge gehen über den logischen Verstand hinaus. Manchmal müht ihr euch ab, weil ihr ein Konzept intellektualisiert habt und es doch nicht in seiner Gesamtheit in eurer emotionalen Erfahrung verankern könnt. Durch ein Toning wird eure intelligente Absicht auf Klangwellen übertragen. Viele Intelligenzformen können so mit den Zellen eures Seins kommunizieren, den Widerstand eures logischen Verstandes umgehen und direkt über euren Körper zu eurem höheren Bewußtsein gelangen.

Wenn ihr Töne summt oder singt, wird eine nonverbale Übertragung nach außen kommuniziert. Das geht über Wörter hinaus. Ein Toning kann euch in ein Informationskollektiv katapultieren, wo die Dinge plötzlich klar werden. Es kann auch eure Kreativität aktivieren – euren Schwung, etwas zu tun oder anzupacken. Oder ihr fühlt euch nach der Arbeit mit Tönen sehr belebt, so als wäre eine große Last von euch abgefallen, euch von den Schultern genommen worden. Ihr fühlt automatisch den Impuls, Klänge und Töne zu erzeugen, die für das Gleichgewicht und die Ausrichtung eures Körpers am nötigsten sind.

Niemand wird durch die Botschaften beim Tönesingen vor den Kopf gestoßen. Die Menschen nehmen ein Toning nicht persönlich, und doch erhält der Körper eine persönliche Botschaft. Wenn wir euch zum Beispiel etwas direkt mit Worten darlegen, könntet ihr sagen: »Oje, das zielt auf mich ab. Man hält mir das Gewehr vor die Brust.« Doch durch Töne wird die gleiche Energie zu euch geschickt, und ihr könnt sie leicht integrieren, weil sie neutraler ist. Der logische Verstand überlagert seine eigene Interpretation von Energie deshalb nicht, weil er sie nicht als Kritik oder Tadel übersetzt. Der logische Verstand sagt: »Ich weiß nicht, was das ist; ich entspanne mich einfach.« Die intuitive Seite nimmt die Energie und die Botschaft durch Töne auf.

Wir schlagen vor, daß ihr euch wöchentlich für ein Toning trefft. Macht es zum Bestandteil eurer Rituale, eurer Freizeitgestaltung und eurer Treffen. Mit Tönen zu arbeiten ist sehr hilfreich beim Loslassen von aufgestauter Energie. Ihr fühlt euch nachher leicht und höher getragen. Es richtet euch aus und bringt euren Körper ins Gleichgewicht.

Die Töne selbst entsprechen bestimmten Körperbereichen und beeinflussen sie. Einige Töne wirken auf das Augenlicht, auf die Geschmacksknospen oder das Gehör. Sie beeinflussen die verschiedenen Sinne und auch die Organe. Die Alten wußten, daß ein einfacher Ton die Körperstruktur neu zu organisieren vermag. Der Körper erzeugt automatisch den passendsten Ton, den ihr in einem bestimmten Augenblick braucht. Vertraut darauf.

Viele Körperarbeiter haben langsam den Mut, Töne zu singen oder zu summen, wenn sie mit ihren Klienten arbeiten. Anderen ist das zuviel. Wir möchten den Körperarbeitern sagen: Folgt euren Impulsen. Wenn ihr an einem Körperbereich arbeitet und die Energie bewegt sich einfach nicht oder kann nicht durchdrungen werden, dann tönt in diesen Bereich des Klienten hinein, um an die Themen heranzukommen. Die Person, die auf dem Behandlungstisch liegt, sagt ja nicht: »Ich lasse dich nicht in meinen Körper.« Vielmehr sind die Muster dieser Energiefelder so stark, daß Teile des Körpers eure Hände oder neue Energie nicht hineinlassen. Der Ton erzeugt eine Öffnung.

Ihr seid ständig von Tönen umgeben. Wenn ihr zum Beispiel den Ton eures Körpers hören wollt, haltet euch mit den Fingern die Ohren zu, und seid für einige Minuten still. Ihr werdet euren inneren Ton hören. Auf den Bergen des Himalaya werden Lamas und Mönche durch Entzug von Sinnesreizen ausgebildet. Sie gehen in dunkle Steinhöhlen, in die von außen kein Geräusch dringt. In der Isolation verwenden sie ihre Sinne, um zu lernen, im Dunklen zu sehen, zu manifestieren und die besonderen Gesänge und Töne zu hören und zu erkennen. Jedes Chakra hat einen eigenen Ton, und diese Töne entsprechen dem Universum, das in euch ist.

Wenn ihr sehr genau hinhört, werdet ihr herausfinden, daß ständig Töne in euch schwingen. In euch findet ein ständiges Geplapper statt, das immer plant, was als nächstes dran ist. Ihr erlebt den äußeren Lärm eurer Familie als Ablenkung. Ihr habt nicht genug stille Zeit, um zu bemerken, daß ständig Töne auf euch gerichtet werden, damit sich euer Körper verändert. Wenn ihr selbst mit Instrumenten oder durch ein Toning Klang erzeugt, gleicht ihr die Anpassung aus, denn ihr arbeitet von innen und nicht nur von außen. So werdet ihr gegenwärtig angepaßt.

Die Kulturen erhielten verschiedene Bandbreiten von Tönen, innerhalb derer sie operierten, um die Frequenz des Gleichgewichts auf dem Planeten zu halten. Außerirdische oder Intelligenzen von außerhalb des Planeten kamen und gründeten an verschiedenen Orten der Erde eingeborene Kulturen. Sehr oft unternahmen dieselben Lehrer zu verschiedenen Zeiten zwei oder drei Experimente. Sie arbeiteten vielleicht an drei oder vier Orten auf dem Globus und vermittelten jeder ihrer ausgesäten Zivilisationen einen leicht unterschiedlichen Satz an Glaubensvorstellungen; dann überließen sie sie mit diesen Überzeugungen ihrer Entwicklung, um zu sehen, wohin sie sie bringen würden. Es wurden Instrumente und künstlerisch-gestalterische Techniken aufgeboten, um festzulegen, welche Töne in dieser bestimmten Zivilisation zum Ausdruck kommen.

Bestimmte Energien bewegen sich auf bestimmten

Tonabfolgen. Wenn ihr ein Lied singt, wißt ihr, daß die verschiedenen Noten kombiniert werden, um das Lied in seiner Gesamtheit auszudrücken. Die Erde schwingt mit einer Frequenz von 7,8 Hertz. Wenn der menschliche Körper mit der gleichen Frequenz schwingen kann, kommt es zu einer enormen übersinnlichen Öffnung und Bewußtheit. Die Resonanz der Erde, diese elektromagnetische Energie, gründet sich auf der kompletten Abfolge der auf dem Planeten verankerten und zur Verfügung stehenden Töne. Die kombinierten Töne aller Kulturen, die seit Äonen auf dem Planeten verankert sind, hielten ihn im Dasein und erzeugten die elektromagnetische Frequenz des Gleichgewichts. Jetzt, da ihr mit diesen starken kosmischen Strahlen beschossen werdet und die eingeborenen Kulturen größtenteils ihre Töne nicht mehr gebrauchen, macht die Erde gewaltige Veränderungen durch. Sie wird neu ausgerichtet, und neue Muster elektromagnetischer Tonabfolgen werden ausgedrückt.

Es gibt Töne, die Verfall oder Regeneration von Körperorganen stimulieren können. Harmonische Klänge aktivieren den Körper und heilen. Heilung kann durch Absicht geschehen; es gibt jedoch bestimmte Tonfrequenzen, die die Leber daran erinnern, sich in ihrem ursprünglichen geometrischen Grundmuster zu organisieren. Geometrie ist die Intelligenzform, die Gestalt annimmt, wenn sich Ton von Urschöpfer wegbewegt. Euer Körper ist voll mit Geometrie, denn alles besteht aus einem geometrischen Kern.

Tonkombinationen können als Noten und Akkorde gespielt werden, um die Leber, die Schilddrüse und das Herz zu stärken und um den Körper zu regenerieren. Der gesamte Körper wird dann gestimmt wie ein Klavier. Wißt ihr, der Körper funktioniert gemäß einem Grundmuster, und er absorbiert die Töne. Er hat ein ideales Grundmuster, auf das er automatisch zustrebt. Ihr selbst müßt nicht wissen, wie euer Körper vom Kind zum Erwachsenen heranwächst. Innerhalb des Grundmusters des Seins besteht ein Teil des Zwecks darin, zu wachsen und einen gesunden Körper zu erhalten.

Das Grundmuster des Körper verändert sich und somit auch den Zweck des Körpers. Es kommt für die Gesundheit zu Umkehrprozessen, und zahlreiche Erfahrungen von Erneuerung werden dann durch die Verwendung von Tönen möglich. Der Körper wird daran erinnert, sich höher einzustimmen. Es steht eine Umkehrung eurer Glaubensvorstellungen bevor, was die Degeneration des Körpers betrifft.

Wenn ihr an Massenveranstaltungen teilnehmt und euch in einer großen Menschenmenge befindet, achtet genau darauf, wie euch Töne beeinflussen. Viele von euch meiden Massen, weil ihr dort Kopfschmerzen bekommt. Ihr seid aber viel sensibler. Ihr könnt Energien lesen und fühlen, was sie anrichten. Menschen nehmen oft an Veranstaltungen teil, bei denen sich Massen versammeln, um sich auf irgendeine Art zu unterhalten; sie alle tragen zu unangenehmen Klangwellen bei und erkennen nicht, was Töne in ihrem Körper anrichten. Sie erzeugen durch Töne und Emotionen Gedankenformen, die ins Sein gelangen.

Wie steht es mit dem Kriegsgeschrei? Habt ihr jemals bei einem Feuerlauf mitgemacht? Wenn ihr über die Glut geht, werdet ihr ermutigt, einen lauten Schrei loszulassen. Der Ton wird verwendet, um Torwege zu öffnen, durch die ihr dann schreiten könnt. Die aufgebotenen Kräfte, die die Mauern von Jericho zum Einsturz brachten, benutzten Töne, um eine stehende Welle zu erzeugen, die zwar für das Auge nicht sichtbar war, aber wie ein Überschallknall wirkte. Klang ist viel wichtiger, als ihr gegenwärtig verstehen könnt. Töne erzeugen Leben oder Tod, Gesundheit oder Krankheit.

Die meisten Menschen haben noch nicht entdeckt, daß gemeinsame Töne beim Sex ein sehr tiefer Schlüssel sind. Wenn ihr gemeinsam Töne von euch gebt, fühlt ihr das Drehen und Öffnen der Chakras. Beim Sex kann das gemeinsame Erzeugen von Tönen, über das übliche Stöhnen hinaus, zu einer besseren Verteilung der Sexualenergie führen. Töne bewegen die Energie über die Genitalien hinaus, bringen sie in die Körperzellen und lösen Erinnerungen aus, die euch enger mit dem verbinden, wer ihr seid. Denkt daran, daß euer gesamtes Sein sowohl Licht als auch Schatten enthält. Ärgert euch bitte nicht über den Schatten; er verleiht dem Licht Schönheit und Wissen. Hört mit dem Beurteilen auf, und fühlt euch trotzdem wohl.

Durch Töne und die Bereitschaft, mit der Sexualenergie zu experimentieren, könnt ihr euren Partner oder eure Partnerin in den verschiedenen multidimensionalen Formen kennenlernen. Klare Menschen, die mit ihrer Energie spielen und sie richtig verstehen, werden ihre multidimensionalen Selbste abschälen und parallele sexuelle Erfahrungen freilegen, die aus vielen Wirklichkeiten in dieses jetzt treten.

Es wird zu neuen, aufregenden Experimenten in eurem sexuellen Ausdruck kommen. Es ist schon etwas Hingabe erforderlich, euren Partner Töne für eure Vagina erzeugen zu lassen. Wir meinen, daß das ein wirklich großer Schritt ist. Denkt darüber nach. Beide Partner müssen enorm viel loslassen und freisetzen. Einer von euch sagt: »He, ich hab da eine Idee. Wie wär's, wenn wir mit Tönen experimentieren?« Wenn Kinder verrückte Dinge machen, glaubt ihr, daß sie zuerst darüber diskutieren? Nein, sie sind albern und tun es einfach. Sie spielen, und nachher kichern sie darüber. Es ist notwendig, daß ihr diese unschuldigen, spielerischen, kreativen und vertrauensvollen Qualitäten in die sexuelle Erfahrung mit hineinnehmt. Euer Herz muß offen sein, um die Sexualität voll zu erkunden, denn die tiefste Verbindung mit eurer sexuellen Identität erfolgt durch das Herz.

Es wird eine Zeit kommen, da sich die Kinder versammeln und mit ihrer einzigartigen Telepathie stumme Töne erzeugen. Sie werden ihren Geist benutzen, um auf anderen

Seinsdimensionen Symphonien zu erschaffen. Sie werden die Töne innen und außen verwenden, um Harmonien als Lichtschilde über dem gesamten Planeten zu erzeugen. Die Kinder werden sich zu Hunderten, dann zu Tausenden versammeln, und sie werden bei diesem Prozeß der Erschaffung kollektiver Bilder angeleitet werden. Es wird ein Ritual sein, das als etwas sehr Heiliges gilt. Während die Kinder diese Art stummen Klang erzeugen, werden sie riesige geometrische Formen verankern, die als übersinnliche Gedankenkräfte letztendlich die Erde schützen und regieren. Diese geometrischen Identitäten werden vielleicht die höheren Selbste derer sein, die ihr als Reptilien bezeichnet – die höheren Selbste *vieler* Außerirdischer oder Gottformen, die physisch und ätherisch zu sein scheinen. Jenseits von ihnen liegt die Geometrie und jenseits davon Klang. Klang ist der Herrscher der Existenz. Die Spielleiter verwenden Töne, Licht und Geometrie als grundlegende Handlungswerkzeuge, und sie fragen sich, was ihr tun werdet, wenn ihr die Werkzeuge der Wahrheit entdeckt.

Viele werden für die Verwendung von Tönen erwachen. Es wird bedeutende Erfindungen und Energieeinflüsse durch die Verwendung von Tönen geben. Hunderttausend einzelne haben den Impuls, im Einklang zu sein, und lassen zu, harmonisch als Bewußtseinsinstrumente gespielt zu werden – stellt euch das einmal vor! Alles kommt vom Ton. Der Ton ist die ursprüngliche Energie, die zur Schöpfung verwendet wird. Am Anfang war der Ton.

## Energieübung

*Mach es dir bequem. Richte deine Wirbelsäule auf, und sitz aufrecht, als ob du an einem unsichtbaren Faden hängen würdest. Gestatte dir, ganz ruhig zu werden. Mach einige tiefe Atemzüge, und stell dir vor, wie sich deine zwölf Chakras als hell strahlende Planeten drehen. Geh mit deiner Vorstellungskraft in andere Teile des Universums hinaus, wo du eine Version von dir mit der gleichen Aufgabe spüren kannst.*

*Fühl, wie dein Bewußtsein dein Chakrasystem hinaufklettert, und stell dir zwölf Sonnen vor, die eine Leiter durch dich bilden. Steig diese Lichtleiter hinauf, und schick dein jetziges Wissen zu jedem anderen Teil von dir. Sende deine Essenz des Erwachens, der Freundschaft, Treue und Liebe aus.*

*Steig diese zwölf Sonnen in das Universum hinauf. Stell dir eine Ansammlung kosmischer planetarer Wesen und geometrischer Formationen vor. Fühl beim Hochsteigen, wie andere Teile von dir dich anfunken. Was wird gesendet? Was fühlst und hörst du? Sei offen dafür, Liebe und Unterstützung von deinen anderen Teilen zu empfangen, und betrachte die zwölf Sonnen als eine Lichtrutsche, die dir dieses Wissen bringt. Laß deine Version von dir los, werde ein Empfänger, und laß zu, daß du die Wirkung dieses Lichts und der Energie erkennst. Fühl, wie sich deine Bewußtheit verändert. Laß für einige Augenblicke das Bild deines Körpers los, und erlaub deinen Molekülen, mit deiner Umgebung zu verschmelzen.*

*Du dienst als Kanal, während diese Energie durch das kollektive Selbst in die Erde fließt. Sie bewegt sich entlang des Gitternetzes, um die notwendigen Veränderungen zu bringen. Die Energie reist tief in die Erde hinein. Stell dir uralte Hüter der Information vor, Hunderte Meter hohe kristalline Strukturen, die eine riesige Energiespirale von dir empfangen. Sondere dich nun von dieser gigantischen Spirale ab, und bilde deine eigene Spirale der Identität. Bleib vollkommen ruhig, während du fühlst, wie diese Spirale sich ständig dreht. Fühl eine Revitalisierung und Verjüngung in deinem Körper.*

*Fühl das Drehen von deinen Zehenspitzen bis hinauf in die Haarspitzen.*

*Fühl die neuen Moleküle, die mit deinem Körper vermischt worden sind. Mach einen tiefen Atemzug, und fühl die zwölf ausgerichteten Chakras, die bereit sind, mit voller Kraft zu arbeiten. Dann mach einen weiteren tiefen Atemzug, sprich deinen Namen aus, und fühl den Ton dessen, wer du in dieser Realität bist. Übersetz den Ton deines einzigartigen und lebendigen Seins. Liebe, was du erschaffen hast; ehre und achte dich. Handle so, als wäre dein physisches Sein das Wertvollste, was du jemals besitzen wirst. Und nun, da du dein unbegrenztes Potential erkennst, lächle sanft, und verpflichte dich, es zu leben.*

# KAPITEL 11

## Die Initiation der Erde

*Diese gegenwärtige Epoche bringt den Niedergang der globalen Zivilisation und ein Wiedererwachen einer vollkommen neuen Bewußtseinsform mit sich. Das ist in eurer Geschichte noch nie dagewesen.*

Wir haben sowohl euren als auch den Wert der Erde betont. Sie ist eure Mutter, sie fühlt euch und kennt euren Namen. Auf ihrer Suche nach Wissen und Verstehen hat sie großen Energiemißbrauch erlaubt und sogar zugelassen, durch Vergewaltigung und Mißhandlung durch die Menschheit ihre wahre Identität zu verlieren. Damit die Erde den notwendigen Sprung macht, der dieses gesamte Universum beeinflussen wird, muß eine Reinigung und Heilung – eine Initiation – stattfinden.

Bei einer Initiation müßt ihr durch die tiefste Hölle gehen, durch das, was euch scheinbar vernichtet und einschränkt. Doch in Wahrheit steht ihr dem gegenüber, wovor ihr euch fürchtet. Wenn euch Angst abschnürt, dann seht euch als heiles und glückliches Wesen, und wandelt die Angstenergie um, indem ihr über euch lernt. Ihr energetisiert angstvolle Gedankenformen ins Sein. Wenn es in eurem Energiefeld keine Angst mehr gibt, hat das, wovor ihr euch fürchtet, kein Leben mehr, um euch zu zerstören. Eine Initiation schließt mit einer Reihe von Prüfungen ab, die euch innerhalb eines Teils der Existenz zur Meisterschaft führen. Die Erde geht durch eine Initiation und wird gleichzeitig auch euch durch den Prozeß leiten.

Die Erde befindet sich auf dem Höhepunkt einer Identitätskrise. Es hat Gipfeltreffen und Konferenzen von Umweltorganisationen gegeben, die so tun, als ob Veranstaltungen wie Benefizkonzerte die Dinge rechtzeitig in Ordnung bringen könnten. Nein. Der Damm kann nicht mehr repariert werden, wenn die Ziegel brechen, zerbröckeln und herabfallen. Was ist dieser Damm? Es sind alle Vorstellungen, Strukturen und Glaubenssysteme, die das Wasser des Bewußtseins zusammenhalten. Ihr seid aus Wasser gemacht, liebe Freunde.

Die Erde wird tumultartige Veränderungen erleben. Nachdem wir die Aufzeichnungen der Erde und vieler Welten durchstudiert haben, sehen wir diese Wahrscheinlichkeit wegen der ausgeprägten Polarität auf eurem Planeten als unumgänglich an. Ihr könnt sicher sein, daß je mehr ihr die Erde verschmutzt und zerstört, desto mehr Energie ins Verschieben und Aufrütteln fließen wird, um die Dinge zu reinigen. Die Menschen, die nicht mit Liebe zu sich selbst und zum Planeten handeln, werden, nachdem sie den auf die Erde auftreffenden Strahlen ausgesetzt waren, sehr schnell und in großer Zahl gehen. Dies ist Teil der elektromagnetischen Veränderung der Zivilisation. Im Tod bewegt das menschliche Fahrzeug das Bewußtsein in einen anderen Bereich.

Ihr müßt euch als spirituelle Wesen bewußt werden und dieses Wissen durch die praktische Anwendung eures jetzt erden. Wenn sich die Erde in ihre eigenen Erfahrungen bewegt, werden sehr viele körperlos auf den hinteren Rängen im Äther sitzen und beobachten, wie sich die Gesetze von

Ursache und Wirkung ausspielen. Sie können die Lektion, sich selbst und die planetare Existenz wertzuschätzen, nur auf diesem Wege erhalten. Die Zuschauer werden die kollektiven Emotionen der Teilnehmer auf der Erde fühlen. So werden sie teilhaben und vielleicht auch Mitgefühl an euch als Gefährten im Seienden senden.

Einige von euch möchten so tun, als ob keine Erdveränderungen stattfänden. Allerdings *finden sie statt,* und es gibt dabei nichts zu fürchten, denn sie sind Teil des großen Wandlungsprozesses. Jeder einzelne von euch erschafft seine eigene Wirklichkeit und eine Möglichkeit, sich zu entwickeln. Auf einer bestimmten Bewußtheitsebene wißt ihr, die ihr jetzt auf dem Planeten seid, was im großen und ganzen auf euch zukommt, denn diese Wahrscheinlichkeit der Erde ist in allen Blaupausen gespeichert. Auch wenn viele von euch überrascht sein werden, sich an diesem Ort des Aufruhrs und der Transformation wiederzufinden, und sich fragen, wie sie hierhergekommen sind, so sucht ihr es euch doch aus, hier zu sein. Ob ihr nun auf dem Planeten bleibt und eure Schwingung verändert oder weggeht und von den hinteren Rängen aus dic Vorstellung mitverfolgt, macht keinen Unterschied. Auf einer bestimmten Ebene, auf irgendeinem Pfad der Existenz, werdet ihr teilnehmen und lernen. Seid mitfühlend und unparteiisch, und versteht auch, daß Schmerz ein großer Lehrmeister sein kann. Wenn ihr heute Schmerzen habt, braucht ihr morgen keine zu haben. Ganz sicher braucht ihr in einer oder zwei Wochen keine zu haben, denn die Zellen in eurem Körper verändern sich ständig. *Ihr* seid es, die den Zellen sagen, wie sie sich verändern sollen. Ihr seid es, die sich immer wieder durch Gedanken, Glaubensmuster und Vorstellungen nachbilden.

Die heilende Krise hat gerade begonnen, und das Fieber ist im Steigen begriffen. Zwischen 1994 und 1999 werdet ihr den Gipfel des Chaos erreichen. In dieser Zeit wird es große

Bestrebungen geben, um auf dem Planeten Angst und Verwirrung zu erzeugen. Gleichzeitig wird eine große Verschmelzung des multidimensionalen Selbst eintreten, da Energiefelder aus dem Weltraum für Quellen der Intelligenz offen sein werden, wodurch diese sich recht leicht entlang der Pfade bewegen können. Sie werden durch euch reisen und in euren Lebensbereichen hervortreten.

Diese gegenwärtige Epoche bringt den Niedergang der globalen Zivilisation und ein Wiedererwachen einer vollkommen neuen Bewußtseinsform mit sich. Das ist in eurer Geschichte noch nie dagewesen. Im Gedächtnis einiger Menschen und in der Planetenoberfläche selbst ist die Verschiebung von Landmassen eingeprägt – das Versinken des von euch als Atlantis bezeichneten Kontinents durch eine Katastrophe. In dieser Zeitperiode war Atlantis eine eigene Wesenheit.

Der Zustand der globalen Gemeinschaft und die heutigen globalen Auswirkungen unterscheiden sich stark von dem, was in atlantischen Zeiten existierte. Die einstigen Kulturen waren zwar alle auf irgendeine Art und Weise von der Verschiebung der atlantischen Landmassen betroffen. Aber die Auswirkungen heute werden ganz anders sein. Ihr besitzt Telekommunikationsnetze, Ideen werden ständig zwischen den Landmassen ausgetauscht und verbreitet, und die Völker der verschiedenen Kontinente und Kulturen vermengen und vermischen sich. Durch diese Dinge werden die Auswirkungen der Veränderungen viel weitreichender sein, als es beim Versinken der atlantischen Landmasse der Fall war. Atlantis war mit dem Rest des Planeten nicht so vollkommen vernetzt und verbunden wie es eure Kontinente heute sind. Es gibt jetzt viel weniger Isolation, also beeinflußt ihr euch mehr.

Es wird kein Kontinent unberührt und kein Volk unbewegt von dem bleiben, was geschieht. Es wird einige wenige geben, die ihren Wohnort nicht wechseln müssen, doch grundsätzlich werdet ihr alle zu einem bestimmten Zeitpunkt umziehen. Für einige von euch ist das unglaublich. Doch wenn ihr euren Wohnort wechselt, wird ein großer Bewußtseinswandel eintreten.

Nur wenige von euch werden in den nächsten zehn Jahren bloß einmal umziehen. Neulich sagte jemand zu uns: »Ich bin schockiert. Ihr verunsichert mich wirklich.« Wir antworteten: »Gut, wir möchten dich verunsichern.« Er sagte: »Ich habe ein Dutzend Affen. Ich habe Ziegen. Ich habe dieses und jenes, was soll ich tun? Ich weiß nicht, was ich behalten kann, was ich zusammenpacken und was ich weggeben soll.« Wir antworteten: »Hör zu, wenn du das erste Mal umziehst, nimm einen großen LKW, pack all dein Zeug hinein, nimm alles mit, und fahr weg. Das nächste Mal bleibt dir vielleicht Zeit, dein Auto vollzupacken und wegzufahren. Wenn du dann wieder weggehst, nimmst du vielleicht nur das mit, was du auf dem Rücken mitschleppen kannst. Und wenn du das letzte Mal umziehst, nimmst du womöglich nur noch mit, was du in deinen Händen tragen kannst.« Versteht ihr? Man muß geistig alles loslassen können und im Frieden und der Klarheit des Augenblicks sein. Vielleicht sind das für euch die großen Ortswechsel.

Letztlich wird eure Fixierung auf materielle Dinge keine Bedeutung mehr für euch haben. Ihr werdet dazu bewegt, auf euer Leben und nicht auf eure Besitztümer aufzupassen. Ihr werdet lernen, eurem Gefühlszentrum zu vertrauen, und euch nötigenfalls von Spirit zu einem neuen Heim führen lassen. Um euren neuen Wohnort zu energetisieren, könnt ihr sagen: »Gut, ich bekomme den Impuls, umzuziehen. Ich weiß nicht, wohin ich gehen soll.« Dann gibt es verschiedene Arten, die neue Richtung zu energetisieren. Ihr könnt euch jeden Abend vor dem Schlafengehen sagen: »Ich nehme mir vor, den Ort meines neuen Heims in meinen Träumen zu aktivieren. Ich nehme mir vor, von meinem neuen Heim zu träumen. Ich nehme mir vor, mich daran zu erinnern und es in der Dreidimensionalität klar wiederzuerkennen.«

Auch mit einem Pendel oder einer Wünschelrute könnt ihr den Ort ausfindig machen und ihn überprüfen. Einige können die sicheren Gebiete aufgrund von Durchgaben recht klar ausmachen. Es gibt viele Arten, wie ihr das selbst in die Hand nehmen könnt. Euer Leben wird notwendigerweise einfacher werden. Je mehr ihr euch auf diese Einfachheit vorbereiten könnt, um so leichter wird es für euch dann sein. Bringt Ordnung in euer Leben, indem ihr unnötige Dinge, die euch durch die Bürde der Verantwortung herunterziehen, loslaßt – befreit euch von Sachen, die ihr nicht braucht. Werdet leichter. Setzt euch auf den Boden, fühlt die Erde, kommuniziert mit ihr, und vertraut ihr. Vertraut darauf, daß ihr euch mit den Bewegungen der Erde synchron mitbewegt. Vertraut darauf, daß die Erde euch lieben, warnen und auf irgendeine Art informieren wird. Vertraut darauf, daß die Insekten, Katzen, Hunde und Vögel zu euch sprechen werden. Wenn ihr diese Kommunikation, diese tiefe Liebe und Wertschätzung für die Energie der Erdenschwingung habt, wird die Erde mit euch arbeiten. Denkt daran, daß sie euch kennt. Ganz gleich wo ihr euch befindet, sie kennt eure Gefühle und Absichten und reagiert entsprechend.

Indem ihr lernt zu vertrauen, daß die Erde mit euch arbeitet, vertieft ihr das Vertrauen in euch selbst. Wenn ihr einmal nichts zu essen findet, schlagen wir vor, daß ihr euch an etwas erinnert, was ihr sehr wohl besitzt und was eure wertvollste Ressource ist: eure Vorstellungskraft. Es ist bewiesen, daß Menschen sich vorstellen können zu essen und sich dann genährt fühlen. Könnt ihr diesen Gedanken annehmen? Das erfordert große Disziplin. Ihr könnt euch jedoch vorstellen, daß Essen vor euch steht und ihr zugreift. Stellt euch vor, wie es durch euren Körper wandert, und stellt euch vor, wie ihr es schmeckt und euch dann satt fühlt. Das ist ein Vorschlag, falls ihr einmal wirklich in diese Extremsituation gelangt.

Während der Veränderungen werden viele Tiere die Erde verlassen. Die damit auftretenden Schwingungen werden recht unterschiedlich sein, wenn die Menschen den Schmerz verarbeiten. In jedem ist kollektiver Schmerz gespeichert, und er muß an die Oberfläche geholt werden, damit ihr euch entgiftet.

Eure Umwelt ist so vergiftet, daß ihr dem nicht mehr entfliehen könnt. Ihr habt ja keine Ahnung. Doch viele von euch fühlen sich jeden Tag großartig und werden sich auch weiterhin so fühlen, denn ihr erschafft, was eure Zellen tun. Andere können giftige Situationen für euch erzeugen. Ihr könnt von diesen Situationen unterjocht und auf der Spirale nach unten gezogen werden. Oder ihr könnt sagen: »Ich erschaffe meine Wirklichkeit, und während ich das tue, lerne ich, wieviel ich um mich herum erschaffe.«

Erdveränderungen werden mit Tod gleichgesetzt, nicht wahr? Auf eurem Planeten wißt ihr fast gar nichts vom Tod. Bei all diesen Verschiebungen gibt es enorme Gelegenheiten, über den Tod zu lernen. Einigen von euch scheint es, daß beim Gehen oder Sterben von Menschen ein Unglück geschieht. Es scheint, als ob etwas schiefgegangen ist und falsch gemacht wurde. Wir sehen das Gegenteil. Wir sehen die Menschen den Planeten mit einer neuen Sichtweise verlassen. Sie sind begnadet, weil viele von euch ein offenes Herz haben, eine klare Zielvorstellung vermitteln und so den anderen erlauben, zu wissen und zu erkennen, warum sie kamen. Nicht jeder kam hierher, um eine neue Erde zu erleben. Könnt ihr euch vorstellen, daß einige Menschen auf diesen Planeten kamen, nur um in Frieden, ohne Folter und Schmerz mit einem Bewußtsein der Befreiung zu sterben?

Es gibt zur Zeit auf dem Planeten sehr viele Totenbegleiter. Sie können freiwillig den Toten in die Reiche des Unbekannten folgen. Sie schaffen für die Hinübergegangenen Frieden. Es wird zu einem lebhaften Austausch zwischen den Lebenden und den Toten kommen. Diejenigen, die hinübergehen und sterben, werden nichts verlieren. Sie werden an Bewußtsein gewinnen. Einer sagt vielleicht: »Ich habe einen Zyklus vollendet. Ich muß keinen schmerzerfüllten Körper mehr tragen, und ich muß nicht einmal mehr in Angst sterben.« Viele Menschen sind jetzt auf die Erde gekommen, damit der Tod verstanden wird. Sie wurden hier durch die Fallen der niederen Astralebene und durch Frequenzkontrolle festgehalten.

Es ist für jeden einzelnen von euch eine Herausforderung, anderen beim Verlassen des Planeten zu helfen. Das heißt nicht, daß ihr ihnen das Leben nehmt. Eure Lebenskraft hat einen Zweck und eine Abfolge, und je mehr ihr mit eurem Körper kommuniziert und in ihm seid, desto leichter wird euer Übergang sein. Im Idealfall werdet ihr lernen, wie ihr bewußt sterben und eure Körperfunktionen deaktivieren könnt. Es gibt beim Tod nichts zu fürchten, außer den Dingen, die ihr euch darüber vorstellt. Es ist alles von euch festgelegt oder von denjenigen, denen ihr folgen wollt. Vertraut euch, und entwerft eure eigene Erfahrung. Wagt es, das Ideal zu erschaffen.

Wenn ihr euch vor dem Tod oder Schmerz fürchtet und die Gelegenheit habt, jemandem beim Übergang beizustehen, dann möchte sich euer Herz vielleicht verschließen. Ihr denkt womöglich: »Ich kann es nicht. Ich kann den Tod nicht ansehen. Es macht mir angst.« Haltet euer Herz offen. Laßt es die Göttin tun, und ihr werdet herausfinden, daß jeder Abgang genau zum richtigen Zeitpunkt stattfindet. Ja, Ereignisse werden inszeniert; sie können allerdings nicht inszeniert werden, wenn kein Bewußtsein da ist, das ihnen entspricht. Da ihr die letzten Reste von Angst und Mißverständnis klärt, werden viele von euch aufgerufen sein, mit den Toten zu arbeiten und zu helfen, sie zu befreien. Wenn dies in großem Maßstab geschieht, werdet ihr herausfinden, daß die Verstorbenen periodisch wiederkehren.

Wenn ihr ein Totenbegleiter werdet, könnt ihr mit jemandem die Todeserfahrung durchleben und wieder zurückkehren – auf die andere Seite gehen und zurückkommen. Ihr findet heraus, daß viele verschiedene Energien die Reise einer Person begleiten. Bittet ein wissendes, tröstendes, weises und wohlmeinendes Wesen, sich mit euch zu verbinden und euch verstehen zu lassen, wie ein bestmögliches Umfeld für den Toten erschaffen werden kann. Bittet um die Fähigkeit, durch die Todeserfahrung zu gehen und die Menschen wie im alten Ägypten hinüberbegleiten zu können. Nehmt die Verstorbenen auf ein Boot, und reist zum jenseitigen Ufer, dann kehrt zurück, und erzählt jedem, wohin sie gegangen sind. Für einige von euch ist es entscheidend, dies in diesem Jahrzehnt auf eurer Erdenebene zu meistern. Wenn ihr jemandem beim Sterben helft, werdet wie ein großer Umhang. Laßt dabei zu, daß eure Moleküle sich verteilen. Werdet dann eins mit der sterbenden Person, und begleitet sie. Erzeugt eine Lichtsäule, laßt das Licht sich nach oben bewegen, dann geht mit, und seht, was geschieht. Es wird sehr, sehr tiefgreifend sein. Es gibt viele bekanntgewordene Nahtoderlebnisse, die sich in den letzten fünfzehn bis zwanzig Jahren zugetragen haben. Das Wissen derjenigen, die hinübergegangen und wieder zurückgekehrt sind, ist für den Frieden auf eurem Planeten äußerst wichtig. Immer wieder kommen die Verstorbenen zu den geliebten Hinterbliebenen zurück, erzählen, wo sie sind, und bestätigen, wohin ihr sie gebracht habt. Es wird auch viele geben, die scheinbar sterben; sie erfahren das Tor des Todes und kehren dann verändert ins Leben zurück. Das Phänomen wird als Nahtoderfahrung bezeichnet.

Wenn Menschen sich von einer Dimension in eine andere bewegen – wenn sie sterben, wie ihr auf der Erdenebene sagt –, kann dieser Prozeß durch Töne wesentlich erleichtert werden. Ihr könnt mit verschiedenen Arten von Tönen experimentieren. Ihr könnt ein Toning anstimmen, Instrumente verwenden oder singen. Ihr werdet herausfinden, was am angemessensten ist. Bittet um Führung und Impulse. Ihr müßt euch damit einverstanden erklären, auf eure Impulse zu vertrauen. Sie werden euren Körper retten. Wenn ihr einen Impuls erhaltet, der »Geh weg!« lautet, dann sagt euch etwas, daß ihr euch bewegen sollt; etwas fordert euch auf zu verschwinden, also tut es auch. Lernt, eure Impulse zu erkennen und danach zu handeln.

Eines der größten Geschenke, das ihr euren Eltern machen könnt, ist, ihnen von der Erdenebene zu helfen, so wie sie euch halfen, durch das Geschenk des Lebens hier auf die Erde zu gelangen. Sie brachten euch ins Sein; es gibt somit einen Zyklus, den man fühlen kann. Versteht die Befreiung von Karma, das Loslassen. Sie sagten zu euch: »Hier bitte, ich gebe dir Leben.« Ihr sagt zu ihnen: »Hier bitte, ich helfe dir aus dem Leben.« Die Menschen haben Kinder, um einen Zyklus zu vollenden. Strebt danach, Freude in allen Phasen des Daseins zu entdecken.

Viele von euch werden vielleicht von Toten kontaktiert, die erzählen, daß sie festsitzen und Hilfe brauchen, um die andere Seite zu erreichen. Sie können bereits seit Monaten oder Jahren tot sein. Dies hat mit einer anderen Art von Totenbegleitung zu tun. Ihr könnt sagen: »Geh ins Licht. Geh und halte nach Freunden Ausschau.« Ihr werdet lernen, dies zu tun, denn es liegt in euren Zellen. Es ist nicht etwas, wofür ihr unbedingt Kurse besuchen müßt. Ihr werdet euch erinnern, wie es funktioniert. Es kann als Privileg angesehen werden, bei Menschen zu sein, wenn sie die Erdenebene verlassen. In eurem bewußten Geist könnt ihr vielleicht nicht mit ihnen in den Tod reisen, denn dazu braucht man bestimmte Fähigkeiten. Auch wenn ihr sehr an dem Menschen hängt, wird es euch vielleicht untersagt, mit hinüberzugehen, denn ihr könntet womöglich nicht mehr zurückkehren wollen. Wenn ihr allerdings glaubt, daß ihr euch vom Tod fernhalten könnt, weil er ungesund ist, dann haben wir Neuigkeiten für euch. In den kommenden Jahren wird man um den Tod nicht herumkommen. Denkt immer daran: Es ist ein Privileg, Menschen beim Sterben zur Seite zu stehen.

Die Aufgabe des Totenbegleiters besteht darin zu helfen, den Menschen zu einem Ort der Vergebung zu bringen, und beizutragen, daß die Loslösung durch den Tod ohne Anhaftungen an Schuldgefühle, Beurteilungen und Opferrollen geschieht. Das ist eine Kunst, und häufig öffnen sich die Menschen in den letzten Augenblicken für Vergebung. Wenn Sterbende ihrem Schöpfer näher treten, bricht die Zeit zusammen, Augenblicke dehnen sich in überwältigende Lebenslektionen aus, und eine große Gelegenheit wird greifbar. Der größte Akt der Vergebung besteht letztendlich darin, euch selbst zu vergeben, denn *ihr* habt Urteile gefällt und Vergebung notwendig werden lassen.

Ihr könnt den Sterbenden beistehen, zu Lebzeiten Frieden zu finden, gelassen und in Liebe hinüberzugehen. Helft ihnen, indem ihr sie bittet, nach Freunden, Verwandten oder Bekannten Ausschau zu halten, die sie weiterführen.

Das ist ein entscheidender Schlüssel, wenn man Beistand oder Totenbegleiter ist. Ein Teil dieser Erfahrung besteht darin, daß ihr einem Sterbenden sagen könnt: »Du wirst geliebt. Du bist schön. Du bist wie ein Neugeborenes, das in ein anderes Reich geht. Laß jetzt alles los, was dich belastet. Laß alles ziehen, und wisse, daß du dein Leben voll ausgeschöpft hast. Du wirst nicht beurteilt. Geh in Frieden, lächle, und laß alle deine Beurteilungen los. Entspann dich, und laß zu, daß dein Leben sinnerfüllt ist, wenn du dich in die nächste Phase deiner Identität aufmachst.« Im Tod liegt Heilung, denn auf der anderen Seite des Todes gibt es Leben. Wenn ihr eure

Energie zu den Hinübergehenden schickt, dann übertragt sie auch auf die Erde. Unterstützt die Erde in ihrem Prozeß, und laßt sie wissen, daß ihr hier sein wollt, um an der Transformation teilzunehmen. Es ist wahres Geschehenlassen, wenn ihr euch dem Prozeß hingebt und der Erde erlaubt, das Nötige zu tun.

Da die Erde ihren Tanz der Reinigung fortsetzt und die Erschütterungen und Bewegungen intensiver werden, werdet ihr den Impuls verspüren, euch zusammenzutun, um bestehende Gemeinschaften zu stärken oder neue zu bilden. Die einzelnen Gemeinschaften werden aufgrund der Fähigkeiten ihrer Mitglieder, mit Gefühlen umzugehen und gemeinsam Gedankenformen zu erschaffen, wachsen und aufblühen. Jede Gemeinschaft wird einen Kodex der Zusammenarbeit energetisieren müssen, so daß alle zusammenkommen und für Nahrung, Unterkunft, Musik, Bewegung und Tanz sorgen können. Dieses Gemeinschaftssystem wird zur alten Lebensweise, daß jeder jeden braucht, zurückkehren. Es wird die uralte Blaupause der Beziehungen wieder einsetzen, wodurch ihr miteinander verbundenes Leben erfahrt. Es wird Unstimmigkeiten geben; im allgemeinen jedoch müssen alle mitarbeiten wollen, um ähnliche Gedankenformen zu energetisieren. Diese Gedankenformen werden euren Lebensbereich mit energetischen Feldern umgeben, und diejenigen, die dann an eure Tür klopfen, wurden von euren Gedankenformen magnetisch angezogen. Wenn eure Gedankenformen und die Gemeinschaft stark sind, euer Band untereinander gefestigt ist und leicht energetisiert und verstärkt werden kann, werdet ihr solche mit gleichen Absichten an euch ziehen. Ihr werdet euch nicht fragen, wer diese hundert Menschen sind, die eurer Gemeinschaft beitreten wollen. Wenn hundert Menschen auftauchen und in eure Gemeinschaft integriert werden wollen, werdet ihr wissen, daß eure spezifischen klaren Gedankenformen diese Menschen zu euch und nicht zu anderen Gemeinschaften gezogen haben. Wenn eure Gemeinschaft aus dem Gleichgewicht geraten ist und große Unstimmigkeiten herrschen, werdet ihr alle möglichen chaotischen Energien erzeugen. Ihr müßt lernen zusammenzuarbeiten, und wenn jemand nicht in einer Gruppe arbeiten kann und in der Gemeinschaft eine nach unten ziehende Kraft erschafft, wird die Gemeinschaft danach streben müssen, diese Person zu heilen. Die Person wird bereit sein müssen, geheilt zu werden und Verantwortung dafür zu übernehmen, was die Disharmonie erzeugt. Falls die Person weiterhin disharmonisch ist, wird sie vielleicht in Betracht ziehen müssen, die Gemeinschaft zu verlassen. In den kommenden Tagen werdet ihr euch keine kriegerischen Fraktionen leisten können. Viel von eurer Arbeit wird mit Heilen, Toleranz, Mitgefühl und dem Deuten von Zeichen und Symbolen zu tun haben. Ihr werdet euch selbst und anderen gestatten müssen, das auszuleben, was notwendig ist, um zu tiefen Erkenntnissen zu gelangen und durch sie hindurchzugehen.

Jeder in der Gemeinschaft muß zum Ganzen beitragen und sein Talent einbringen. Gemeinschaften werden sich auf bestimmte Produkte, Talente und Fähigkeiten spezialisieren, was von der Ansammlung des Bewußtseins der Menschen bestimmt wird. Ihr fragt euch vielleicht: »Woher weiß ich, bei welchen Leuten mit welcher Ansammlung von Bewußtsein ich landen werde?« Eine unsichtbare Hand wird euch zu der Gemeinschaft leiten, der ihr dienen könnt und die euch dienen kann, gemäß euren Absichten, Überzeugungen und Wünschen.

Ihr werdet erleichtert sein, wenn ihr zu einer Gemeinschaft gehört und erdnaher lebt, frische Luft atmet und euch lebendig fühlt. Die Nahrung wird neue Vitalität besitzen. Es wird herzhafteres Lachen und tiefere Beziehungen geben, und jeder Augenblick des Lebens wird größeren Wert besitzen. Schließlich werdet ihr zu der Überzeugung gelangen, daß das Leben gespielt werden soll und daß ihr nur durch das Spiel des Lebens zum Erfolg kommt. Wenn ihr nicht richtig spielt, könnt ihr nicht erfolgreich arbeiten. Die Arbeit muß immer dem Wohl der Gemeinschaft dienen. Es wird viele Heilungen geben. Die Gemeinschaften werden zum Bauen inspiriert sein, und die Tempelkultur wird wieder aufleben. Überall im Land werden besondere Plätze ausfindig gemacht und heilige Gebäude von großer Schönheit errichtet werden. Die Veränderungen der Erde werden viele Geheimnisse aus den Tiefen des Erdreichs hervorbringen. Die verstreut unter der Erdoberfläche verborgenen Pyramiden werden entdeckt werden, und viele Spalten und Gräben werden lange verschüttete uralte heilige Plätze freilegen.

Eine Gemeinschaft, die in der Lage ist, ihre Gedankenformen zu verschmelzen, Ego-Schlachten hinter sich zu lassen und einen klaren Zweck und Lebensqualität zu definieren, wird erfolgreich sein. In einigen Gemeinschaften kann auf der Grundlage einer ständigen Kommunikation mit der Natur die Vegetation durch Meditation, Klang und bewußte Absicht zum Gedeihen gebracht werden. Die Mitglieder können gemeinsam singen, Musik machen und träumen. Diese Gemeinschaften, die am besten das Spiel des Lebens spielen, werden die begehrtesten sein. Das heißt nicht, daß ihr in eine Art Sinnenrausch hineintaumelt, wo ihr eßt, Drogen nehmt oder trinkt, um zu vergessen, und dann glaubt, das sei das Spiel. Wenn ihr spielt, werdet ihr mit der Energie *bewußt spielen,* sie freisetzen und auf kindliche Weise lenken. Dann werdet ihr die hingebungsvolle Pflicht und Verantwortung haben, eure Gemeinschaft zu einem großartigen Ort zu machen. Es liegt große Macht in der Interaktion mit einer Gruppe. Viele eurer Talente, die zur Gemeinschaft beitragen werden, sind zur Zeit noch unentdeckt und unerkannt. Diese Talente werden aus eurem Inneren kommen. Eure Energiefelder werden sich auf einen gemeinschaftlichen Kodex gründen, über den sich die Kerngruppe der Gemeinschaft geeinigt hat. Diese Kerngruppe wird das nicht im geheimen tun, denn es wird keine Geheimnisse geben; die Zeiten der Geheimhaltung werden vorbei sein. Ein Verhaltenscode wird also erforderlich sein, und jedes Mitglied der Gemeinschaft wird einen Eid auf seine Einhaltung ablegen. Energiefelder werden jeden umgeben und Weisheit und Gerechtigkeit erschaffen. Alle, angefangen vom kleinsten Baby über das älteste Mitglied bis hin zu den Tieren, werden in diesen Feldern leben. Als Gründer müßt ihr euch darüber klar sein, was funktioniert. Wenn eure Grundvorstellung darin besteht, zu harmonieren, zusammenzuarbeiten und gemeinsam zu träumen, werdet ihr Erfolg haben. Träumen muß ein essentieller Teil des Gemeinschaftslebens werden, denn durch Träume enthüllen Menschen, wer sie sind. Durch Träume könnt ihr Energien entdecken, die aus dem Gleichgewicht geraten sind, und danach streben, sie wieder auszugleichen. Menschen, die im wachen Leben Probleme haben, leben sie im Traum aus, und wer in der wachen Welt große Schwierigkeiten hat, steht auch in der Traumwelt vor größeren Problemen. Wenn ihr auf Träume hört, erhaltet ihr Hinweise darüber, wer die Menschen sind. Lernt zuzuhören und zu beobachten, ohne zu beurteilen, und laßt euch von eurer Intuition leiten.

Ihr werdet die Ressourcen zusammenlegen und eure Vorstellungen über Ernährung, Ausbildung, Tauschhandel, Geschäftsleben, Freizeitgestaltung und Meditationsformen teilen. Stellt eine starke Gemeinschaft in den Vordergrund, und einigt euch darauf, daß sie Priorität hat und daß jede Person eine wertvolle Stütze ist. Wenn ihr diese Dinge macht, errichtet ihr ein Feld von Ideen oder ein Gedankenfeld. Ihr werdet über der Gemeinschaft riesige Gedankenformen erschaffen. Diejenigen, die die Gabe besitzen, Gedankenformen zu lesen, werden eure Gemeinschaft ansehen und wissen, wer ihr seid und was ihr macht. Eure Gedankenformen werden eine neue

Art von ätherischem Telegraph sein. Es wird kein einzelnes Oberhaupt eurer Gemeinschaft geben. Ihr werdet alle euren gesunden Menschenverstand, eure Impulse und Spontaneität einbringen. Ihr könnt nicht nur auf eine einzelne Person blikken und erwarten, daß sie die Ideen hat. Es ist unerläßlich, daß ihr euch alle auf dieser Reise selbst wertschätzt.

Wenn ihr eure Gemeinschaft oder euren Lebensraum gestaltet, müßt ihr mit den Pflanzen und Tieren sprechen können. Das ist unbedingt erforderlich. Es klingt ein wenig weit hergeholt, doch das ist es nicht, denn jetzt nehmt ihr euch einfach nicht die Zeit dazu. Wie viele von euch haben sich in letzter Zeit hingesetzt und mit der Katze oder dem Hund geplaudert? Das entwickelt eure Sensibilität und bringt euch auf eine neue Ebene, wenn ihr Entscheidungen trefft oder Ratschläge erteilt, denn Tiere und Pflanzen beziehen ihr Wissen direkt von der Erde. Sie sind eingeklinkt und warten geduldig, daß ihr erkennt, daß sie euch helfen und beraten können. Sie können euch all ihre Geheimnisse des Heilens mitteilen und euch die Energieplätze zeigen. Sie können euch alles zeigen. Sie wissen. Habt ihr eine Ahnung, warum sie wissen? Weil sie die Natur und die Erde nicht ausbeuten. Weil ihr Menschen als Spezies Ausbeuter seid, sind die Dinge vor euch verborgen.

Tiere und Pflanzen werden eure Wegweiser zum Königreich der Devas und Elementale sein, zu den Naturreichen, die von den Kräften regiert werden, deren Wirklichkeit von eurer nicht erkannt wird. Nehmt euch Zeit, Intelligenz in den Chrysanthemen, den Heuschrecken, den Ameisen zu entdecken – in all diesen Dingen. Die Erfahrung wird überall implodieren, und zwar für jeden, der sich mit der Erde verbinden möchte. Die Heilung der Erde wird durch die Kommunikation und den Austausch all ihrer Bewohner stattfinden.

Die Gesetze der Geburt werden sich verändern. Der Wert der Geburt und das, was Frauen tun, um Kinder auf diese Welt zu bringen, werden zu höchsten Ehren kommen. Es wird eine Ehre für einen Mann sein, neben einer Mutter und einem Kind zu stehen und zu sagen: »Es ist mein Kind.« Er wird den Stolz und die Verantwortung der Vaterschaft wiederentdecken. Frauen werden sich nicht mehr für das Gebären von Kindern schämen. Warum haben so viele Frauen keine Väter für ihre Kinder? Weil sie sich des Vorgangs schämen und nicht mit dem besonderen Wert dessen, was sie tun, verbunden sind. Es wird eine Zeit kommen, da ein Mann wahrlich nach der Gunst einer Frau streben wird. Er wird sich wünschen, in ihrer Schwingung zu sein und sich stark mit ihr zu verbinden, Teil des Wunders des Lebens zu sein und Kinder in die Welt zu setzen. Es wird sich alles vollkommen ändern. Eure jetzige Zeit wird als die barbarischste Ära angesehen werden, als finsterste Nacht herrschte und selbst die Frauen nicht wußten, daß sie die patriarchalische Variante der Geburt spielten.

Eure Gemeinschaften werden auf Kinder ausgerichtet sein – darauf, was ihr für Kinder tun könnt, um eine sichere, liebevolle und nährende Umgebung zu erzeugen. Ihr werdet von den Kindern lernen, denn sie werden eure Lehrer sein. Sie werden euch unterrichten und ihr Wissen und das, was aus ihrer Sichtweise geschieht, mit euch teilen. In diesem Jahrzehnt werden eine Reihe von Kindern geboren werden, die wir die Familie der Liebe nennen. Sie werden euch über die Energie der Göttin und die Liebe als eine Schöpfungskraft lehren. Sie werden höchste schöpferische Energie in sich tragen. Sie werden denjenigen geboren werden, die ihre Sexualität zu achten wissen. Wenn sich ein Paar in der höchsten Schwingung der spirituellen Energie vereinigt, wenn alle Chakras geöffnet sind und die Absicht besteht, eine Energie ins Leben einzuladen, dann können die Mitglieder der Familie der Liebe geboren werden.

Viele dieser Kinder werden hochentwickelt sein und bereits nach einigen Tagen oder Monaten nach der Geburt fließend sprechen können. Sie werden viele Dinge wissen und sich an vieles erinnern; sie werden sagen: »Ich bin zurückgekehrt.« Sie werden herumlaufen, sprechen, Aufgaben erledigen und fremde Sprachen beherrschen. Sie werden anders aussehen. Die Schwangerschaft mit diesen Kindern wird kürzer sein. Alles in eurem Körper wird schneller ablaufen, also wird die Schwangerschaft kürzer sein. Diese Kinder werden eine ekstatische Geburt erfahren, werden ihrer Mutter die gleiche Erfahrung vermitteln und ihr so die Geburtsschmerzen nehmen. Sie werden ihre Mutter nicht auslaugen; sie werden sie unterstützen. Ihr Bewußtsein wird von dem Bewußtsein des Vaters abhängen und davon, wie hoch entwickelt sich die männliche Schwingung auf dem Planeten darstellen kann. Es liegt diesmal in den Händen der Männer, auf dem Planeten zu demonstrieren, welche Art von Bewußtsein ihr aus dem Weltraum willkommen heißen könnt.

Diese Kinder werden die hochgeschätzten Mitglieder jeder Gemeinschaft sein, gute Omen. Sie werden auf dem gesamten Planeten untereinander in telepathischer Verbindung stehen. Ganz gleich welchen Raum sie auch betreten werden, sie werden durch ihr Herz konstant Schöpfungskraft verströmen, denn ihre Gegenwart wird die Schwingung aller, die mit ihnen in Kontakt treten, stimulieren und erhöhen. Sie werden nicht großgewachsen sein. Sie werden blau sein. Sie werden von dem blauen Strahl sein, denn sie werden plejadisches Bewußtsein tragen und bestimmte Aufgaben zu erfüllen haben. Sie werden Teil jeder Gemeinschaft sein – auf jedem Kontinent und in jedem Stamm geboren werden. Sie werden herkommen, um die Liebesschwingung zu bringen und euch zu unterrichten.

Diese Kinder werden eine telepathische Verbindung mit der Göttin darstellen. Sie werden in direkter Kommunikation mit der Göttin stehen, denn sie werden die Schöpfungsfrequenz der Liebe tragen. Sie werden die telepathische Kommunikation aller beschleunigen, so daß ihr hören und fühlen werdet, was andere Menschen gerade denken. Dadurch werdet ihr diszipliniertер und in eurem Denken ausgerichteter und wählerischer sein. Dies ist zur Zeit die größte Herausforderung auf dem Planeten. Ihr müßt begreifen, daß *eure Gedanken sich auf die Realität auswirken*. Jetzt glaubt ihr diese Vorstellung aus dem Vertrauen heraus. Sie wird sich jedoch bald mit konkreten Beweisen in der Existenz darstellen, und alle Menschen werden es sehen.

Diese Kinder werden phänomenal sein. Sie werden hochgeschätzt sein, weil ihr Bewußtsein so wertvoll sein wird. Es wird sein, als ob Gold mitten unter euch wandelte. Sie werden die Schwingung aller Menschen und den Fluß der Schöpfungskraft verändern. Da sie als wertvolle Mitglieder von Familien und Gesellschaften auftreten, werden sich alle Gemeinschaften äußerst glücklich schätzen, sie in ihrer Mitte zu haben. Diese Avatare der Liebe werden zurückkehren. Sie werden den Weg weisen und euch mit allen anderen Gemeinschaften auf der ganzen Welt verknüpfen.

Diese Kinder werden mit ihren potentiellen Eltern telepathisch in Verbindung treten, so daß Entscheidungen getroffen werden können. Wir möchten jedem von euch vermitteln, daß ihr sehr wohl die Wahl habt. Werdet ihr von diesem Recht Gebrauch machen? Oder werdet ihr in Machtlosigkeit verfallen und glauben, daß ihr keinen Einfluß darauf habt, was euer Körper tun kann? Diese Lehre ist in den kommenden Tagen entscheidend. Jeder von euch – als männliche oder weibliche Verkörperung der Energie des Gottes oder der Göttin in allen Phasen – muß sich die Vorstellung zu eigen machen, daß ihr Macht über euren Körper habt – über den lebenspendenden Prozeß, über die Verteilung eurer Kundalini – und daß ihr entscheidet, wann ein Kind durch euch hereinkommt.

Nicht alle von euch werden diese einzigartigen Kinder haben. Sie werden sich Eltern mit dem entsprechenden Bewußtsein und den passenden Blutlinien aussuchen. Sie werden in jedem Dorf und jeder Gemeinschaft geboren werden. Sie werden helfen, die Schwingung des Planeten zu verändern, und Eltern geboren werden, die die Sexualität spirituell und übersinnlich erfahren. Diese Kinder werden die Verkörperung der Liebesschwingung sein und sich freiwillig entscheiden, ein Zeichen des Unterschieds in sich zu tragen. Sie werden in eurer DNS selbst und in eurem Blutstrom entwickelt werden.

Je nach den Entscheidungen des Bewußtseins besteht zur Zeit die Wahrscheinlichkeit, daß viele, viele Orte aufhören werden zu existieren. Ihr werdet zuerst eure Kinder in Sicherheit bringen, und Spirit wird Kinder aus der ganzen Welt auflesen. Die Kinder sind wahrlich eure wertvolle Ressource, eure Blutlinie in der Form, die danach strebt, in einer lebendigen Welt zu leben. Setzt an erste Stelle, ihnen eine sichere Welt zu bieten. Zum Ende dieses Jahrzehnts werdet ihr viel mit Kindern und für Kinder arbeiten.

Bald werdet ihr das Leben auf dem Planeten nicht wiedererkennen, denn was ihr jetzt als Routine erfahrt und als selbstverständlich betrachtet, wird nicht mehr sein. Es gibt nichts zu befürchten. Viele von euch werden durch bestimmte Erfahrungen gehen, um zu erforschen, wo der Ort eurer Macht und Energie zu finden ist, und ihr werdet erkennen, daß er in euch liegt. Ihr seid alle qualifiziert, die kommenden Zeiten zu durchschiffen – auf diesen Wellen zu reiten und euch über das aufgewühlte Wasser und die Unterströmungen zu erheben. Ihr alle besitzt das Wissen, um auf dem Kamm der Welle zu reiten; daher braucht ihr euch vor nichts zu fürchten.

Wir möchten euch um etwas bitten. Ganz gleich wo ihr auch seid, ganz gleich was immer auch geschieht, ganz gleich wie ernst die Lage auch sein mag, wir möchten, daß ihr versprecht, in jeden Tag eures Lebens Spaß, Liebe und Lachen zu bringen. Nehmt euch Zeit zu sagen: »Hoppla, hör mal her, die Sache ist doch zu komisch. Laß uns doch einfach darüber lachen. Machen wir mal Pause und trinken Tee. Energetisieren wir doch die Frequenz der Freude.« Dies sind die strahlendsten und erhebendsten Zeiten. Sie sind großartig. Es ist nur einfach so, daß euch nicht täglich jemand daran erinnert. Es gibt einzigartige Technologien mit Ton und Licht, die neue Möglichkeiten der Mühelosigkeit und Zusammenarbeit energetisieren.

Es werden viele, viele Lösungen geboren. Die neuen Zivilisationen möchten vielleicht ein hohes Maß an technologischen Fähigkeiten erreichen. Sie werden nur dann Erfolg haben, wenn ihre Schöpfungen vom Verstand in Verbindung mit dem Herzen und dem Geist regiert werden. Wenn Schöpfungen gemeinsam von Verstand und Herz regiert werden, sind sie lebendige Technologie. Wir differenzieren dahingehend, daß Technologie lebendig werden wird. Sie wird in Zusammenarbeit mit dem Geist derer funktionieren, die sie geschaffen haben. Dann kann sie als Hardware erscheinen, doch sie wird lebendige Hardware sein. In diese Phase werdet ihr eintauchen. Versteht, daß ihr alles mit eurem Geist erschafft. Was ihr mit eurem Geist macht und wie ihr ihn einsetzt, ist ein Schlüssel zu eurem Überleben und zu dem des Planeten Erde.

## Energieübung

*Bring deinen Körper willentlich zur Ruhe, und fühl, wie ihn die Lichtsäule energetisiert, reinigt und an seine idealen Funktionen erinnert. Hab die Absicht, daß die Lichtsäule deinen Körper erfüllt und daß Gesundheit und Wohlbefinden durch die Zellen und die Essenz dessen, was du bist, pulsieren.*

*Während du dies durch deinen Körper kommen fühlst, verbinde deine Energie so mit deiner Umgebung, daß alle davon profitieren können. Entspann dich, und geh mit Lichtstrahlen in dich hinein, in den Bereich deines Solarplexus, den Ort des Willens, des Gefühls und der Macht. Stell dir vor, daß du etwas herausziehst: ein Stück Gold, einen Diamanten, ein kostbares Juwel. In deinen Händen hältst du den Gegenstand, der für dich unschätzbaren Wert besitzt und den du in dir gefunden hast. Staun über die majestätische Schönheit deines Schatzes.*

*Stell dir nun vor, daß du dich in einer Gruppe von Menschen befindest, und jeder von euch hält ein inneres Juwel von unschätzbarem Wert. Ihr geht nun hintereinander zu einem grün-goldenen Tuch, und jeder legt ganz sanft und ehrfurchtsvoll seinen Schatz dort nieder. Er steht für euren inneren Wert, den ihr beizutragen bereit seid, so daß die gesamte Menschheit davon profitieren kann. Dein Geschenk kann so groß oder klein sein, wie du möchtest.*

*Wenn du deinen Beitrag hingelegt hast, geh zurück in den Kreis, und betrachte die Juwelen und Schätze, die gesammelten Beiträge der Gruppe. Spür auch unsere Gegenwart. Fühl, was bei der Verbindung deines eigenen Reichtums mit dem der anderen Gruppenmitglieder herauskommt. Nun stell dir vor, was diese Ansammlung von Reichtum für die Erde und für deinen Herzenswunsch bewirken soll.*

*Während dein Reichtum anerkannt wird, fühl, wie die Lichtsäule dich energetisiert. Was ist es, das du dir vorstellt und das für die Erde einen Unterschied macht?*

*Halte deine Vision so klar, wie du nur kannst. Fühl, wie sich die Energie um den Bewußtseinskreis bewegt. Laß die Energie Spiralen bilden und sich drehen, sich schnell von einer Person zur anderen bewegen und dich daran erinnern, dich mit Herz und Verstand für die Zukunft der Erde einzubringen.*

# *KAPITEL 12*

## *Erwache in diesen Traum hinein, liebe Freunde!*

*Als Wesen von Lebendigkeit seid ihr in dem Augenblick einsatzbereit, da ihr zu einem Glaubenssprung herausgefordert werdet.*

Wir erzählen euch Geschichten, anhand derer ihr euch entwickeln könnt. Es bleibt euch überlassen, ob ihr sie glaubt oder nicht. Wenn ihr sie jedoch glaubt, seid auch bereit, sie loszulassen, wenn sie euch nicht mehr dienen. Zum augenblicklichen Zeitpunkt liegt unser Ansatz und Ziel darin, euch in die Klarheit zu verwirren und innerhalb der Gedankenmuster, die die Zellen eures Seins tragen, unlösbare Widersprüche zu erzeugen. Indem ihr unsere Worte bedenkt, verändert ihr euch. Die vor euch liegenden Tage werden mit majestätischem Glanz erfüllt sein, ebenso wie eure physische Welt euch einmal ursprüngliche Schönheit zum Entdecken bot. Ihr erschafft eine Gelegenheit, die dreidimensionale Wirklichkeit zu transzendieren und in die Zeitkorridore einzutreten, wo Welten und Realitäten vielfältiger und flexibler sind. Eure Aufgabe besteht darin, euch selbst auf einer Schatzsuche durch die Zeitkorridore zu heilen. Wir haben euch viele Schlüssel mitgeteilt und ebenso viele nicht erwähnt. Als Gesamtsumme der Existenzkraft müßt ihr euch umwandeln, selbstsicher in eurem Augenblick des sich ständig erweiternden Jetzt sein.

Wir sprechen euch als sich entwickelnde Menschen an – als Botschafter des Lichts. In diesem Augenblick der Zeit seid ihr bereit, noch nie Dagewesenes zu entdecken. Durch eure Bereitschaft und euer Streben seid ihr reif, eine Wahl zu treffen. Wenn wir in eure Wirklichkeit reisen, lernen wir, indem wir die Prozesse beobachten, durch die ihr Widerstand leistet, lernt und Leben erschafft. Ihr könnt euch in diesem Augenblick der Zeit als auf einem Gipfelpunkt der Lebensreise angekommen betrachten. Wenn ihr genau diesen Augenblick erreicht, daß ihr euch zu unseren Worten hingezogen fühlt, deutet das auf einen Abschluß hin.

Was wir euch in den vorhergehenden elf Kapiteln mitgeteilt haben, ist alles darauf ausgerichtet, euch tiefer in euch selbst hineinzubringen. Ihr habt die Überzeugungen und Vorstellungen kennengelernt, um die herum das Selbst strukturiert ist – eigene Entscheidungen, sichtbare oder verborgene auf die Erde wirkende Einflüsse und Einflüsse vom Himmel. Was zählt das? Seid nicht unzufrieden mit der Wirklichkeit. Ihr habt jetzt eine Möglichkeit geschaffen. An diesem Ende seid ihr nun bereit, dafür zu danken, was ihr erfahren habt und wohin ihr gereist seid. Ihr habt mehr darüber gelernt, wer ihr in der Geschichte der Zwölf seid.

Die Zwölf ist in eurem physischen Sein tief eingeprägt und eingebettet. Zwölf ist ein Code, den zahlreiche gefühlsbegabte Wesen verwendet haben, um eure Realität zu betreten. Ihr lebt heute in eurer Welt aufgrund bestimmter mathematischer Übereinkünfte über die Wirklichkeit. Es gibt zahlreiche mathematische Grundlagen, die mit Zahlen ausgedrückt und unterschiedlich interpretiert werden können. Die meisten von euch sind mit der einen Version einverstanden, die allgemein gelehrt und verwendet wird, und ihr glaubt, daß sie die einzige ist. Der Gedanke der Zwölf stimmt mit der verbreitetsten mathematischen Grundlage und Sichtweise überein. Die Geschichte der Zwölf ist viel komplexer als diese Grundlage; sie paßt jedoch gut hinein. Durch diese Struktur könnt ihr beeinflußt werden, und sie kann den Weg ebnen, um euch bei der Annäherung an die Wirklichkeit zu leiten und zu führen.

Könnt ihr euch vorstellen, daß es immer und überall auf der Reise durch das Leben und das Dasein eine Straße gibt? Angenommen, ihr fahrt mit einem Auto auf der Erde immer auf festen Straßen, verlaßt nie den asphaltierten Weg und weicht nie ab. Ihr könnt sehen, was neben der Straße ist, aber euer Fahrzeug funktioniert nur auf der Straße, also könnt ihr nur dorthin fahren, wo es Straßen gibt; nie steigt ihr aus und geht zu Fuß. Versteht, daß die Prägung der Zwölf wie die Straße ist – ob es nun die zwölf Tierkreiszeichen sind, die zwölf Stunden der Uhr, die zwölf Kapitel in diesem Buch oder die zwölf Prägungen eurer Identität als DNS-Stränge oder Chakra-Energiezentren. All diese Dinge sind Straßen durch den Kosmos, auf denen ihr als intelligente Wesen herumgereist seid.

Es ist unsere Absicht, euch bewußter zu machen, daß ihr euch auf einer Straße von zwölf Energieformen befindet. Wenn ihr diese großartige Kartographie der Zwölf wirklich begreift, erlangt ihr vielleicht eine Vorstellung davon, wohin euch die kosmischen Straßen führen werden. Ihr seid angelegt, um als Modelle des universellen Gedankens in zwölf Straßen zu passen. Dies ist Teil der Lehren, die in diesem gesamten Buch codiert sind. Das Verständnis der zwölf Energiestraßen, die euch an getrennte Orte innerhalb der Existenz führen und euch vereinen, basiert auf dem Gedanken der Schöpfung. Wenn ihr versteht, daß diese Straßen euch zu den großen Verschiebungen des Bewußtseins bringen, die ihr jetzt als Massenbewußtsein sammelt und erfahrt, wird dies ein abruptes Ende der Wirklichkeit bedeuten, wie ihr sie gegenwärtig kennt. Wenn jedoch etwas zu Ende geht, sind das Augenblicke der Vollendung, da ihr euch vor einem neuen, noch nicht sichtbaren Anfang versammelt und innehaltet. Als Wesen von Lebendigkeit seid ihr in dem Augenblick einsatzbereit, da ihr zu einem Glaubenssprung herausgefordert werdet.

Ihr fragt euch vielleicht: »Was nutzt mir dieses Wissen? Was hilft es mir zu wissen, daß ich ein Mitglied der Lichtfamilie bin? Daß ich vielleicht von den Plejaden komme? Daß die Erde wertvoll ist, daß ich wertvoll bin und daß ich, wenn ich auf der Erde wandle und sie erforsche, ihre kostbarsten Geheimnisse, ihre heiligen Plätze und ihre Symphonien zu mir stumm sprechender Kreisläufe finde? Was brauche ich über die Dinos, die Göttin und meinen Körper zu wissen? Und was heißt das überhaupt, daß mein Körper Raum in sich haben kann, daß andere mit mir verschmelzen und aus meinen Augen blicken können? Und wenn andere mit mir verschmelzen, sehen sie dann dieselbe Welt wie ich? Oder geschieht es durch ihr Aufgehen in meinem Wesen, daß andere Welten plötzlich auftauchen und daß ich selbst in diesen anderen Welten aufgehe? Was ist Besessenheit? Was bedeutet Verschmelzen und ins Dasein treten auf der Erde des späten zwanzigsten Jahrhunderts? Was haben meine Drüsen mit all dem und mit meinem Körper zu tun? Und wohin führt mich dabei der Sex?« Da ihr nun über diese Punkte brütet, fragen wir euch: Welche großen Überraschungen erlebt ihr, da ihr lernt, eure persönlichen heiligen Plätze für die Geheimnisse eurer eigenen Bewußtseinsschleifen zu öffnen? Was entdeckt ihr, wenn ihr auf Mauern stoßt und eure tiefsten Geheimnisse kennenlernt?

Wenn ihr lernen könnt, Energie zu transformieren und das kritisierende Urteilen hinter euch zu lassen, werdet ihr an einen erhöhten Ort kommen, der euch über den Augenblick hinaus in einen größeren Aspekt der Zeit bringen wird – eine Zeit, die anders als eure strukturiert ist. Für euch wird die Zeit von Zahlen beherrscht. Hier findet ihr wieder die Geschichte der Zwölf, eingeschlossen in der Zeit, die definiert, wer ihr in einem Kreis seid. Da ihr also den Zwölferzyklus in diesem Buch vollendet, betrachtet die Zeit auf eine neue Art. Erkennt sie als eine Struktur, durch die andere Existenzformen mathematisches Erbe als eine Sprache anwenden, um Geometrie auszudrücken.

Betrachtet die Geometrie der Zeit, die die Zyklen verbindet, von denen ihr glaubt, daß sie außerhalb von euch existieren – die Umdrehungen der Planeten und des Mondes. Ist der Mond ein Computer? Ein Auge am Himmel? Die Muttergöttin? Ein Ort geheimer Stützpunkte? Eine Art Tankstelle? Eine kosmische Bibliothek, Lagerhaus uralten Wissens? Der Mond ist der magische Macher und Zyklendreher, der eure eigenen inneren Gezeiten energetisiert, und die Wassergottheit Große Mutter.

Wer ist der Mond in bezug zur Sonne? Ihr müßt dies auf eurer Reise der Selbstentdeckung herausfinden. Die Sonne ist der große meisterhafte Herrscher, der euer Sonnensystem regiert – denn wer seid ihr ohne Licht? Wer *besitzt* das Licht? Und wer *ist* überhaupt Licht? Und wer sind die draußen kreisenden Energieformen, die majestätischen Planeten, von denen ihr glaubt, daß sie in eurem Sonnensystem existieren, und die wie Perlen im kosmischen Raum verstreut sind – Juwelen, ebenso schön wie die Erde selbst? Manche würden über die Vorstellung spotten, daß jede einzelne dieser glitzernden Formen im Weltraum Intelligenz besitzt. Wir jedoch, die wir sehr oft auf diesem funkelnden Gestein im Weltraum leben, staunen über diejenigen, die sich von den grandiosen Ideen abschotten, die euren Planeten zur Zeit bombardieren. Laßt euch nicht von den Autoritäten zum Narren halten, die euch doch nur einschränken wollen. Laßt euch höher tragen.

Ihr erreicht einen erhöhten Zustand, indem ihr euch für eine erweiterte Version der Wirklichkeit entscheidet. Ihr weist allem in eurem Leben eine größere Rolle zu und findet euch im inneren Kern eurer eigenen Autorität wieder.

Indem ihr an diesen Punkt der Gesamtsumme dessen, wer ihr seid, reist und all diese Dinge wißt, erreicht ihr einen Punkt, euer Wissen jetzt mit eurer Familie, Gesellschaft und Kultur zu teilen. Viele von euch befinden sich in diesem Augenblick in der Schwebe. Ihr habt die Pflicht, euer Wissen zu teilen – nicht zu predigen oder den Samen der Angst in anderen auszusäen, sondern in der Gesamtheit dessen, wer ihr seid, zu schwingen. Ihr müßt alle Dinge, die eine Gesellschaft ausmachen, verstehen und integrieren – Leben, Tod, Geburt, Kinder und alle Mitglieder der Gesellschaft, jung und alt, und nicht nur diejenigen, die ihr als produktiv betrachtet. Radikale Veränderungen werden stattfinden. Habt Mitgefühl, wenn ihr die gelernten Dinge umsetzt.

Als Massenbewußtsein steht ihr vor einem kollektiven Karma, da dieses Fischezeitalter seinen Höhepunkt erreicht und letzten Akt vollendet. Das Karma wird jetzt gemäß den universellen Gesetzen von Ursache und Wirkung ausgespielt. In einer erhabenen, großzügigen Geste läßt das Karma die Schöpfungen der Existenz zu ihrem Erzeuger zurückkehren. *Das seid ihr.* Ihr steht vor einer persönlichen Rückkehr dessen, was ihr erschaffen habt. Es ist entscheidend, daß ihr das jetzt erfahrt. Wir haben ganz am Anfang dieser Aufzeichnungen festgestellt, daß wir wegen unseres Karmas hier sind und die Erde erleben. Auf eure eigene Art erkennt ihr das auch gerade. Es ist daher erforderlich, daß ihr euer Leben betrachtet, zu euch in Distanz tretet und zu Zuschauern werdet, zu Beobachtern eurer Reise durch die Zwölf. Wer seid ihr, und wie habt ihr eure eigenen Selbste unterwegs im Rahmen dieser Versammlung des Bewußtseins angewendet – diesem Spiel der zwölf Lebenszyklen oder der zwölf Einflüsse, die immer kreisen und sich immer wieder vollenden? Könnt ihr aus dem Kreis aussteigen? Was wißt ihr? Und was werdet ihr mit eurem Wissen anfangen?

Wir existieren an einem Ort in der Zeit, der jenseits eurer jetzigen Reichweite liegt, und doch nimmt dieser Ort denselben Augenblick ein, in dem ihr seid. Ihr werdet lernen, wie ihr tiefer in eure Augenblicke der Zeit gehen und entdecken könnt, daß es eine nicht endende zauberhafte Melodie gibt, die euch nach vorn lockt. Wir möchten, daß ihr versteht, daß das, was ihr sucht, irgendwie immer gerade vor euch liegt. Belastet euch nicht mit dieser Vorstellung. Versteht, daß ihr euch auf der Suche in Begeisterung stürzt und mit eurer eigenen Vorstellungskraft anfeuert. Es ist unsere Absicht, euch weiter zur Lebendigkeit zu inspirieren. Wir können euch nicht lebensvoll *machen*. Nur ihr selbst könnt das.

Indem ihr die Macht eurer Kundalini verwendet und diese Kraft in die sich ständig erweiternde Vision des Paradieses und in die Schwingung der Ekstase lenkt, werdet ihr weitergeleitet, und ihr bewegt euch von einem Augenblick zum nächsten. Das Paradies existiert. Ja, tatsächlich! Ihr sucht alle danach, und ihr werdet es auch finden. Ihr werdet es als einen Augenblick der Glückseligkeit erkennen. Es ist nicht ein fester Ort, an dem ihr für immer lebt und euch allmählich langweilt; es ist ein *Augenblick* der Glückseligkeit. Oft sucht ihr das Paradies vor euch und fragt euch ständig, wann es kommt. Wenn ihr ganz im Augenblick seid, könnt ihr erkennen, daß ihr euch in einem Moment der Glückseligkeit befindet. Ihr könnt auch zurückblicken und über viele Augenblicke der Glückseligkeit reflektieren. Ihr könnt in der Frequenz der Glückseligkeit leben und wissen, daß ihr immer wieder diesen sich ständig erweiternden, spontanen, gleichlaufenden Augenblick erschaffen habt und daß er euch immer lockt, weiter voranzuschreiten.

Wenn ihr den Punkt des Abschlusses und der Vollendung

im zwölften Sektor erreicht habt, dann ist das tatsächlich ein Ort des Karmas. Es ist eine Ansammlung von Lektionen, da die Gesamtsumme dessen, was ihr in Bewegung gesetzt habt, als Vollendung des Zyklus zu euch zurückkehrt. Man kann mit dieser Erkenntnis unterschiedlich umgehen. Ihr könnt euch davon eingesperrt und versklavt fühlen und Leiden erschaffen, was einer Opferrolle gleichkommt: »Ich bin machtlos. Ich kann nichts dagegen tun. Ich bin in einem Teufelskreis gefangen. Ich weiß nicht, wie mir geschieht.« Wenn das eure Einstellung ist, könnt ihr euch sicher sein, daß ihr alles wiederholen werdet. Ihr könnt aber die Gesamtsumme der Reise der Zwölf auch verwenden, um zu sagen: »Was habe ich auf dieser Reise der Zwölf gelernt? Ich übernehme die Verantwortung für alles in meinem Leben, denn ich selbst habe es entworfen und erschaffen. Auf dieser Reise habe ich sehen gelernt, warum ich bestimmte Dinge gewählt habe, obwohl ich mir darüber nicht bewußt war. Sie dienten mir, indem sie mir zeigten, daß meine Gedanken tatsächlich meine Wirklichkeit erschaffen, und jetzt verstehe ich, wie mir die Reise der Zwölf gedient hat. Ich bin durch meine Entdeckung nicht traurig und fühle mich nicht gefangen. Ich kann mich jetzt befreien.«

Ihr alle durchkreist diesen besonderen Aspekt und erlebt das Ende des Fischezeitalters, das sich als ein Ereignis eines kosmischen Kalenders abspielt. In nächster Zukunft wird es bodenlos werden. Ihr vollendet, verarbeitet und erkennt jetzt die Schleifen eures Lebens als Muster und alle Seinsaspekte verbindende Vorstellungen, durch die ihr gereist seid. Einige von euch, die die Schleifen des äußeren Systems verarbeitet haben, verstehen jetzt die ihres eigenen Systems, tief im Körper drinnen. Einige von euch entdecken, daß sie wie Gefangene sind, eingesperrt in ihrem eigenen Hochsicherheitstrakt. Löst eure Fesseln. Wenn ihr heute Abend schlafen geht, dann visualisiert Schlüssel an den Türen des Gefängnisses, in dem ihr lebt. Wenn ihr euch vorstellen könnt, daß ihr Gefangene in irgendeinem von euch bevorzugten isolierten Wirklichkeitsaspekt seid, könnt ihr euch auch vorstellen, daß es Schlüssel und zudem neue Kleider gibt, mit denen ihr hinausgehen könnt. Laßt euch höher tragen, und wißt, daß ihr alles auflösen könnt, was eine karmische Last zu sein scheint.

Wenn euch das Karma jetzt zusetzt, müßt ihr euch aus dem Gefängnis befreien, das ihr euch in eurem Bedürfnis nach Strafe, Scham- oder Schuldgefühlen geschaffen habt. Ihr befindet euch alle kurz vor dem großartigen Augenblick des Loslassens. Stellt euch vor, daß ihr Botschafter des Lichts seid und wißt, daß eure Gedanken die Energie erschaffen haben, die euch bewegt. Es erwartet euch Neuland und eine neue Aussicht auf die Welt, wenn ihr das visualisiert und euch vorstellt. Ihr müßt diesen Augenblick der Glückseligkeit visualisieren; er kann nicht ohne euch existieren.

Initiation ist die Prüfung, durch die ihr lernt, zu vertrauen, loszulassen und euch zu verändern. Wenn ihr sehr jung seid und kurze Beine habt, lernt ihr, auf einem Dreirad zu fahren. Ihr seid stolz, wenn ihr ohne fremde Hilfe aufsitzen könnt. Wenn ihr dann die kurzen Beinchen bewegen könnt und lernt, oben zu bleiben und zu fahren, habt ihr als Drei-, Vier- oder Fünfjährige eine große Leistung vollbracht. Dann findet eine Initiation statt. Eure Beine wachsen, und ihr paßt nicht mehr auf das kleine Dreirad. Die Welt ist heute voll mit Menschen, die sich auf Dreirädern in Positionen der Autorität befinden. Sie haben sich nie über den Augenblick des damals erfahrenen Wissens hinausbewegt. Sie zwingen die Wirklichkeit und ihre langen Beine dazu, nur in diesen einen Moment zu passen. Die Initiation besteht darin zuzulassen, in den sich ständig erweiternden Augenblick zu gehen – auf ein größeres Fahrrad zu steigen und mit den wachsenden Bedürfnissen des Körpers mitzugehen. Versteht, daß euer Körper nicht nur physisch wächst. Er wächst mental, spirituell und emotional in eine multidimensionale Existenz. Der Schlüssel besteht darin, dem Prozeß des Wachstums und der Veränderung in allen Dimensionen der Wirklichkeit mit all euren Versionen zu vertrauen. Ihr seid mit einer Krise konfrontiert, in der die Weltführer und Autoritätsfiguren mit Dreirädern um den Häuserblock fahren und sich in einer Schleife von veralteten Überzeugungen verirrt haben.

Die Initiation besteht darin, mit etwas Großem und Unbekanntem weiterzumachen und es zu meistern. Die Summe all dessen, was ihr durch den Gipfelpunkt der Zwölf lernt, bringt euch oft in eine Krise. Warum kommt es dazu? Weil ihr starrköpfige Wesen seid. Weil ihr gern sagt: »Mein Bewußtsein ist erweitert. Ich bin voller Hochgefühl. Ich bin offen. Ich schaffe Raum in meinem Körper. Ich bin bereit für Veränderung.« Und dann wird auf die Bremse getreten: »Nicht hier, Spirit. O nein, nicht hier. Ich verändere mich jetzt nicht. Ich bleibe lieber so, wie ich bin.« Ich schafft keinen Raum, durch den die Energien strömen können, und ihr verstopft euer Sieb. Dann kommt es zu einem großen Rückschlag.

Wenn ihr jemals das Brechen eines Damms erlebt habt, dann wißt ihr, daß es nachher viel aufzuräumen gibt. Ihr werdet das bald sehen. Einige Dämme in eurer Welt werden brechen, weil ihr als Menschen Bewußtsein aufgestaut habt. Statt durch die Initiation zu gehen, bleibt ihr lieber auf euren Dreirädern sitzen. Ihr fürchtet euch davor, auf ein größeres Fahrrad zu steigen und womöglich hinunterzufallen. Laßt los. Erkennt, daß es eine große Liebe zu euch gibt. Die Wirklichkeit wird von euch entworfen, und ihr könnt sie so entwerfen, daß ihr davon profitiert. Die Daseinskraft bewegt sich in eure Richtung, wenn ihr sie ruft. Erschafft also eine großartige Symphonie dessen, wie ihr die Welt haben wollt. Ihr seid grenzenlos, und dies ist die Lehre der Initiation. Ihr könnt das Dreirad beiseite lassen, auf ein größeres Fahrrad steigen, damit schneller fahren und eine andere Welt sehen. Als Kollektiv wachst ihr jetzt dahingehend, etwas Größeres zu fahren – ein Fahrzeug, das ihr euch gerade erst vorzustellen beginnt. Habt Mitgefühl für diejenigen, die sich fürchten, vom Dreirad des Lebens abzusteigen. Habt Mitgefühl, öffnet euer Herz; und ladet sie ein. Diejenigen von euch, die den Mut haben, Botschafter des Lichts zu sein, zeigt ihnen den Weg, denn ihr fahrt mit unsichtbaren Fahrzeugen!

Klammert euch nicht an das, was wir gesagt haben. Macht aus unseren Geschichten keine neuen Bibeln der Wahrheit. Wir sind hier, um euch zu unterhalten und, wie bereits erwähnt, neue Bilder zu erschaffen und euch für das, was noch draußen liegt, eine Stufenleiter zu bieten. Das Universum ist gigantisch, beschränkt euch also nicht, und stopft nicht alles in eine einzige Schublade. Es gibt viele Arten, das Leben zu betrachten.

Die Verkörperung der Zwölf wird euch eine Gesamtsumme von euch bieten. Nehmt sie an, und erkennt, daß mit der Vollendung der Zwölf eine ganz neue Reise beginnt. Es ist dieser Augenblick, vor dem ihr jetzt steht. Genießt jeden Moment als einen Augenblick der Glückseligkeit. Bleibt in der sich ständig ausdehnenden Möglichkeit, daß die Göttinnen, die Götter und all eure Versionen euren Weg lenken. Akzeptiert den Mantel eurer eigenen Schöpfung.

Die Gesamtsumme der Zwölf hat auch mit dem Konzept der zwölf Bibliotheken zu tun. Ihr könnt das in diesem Augenblick der Zeit nicht begreifen. Indem wir euch jedoch eine Vision und eine Vorstellung bieten, werden einige von euch anfangen, diese Bibliotheken in ihren eigenen künstlerischen Formen zu erschaffen, zuerst in der Phantasie, dann durch verschiedene Mittel auf eurem Planeten. Wie ihr diese Bilder in die Form bringt, bleibt eurer freien Wahl überlassen. Wir möchten, daß ihr die Vorstellung behaltet, daß zwölf einzigartige Zentren, einschließlich der Erde, zum Leben erwachen. Indem ihr eurer Jetzt erhöht und erkundet und ihr den Mut habt, einen neuen Gipfel der Existenz zu erklimmen – darauf zu bestehen, daß es mehr gibt –, hallt das in genau diesem sich in jede Richtung ausbreitenden Augenblick auch in jedem Aspekt der Zwölf wider.

Wenn diese zwölf Wissenszentren wieder als energetisches Lasergitter des Lichts verbunden sind, wird es ein neues Mandala geben – eine neue Energiebahn innerhalb des Universums, in dem ihr euch befindet. Die Geschichte der Zwölf entspricht einem Kreis, und indem sich die Wirklichkeit ausdehnt, um mehrere Augenblicke auszufüllen, entspricht sie einer Spirale. Wenn ihr einen Zwölferzyklus vollendet, erschafft das eine größere Sphäre oder einen größeren Kreis des Bewußtseins, in dem ihr euch entwickelt. Ihr habt Schwierigkeiten, euch das Grenzenlose vorzustellen, also bindet ihr euch mit einem Kreis. Ihr teilt diesen Kreis in zwölf Teile, ob das nun der Tierkreis, der Kalender oder die Uhr ist. Ihr lebt innerhalb dieses Aspekts der Geometrie, weil ihr euch dort wohl fühlt. Ihr könnt euch auch ohne das bewegen; in diesem Stadium eurer Entwicklung ist es jedoch hier, wo ihr eure eigenen Zyklen kennenlernt, und so unterrichten wir euch auch in diesem Bereich. Der Kreis enthält die gesamte Geometrie und ist ein Schlüssel zur Spirale. Er hilft der Spirale, sich selbst durch das Einfangen des Augenblicks zu verstehen.

Wir möchten euch daran erinnern, daß ihr euch in zwei Welten befindet. Auch wenn ihr mit dem Auto fahrt, auf die Toilette geht, schlaft, eßt und all die Dinge macht, die alle Menschen machen, lebt ihr nicht in derselben Welt. Ihr wohnt in einer Welt des Wissens, und ihr habt Zugang zu den Regeln erlangt, um diese beiden Welten zu verbinden.

Wir möchten euch auch daran erinnern, die Vorstellung einer sicheren Welt zu energetisieren. Es wird viel geschehen, da sich die Prophezeiungen erfüllen und Veränderungen durch tumultartige, schockierende und überraschende Ereignisse eintreten. Ihr tätet gut daran, die Weisheit der Älteren zu suchen, der eingeborenen Völker in allen Kulturen, und auf ihre Lehren zu hören, die sie mit euch teilen. Sie sprechen von diesen Zeiten, und ihre Lehrer sind unsere Lehrer gewesen. Sie verstehen, wenn die Erde spricht.

Wir sind Freunde von vielen, vielen Schöpfungen der Existenz und erinnern euch, daß die Spielleiter Spaß daran haben, Wirklichkeiten ineinander zu verflechten und zu inszenieren, indem sie aus der Ferne erschaffen und doch mittendrin stecken. Erwacht in diesen Traum hinein, liebe Freunde, und erkennt, daß es eure Pflicht und Verantwortung als Menschen ist, euch aufgrund eures Wissens eine sichere Welt vorzustellen und sie zu erleben. Es wird so sein, wie ihr es beschließt, und eure eigenen Erfahrungen werden es entsprechend widerspiegeln.

Wir verneigen uns vor eurem Mut, die Flamme des Glaubens als den Lebensfunken im Kern eures Seins zu entfachen und bahnbrechende Arbeit für das Neuland eines glückseligen Lebens zu leisten, das von Sinn und Zweck erfüllt ist. Seht diese Flamme wachsen, und laßt zu, daß sie als Antrieb eines guten und einzigartigen Abenteuers in höhere Erfahrungsbereiche dient.

## Energieübung

*Stell dir vor, du stehst unter freiem Himmel. Die Luft ist rein und lebendig, und der Boden unter deinen Füßen fühlt sich fest und stark an. Mach einen tiefen Atemzug, und sag zu dir: »Ich bin lebendig!« Richte deine Aufmerksamkeit auf deine Lebendigkeit, und reise als Maler deiner inneren Vision in den Augenblick deiner Vorstellungskraft.*
*Stell dir einen uralten Steinkreis vor, und öffne dich einige Augenblicke lang für die Schwingungen der zwölf majestätischen Megalithe, die aufrecht und würdevoll unter der Kuppel der Zeit stehen. Fühl die Steine sprechen, da sie die Erfahrung ihrer Hingabe als Bewußtsein vermitteln. Sie sind die Knochen der Erde, seit langen Daseinsepochen lebendig und voll Bewußtsein. Geh zu einem Stein, leg deine Hand auf seine kühle Oberfläche, und lausch mit deinen Zellen, während goldene Spiralen ihren Weg durch den Stein in dein jetzt tanzen. Geh zu jedem einzelnen Riesen, erfahr die zwölf, und spür die Aufgabe und die monumentale Energie, die jeder Stein speichert. Nimm diese Energie, und leite sie in dich, so daß die Knochen deines Seins mit goldenen Spiralen erfüllt sind.*
*Tritt nun in die Mitte dieses Steinkreises, und pflanz einen Samen, der eine strahlende und prächtige Version der Erde enthält; eine Version, in der sie von den Ihren geehrt und gekrönt wird. Mit deinem Wissen über Licht und Absicht erschaffst du einen Lebensfunken, um diesen Samen zu aktivieren. Schau zu, wie sich der Mittelpunkt des Kreises ausdehnt und der Same wächst, während goldene Spiralen in alle Richtungen frei werden, die Durchgänge der Zwölf passieren und eine neue Erde aussäen.*
*Nun spricht eine vertraute Stimme: »Wir sind ihr, auf der goldenen Spirale der Zeit, die Epochen des Daseins umkreisend besuchen wir uns selbst. Laßt euch höher tragen. Möge eure Reise neu beginnen. Seid ihr selbst.«*

# EPILOG

Liebe Botschafter des Lichts!

Seid euch bewußt, daß auch die neuen Konzepte, die ihr erfaßt, Strukturen und Begrenzungen haben. Allerdings bringt euch jede neue von euch verfolgte »Kühnheit« zu einem weiteren Aussichtspunkt, von wo ihr die Gipfel der Existenz erklimmt, indem sich die göttlichen Lehren heute in eurer eigenen Version des Lebens ausspielen. Fragt euch, welches Kapitel sich schließt, da ihr dieses Segment eures Lebens betrachtet, diesen Augenblick des sich ständig erweiternden Jetzt. Inspiriert euch selbst dazu, weiter in den Augenblick zu gehen, indem ihr alte Entdeckungen loslaßt und im tiefsten Grund eures Seins vertraut, daß ein neuer Lernzyklus wartet. Geht voran, Freunde, und laßt euch höher tragen. Lernt auf eure Weise, durch den sich ständig erweiternden, spontanen, gleichlaufenden Augenblick in die Vergangenheit zu gehen. Ein neuer Existenzzyklus wartet auf euch. Verwendet die Werkzeuge des Gedankens, um euch auf der neuen Superautobahn des Bewußtseins zu leiten. Keine Technologie wird jemals die Großartigkeit eures eigenen biologisch/spirituellen Seins übertrumpfen. Für viele von euch sind diese Tage vielleicht mit Traurigkeit erfüllt, da das Loslassen zu einer immer größeren Herausforderung wird. Die Schlüssel des Bewußtseins für das Leben in diesen tumultartigen Zeiten auf der Erde sind euch nun gemäß unseren und euren besten Fähigkeiten gegeben worden. Mögt ihr in Weisheit wachsen.

Eure unsichtbaren Freunde und Kollegen im Unbekannten

Die Plejadier

# ÜBER DIE AUTORIN

Barbara Marciniak ist ein international bekanntes Trance-Medium aus North Carolina in den Vereinigten Staaten. Nach einer dreiwöchigen Reise durch Ägypten begann sie im Mai 1988 in Athen Botschaften zu übermitteln. Auf dieser Reise erhielt Barbara den Impuls, bestimmte Tempel und Kraftorte in diesem Leben neu zu erfahren – die Große Pyramide von Giseh, die Tempel am Nil, die Akropolis in Athen sowie Delphi. Seit dieser Zeit führt Barbara Seminare und Workshops in den Vereinigten Staaten durch und leitet Reisen zu heiligen Orten der Kraft in Peru, Mexiko, Ägypten, Griechenland, Bali und Australien. Sie fühlt, daß die Orte Verbindungen zu Energiewirbeln darstellen, die Wissen des höheren Geistes beherbergen – der höheren Idee, die die Erde zur Zeit erneut zu erschaffen sucht.

Für weitere Informationen über Audiokassetten, Transkripte und ein vierteljährlich erscheinendes Rundschreiben schicken Sie bitte ein adressiertes Kuvert mit einem internationalen Antwortschein an:

Bold Connections
P.O.Box 782
Apex, NC 27502
USA

## *Weitere Titel im Stb:*

*Barbara Marciniak*

**Boten des neuen Morgens**
*Lehren von den Plejaden*

*ISBN 978-3-89767-405-9*

*Barbara Marciniak*

**Die Lichtfamilie**
*Lehren für die kommenden Jahre bis 2012*

*ISBN 978-3-89767-425-7*

*Susanne Hühn*

**Wie dein Schutzengel dich führt**

*Meditationen für Kinder*

*ISBN 978-3-89767-445-5*

*Kyriacos C. Markides*

**Auf dem Löwen reiten**

*Die Suche nach dem mystischen Christentum*

*ISBN 978-3-89767-453-0*

*Peter Orban*

**Der multiple Mensch**

*über die Vielfalt jeder Seele*

*ISBN 978-3-89767-454-7*

*Joe Hyams*

**Der Weg der leeren Hand**
*Zen in den Kampfkünsten*

*ISBN 978-3-89767-447-9*

*Dae Poep Sa Nim*

**Der Duft der Lotusblüte**
*Mitten im Alltag zu innerer Freiheit finden*

*ISBN 978-3-89767-443-1*

*Renee Baron/Elisabeth Wagele*

**Das Enneagramm leichtgemacht**
*Entdecken Sie das System der 9 Archetypen*

*ISBN 978-3-89767-448-6*

*Melita Denning • Osborne Phillips*

**Psychischer Selbstschutz**
*Die Entwicklung positiver Kräfte*

*ISBN 978-3-89767-429-5*

*Samuel Sagan*

**Tor zu inneren Welten**
*Übungsbuch zur Öffnung des dritten Auges*

*ISBN 978-3-89767-436-3*

*Max Freedom Long*

**Die verborgene Lehre Jesu**
*Eine Huna-Interpretation*
*der vier Evangelien*

*ISBN 978-3-89767-434-9*